人物叢書

新装版

三浦義村

みうらよしむら

高橋秀樹

日本歴史学会編集

吉川弘文館

承久の乱における三浦義村

(『承久記絵巻』巻第 4，高野山龍光院所蔵，提供：高野山霊宝館)

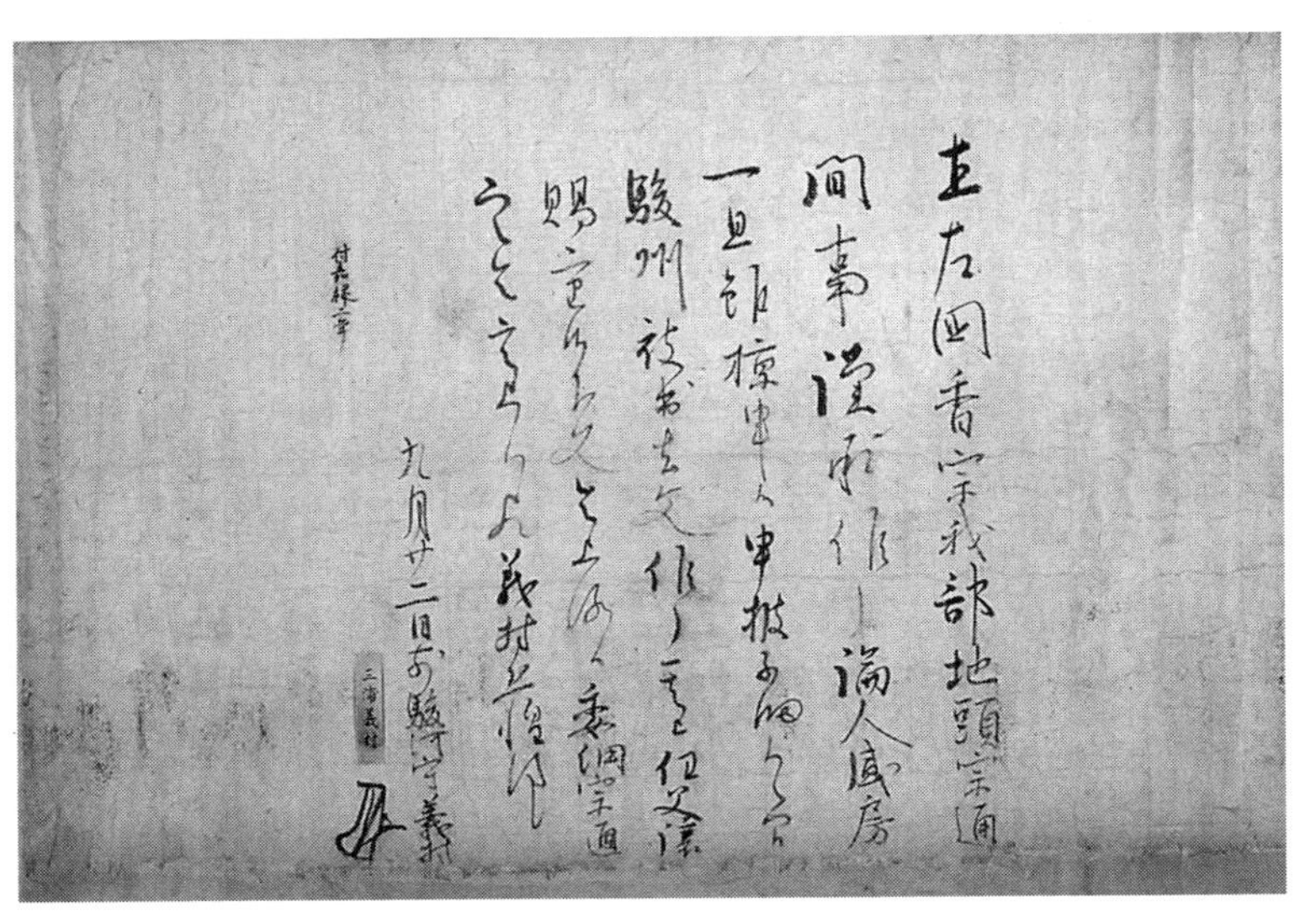

（嘉禄２年）９月22日三浦義村書状
（東京国立博物館所蔵）

はしがき

ほとんどの日本人にとって、ごく最近まで、三浦義村(みうらよしむら)は未知の存在だった。なぜならば、彼の名は、日本人の歴史知識の拠り所である中学校歴史教科書や高等学校日本史教科書に登場しない。子息泰村(やすむら)は、宝治(ほうじ)元年(一二四七)におきた宝治合戦で滅ぼされた存在として、ほとんどの高校教科書に書かれており、父義澄(よしずみ)も、いわゆる「十三人の合議制」の一人として名を載せている教科書があるが、義村の名を記す教科書はない。なぜ載っていないのかといえば、北条(ほうじょう)氏に討たれなかったからである。源頼朝(みなもとのよりとも)による幕府草創と、源氏将軍の外戚(がいせき)北条氏の権力伸張で鎌倉時代の政治史を描く日本史教科書のなかでは、その過程で滅ぼされた梶原景時(かじわらかげとき)・比企能員(ひきよしかず)・畠山重忠(はたけやましげただ)・和田義盛(わだよしもり)・三浦泰村は敗者として記述されるが、北条氏の協力者あるいはライバルとみられている義村には出る幕がない。

これは教科書のみならず、鎌倉時代史研究の問題点でもある。戦前の通史である龍肅(りょうすすむ)

氏『鎌倉時代史』（一九二八年）や黒板勝美氏『国史の研究』（一九三二年）などをみても、三浦義村の扱いは限りなく小さい。戦前の研究のなかでは、三浦周行氏『鎌倉時代史』（一九〇七年）が「三浦義村の卒去」という節を立てて義村の人物評を載せているのが目立つ程度である。常に心を傾けて北条氏を助け、二重の婚姻関係で結びついていて、北条氏の信頼は厚く、御家人のなかでも声望があった。藤原（九条）道家さえも義村の意に背いたと聞いて不安な気持ちになったほどである。ただし、自信家で、不遜な言動によって反感を買うこともあったと、三浦周行氏は『吾妻鏡』や『明月記』の記述通りに、ある意味では客観的に義村を評している。唯一、義村に焦点を当てた角田久賢氏「三浦義村人物論」（一九二七年）は、義村の態度は常に北条氏に利益を与え、それによって自らの存在意義を高める一方で、他氏に対しては不遜な行動もあったと述べ、ご都合主義の凡人が兵力をもったようなもの、好悪両面をもつ処世の上手な人間と、手厳しい評価を下していた。

戦前・戦中の郷土史のなかでも、源頼朝に忠義を尽くした祖父三浦義明が顕彰される一方で、義明・義澄とは違って苦労の程度が低く、お坊ちゃん育ちの高慢で勝手な態度が世人の反感を買ったと酷評されている（高橋恭一『三浦党と鎌倉武士道』一九四二年）。

一九三五年に西岡虎之助氏が執筆した『豪族三浦氏の発展』が三浦義村の活動を丹念に追い、北条氏と協調して執権政治を側面から助けた有力者の姿を詳しく叙述しているが、残念ながら、この著書原稿は八十五年間刊行されずに残されたままだった。

三浦義村に対する無関心、低評価の流れのなかで、初めて義村に強い関心を寄せたのが作家永井路子氏だろう。一九六四年の直木賞受賞作『炎環』で、源実朝暗殺事件の黒幕として義村を描き、『執念の家譜』（一九七八年）でその一族の歴史をたどった。史伝『つわものの賦』（一九七八年）所収の「雪の日の惨劇——三浦義村の場合——」で義村黒幕説を掘り下げ、『相模のもののふたち』（一九七八年）・『源頼朝の世界』（一九七九年）でも三浦一族の歴史を追っている。この永井氏の義村黒幕説は、ベストセラーとなった石井進氏『鎌倉幕府』（一九六五年）に影響を与えた。和田義盛・公暁を裏切り、変わり身の早さを示した権謀家として義村を捉えた石井氏は、『鎌倉武士の実像』（一九八七年）でも、『古今著聞集』の「友をくらう三浦犬」の説話に関心を寄せている。ダーティーな義村のイメージは、永井氏の作品を原作とするNHK大河ドラマ『草燃える』（一九七九年）で映像化されたことで、一部の人びとの間に定着した。

そうした義村像の再評価のきっかけをつくったのは、一九八三年に発表された野口実氏の「執権体制下の三浦氏」（『増補改訂　中世東国武士団の研究』）であった。永井氏の黒幕説や石井氏が指摘した変わり身の早さという点を是認して義村を捉えてはいるが、『吾妻鏡』のほか、『明月記』や『玉蘂』などの公家日記に着目することで、義村の存在感の大きさを示した。その後、一九九七年以来、会誌『三浦一族研究』を発行する三浦一族研究会の活動、一九九九年にはじまった横須賀市史編纂事業による約三千三百点の史料収集と分析によって、三浦氏研究は一変した。三浦義村についても再検討が進み、その成果は『新横須賀市史』のほか、上記の事業に関わってきた真鍋淳哉氏と高橋秀樹の一連の論著にあらわされている。

二〇二二年のNHK大河ドラマ『鎌倉殿の13人』（三谷幸喜脚本）で、三浦義村には準主役の役割が与えられた。これによってそれまでほとんど知られていなかった義村が広く認知されるところとなった。しかし、そこで描かれた人物像はあくまで脚本家と演出家・演者が作り上げたもので、高橋たち現在の研究者が史料の分析から導き出した義村像とはかなり異なる。ドラマをご覧になった読者には、その違いを吟味してほしい。

これまでの多くの研究が『吾妻鏡』の叙述をなぞってきたのに対して、最近の高橋の研究は、『吾妻鏡』を原史料や情報源のレベルまで掘り下げて史料批判し、信憑性の高い記事と、『吾妻鏡』編者による大幅な加筆や創作が行われている信憑性の低い叙述とを区別し、さらに公家日記や『愚管抄』などの情報と照合した上で、鎌倉時代の政治史を再構築する方法をとっている。

この方法を用いた叙述には、しばしば史料批判や考証が必要となってしまうため、本書は既存の人物叢書よりも叙述がやや煩雑かもしれない。その点をお詫びしないといけないが、読者には、史料批判の成果によって生み出された最新の三浦義村像をぜひ確かめていただきたい。

本書の主眼は三浦義村の人生をたどることにあるが、「第一　義村の誕生」の「一　相模国と三浦一族」と「二　祖父義明と父義澄」では、義村の活動の前提となる平安時代末期から頼朝の挙兵前後に至る三浦一族の歴史を略述し、「第六　義村の妻子と所領・邸宅・所職、関係文化財」では、一部、本論中でも触れた義村の子や所領などについて、各人・各地ごとにまとめて記し、義村を語る上で欠かせない文書・日記・典籍などの文献史料、絵画・彫刻などの文化財、三浦半島に所在する史蹟について解説している。特に文献史料に関する部分は、本書の典拠となっている史料の解題になっているから、必要に応じて参照していただきたい。

本書の執筆を引き受けてから、二十年が経ってしまった。思いがけない風が吹き、ようやく重い腰をもち上げたが、すでに凪は通り過ぎつつある。長い間執筆をお待ちいただいた日本歴史学会の関係者と読者には、重ねてお詫びしたい。

筆者の三浦氏研究は、横須賀市史の編纂や三浦一族研究会での講演・講座などが基盤になっている。いずれも山中裕（ゆたか）先生のお誘いによるものであった。義村の和歌の解釈については、慶應義塾大学の小川剛生（たけお）氏にご教示を仰いだ。『吉田文書』の存在について教えてくれた國學院大學の百瀬顕永（あきひさ）氏をはじめ、お世話になった各位に御礼申し上げる。

二〇二二年十一月三十日

高橋秀樹

目次

口絵

挿図

第一　義村の誕生

一　相模国と三浦一族

三浦氏の登場

三浦義村が初めて史料に登場するのは寿永元年（一一八二）、源頼朝挙兵の二年後のことであるが、その約百年前の十一世紀後半から義村の父祖が史料上に姿をあらわす。当然のことながら、父祖時代の地域との関わり、清和源氏との関係などは、義村の活動の前提となっている。そこで、まずは三浦氏の系譜から説き起こすこととしたい。

三浦氏の系譜

鎌倉幕府の歴史書『吾妻鏡』において「曩祖」と記されている為継以降の義継・義明・義澄という三浦氏の系譜は、すべての系図類でほぼ一致している。為継は　源　義家麾下の武将として後三年合戦で活躍したことが『奥州後三年記』や『後三年合戦絵巻』に記されている人物であるから、その活動時期は十一世紀後半である。

この三浦氏について、続群書類従本「三浦系図」、『尊卑分脈』の「桓武平氏系図」

相模国図（『三浦一族の中世』より）

をはじめとする諸系図は、桓武平氏の流れをくむ一族としている。しかし、中世に原形が成立した系図に限ってみても、為継よりも前の系譜は系図ごとに異なっている。高望王の子である良文につなげるものが多いが、良文・為継間の代数・人名は一様でない。良文ではなく、良茂に始まる系図もあり（『尊卑分脈』、東京大学史料編纂所本『古系図集』所収「桓武平氏系図」）、さらに江戸時代に成立した系図のなかには、高望王の子良兼につなげるものもある（『三浦古尋録』）。

　諸説紛々としているなかで、共通しているのは、為継の父に「平大夫」あるいは「権大夫」という地域の有力者を示す「大夫」の称を付していること、為継の二〜三代前で伝説のつわもの「村岡五郎」に接続させていることくらいである。良文につなげている系図が多いからといって、これが正しいとは限らない。いずれの系図も「村岡五郎」とされる人物に何らかの形でつなげることを意図して作成されたとしか考えられないのである。

貴種流離譚

『源平闘諍録』の文章系譜のように、平将門の乱で常陸国に配流された「常陸中将」忠光が相模国の三浦に流れ着き、そこの「青雲介」に婿取られて三浦氏の祖となったという、いわゆる貴種流離譚で語る系譜史料がある。『源平闘諍録』は、千葉氏や秩父氏などの多くの東国武士を桓武平氏平良文からの父子関係で説明しているのに対して、この三浦氏と、同じく祖先がはっきりしない北条氏の二氏に限って、桓武平氏子孫の現地有力者への「婿入り」で説明している。いずれも婿入り先の妻方一族は跡形なく姿を消し、婿の子孫に取って代わられている。貴種を婿取った一族が繁栄するならばまだしも、そうなっておらず、この婿入りを事実として受け入れることは難しい。この婿入りの設定は、三浦氏と北条氏の系譜が、桓武平氏の父子関係ではうまく説明できなかったための創作とみていいだろう（高橋秀樹「挙兵前の北条氏と牧の方の一族をめぐって」）。

『源平闘諍録』による東国武士団の系譜

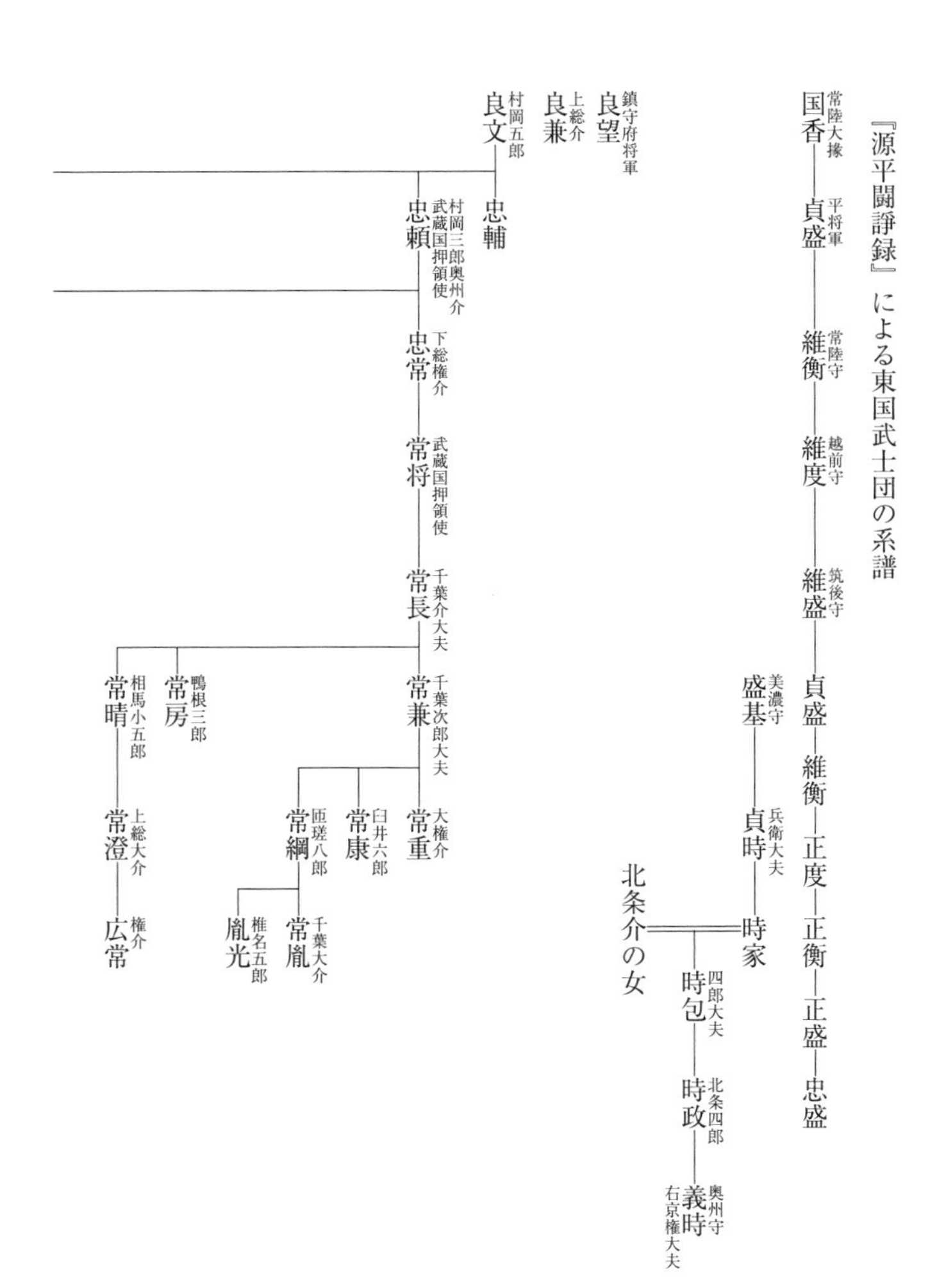

忠尊（山中悪禅師）―常遠（笠間押領使）―常宗（中村太郎）―宗平（中村庄司）―実平（土肥次郎）
　　　　　　　　　　　　　　　　　　　　　　　　　　　　　―遠宗（土屋三郎）（宗遠）

将常（武蔵権守）―武基（秩父別当大夫）―武綱（秩父十郎）―重綱（権守秩父冠者）―重弘（太郎大夫）―重義（畠山庄司）―重忠（畠山次郎）
　　　　　　　　　　　　　　　　　　　　　　　　　　　　　　　　　　　　　　―有重（小山田別当）

忠光（駿河守権中将）＝青雲介の女
　―為名（三浦平大夫）―為次（三浦平太郎）―義次（六郎庄司）―義明（三浦大介）―義宗（杉本太郎）
　　　　　　　　　　　　　　　　　　　　　　　　　　　　　　　　―義澄（別当介）―義村（駿河守）

忠道（平大夫）―景道（鎌倉権大夫）―景村（鎌倉太郎）
　　　　　　　　　　　　　　　　―景将（権五郎）―景長―景時（梶原平三）

桓武平氏の自称

おそらく、三浦氏の場合は、三浦半島に古くから根づいていた有力者が、多くの東国武士と同じように、十一世紀前半あたりから平氏を称するようになり、のちに桓武平氏の「村岡五郎」につなげるさまざまな系図を創作したと考えるのが適切だろう（高橋秀樹『三浦一族の研究』）。

為継が活動した十一世紀後半の相模国に「権大夫」を称する人物がいたことは、『水左記』承暦三年（一〇七九）八月三十日条の記事から確認できる。押領使景平と合戦し、景平の首を斬ったという「当国（相模国）住人権大夫為季」が三浦為継の父に当たる可能性を指摘する説もある（五味文彦「相模国と三浦氏」）。この為季が系図により為直・為名・公義ともされる、為継の父「三浦権大夫」である可能性はあろう。

藤原氏起源説の成否

この為季を『尊卑分脈』師尹流の藤原済時曾孫の藤原為季に比定し、三浦氏を藤原氏の一流だったとする説もある（近藤好和執筆、『新横須賀市史　通史編自然・原始・古代・中世』）。しかし、この説には大きな問題がある。公達・諸大夫・侍という三つの身分から構成される貴族社会のなかで、師尹の家系は、嫡流が公達（上級貴族）、傍流が諸大夫（中流貴族）の身分に当たる。一方、三浦氏が系譜を求めた桓武平氏は最下位の侍身分の存在である。諸大夫身分の藤原為季の子孫が、身分的下位の桓武平氏に自家の系譜を仮託するというのは、身分を重視するこの時代の常識のなかではありえない。三浦氏の藤原氏起源説は否定されるべきだろう。

三崎荘の成立

為継の時代に三浦半島にも荘園が成立している。『近衛家所領目録』（陽明文庫所蔵、『鎌倉遺文』七六三一号）のなかに「冷泉宮領内」としてみえる相模国三崎荘である。冷泉宮とは、小一条院敦明親王の娘儇子内親王（一〇一八〜九七）のことで、父小一条院や夫藤原信家から相続した荘園を中心とする所領は、彼女から養女源麗子（藤原師実の室）、その孫藤原忠実へと譲られ、その後、近衛流摂関家に伝領された。三崎荘の立荘は儇子生前のことであろうから、十一世紀後半が想定される。忠実時代の摂関家年中行事について記している『執政所抄』には、「冷泉院殿御忌日の事」の費用を負担した荘園として、三崎荘と並んで、同じ相模国の波多野荘の名もみえる。波多野氏の祖佐伯経範は、『陸奥話記』によると、相模国の人で、源頼義に厚遇されていたという。頼義は、小一条院の家政職員である判官代をつとめ、長元九年（一〇三六）には相模守になっていた人物であった。波多野荘は、頼義を介して儇子に寄進されたと考えられるが、三浦氏と河内源氏との関係は、頼義の時代まではさかのぼらず、その子義家時代の後三年合戦を契機としている（『吾妻鏡』建保元年〈一二一三〉五月二日条）。したがって、三崎荘は源義家を介して、晩年の儇子に寄進されて成立したと考えたほうがよかろう。為継からその子義継へと伝えられたこの荘園に対する権益は、義継の時代には、荘園諸職の体系化のなかで荘司職の形をとるようになり、義継は「三浦庄司」と称された。

三浦庄司

かつては、この「三浦庄司」の称号から、三崎荘とは別に、三浦荘という荘園が存在し、三崎荘は半島南部、三浦荘はそれ以北に所在すると考えられてきた（『神奈川県の地名』）。しかし、中世前期における三浦荘の存在を示す史料はなく、「工藤庄司」や「渋谷庄司」「大庭庄司」の称号同様に、苗字といずれかの荘園の荘官であることを組み合わせたものであり、三崎荘などの荘官であったことを意味するという五味文彦氏の指摘は傾聴に値する（五味「相模国と三浦氏」）。鹿王院文書に「相模国三浦庄内長沢郷」を載せる至徳元年（一三八四）の文書があるが、『新編相模国風土記稿』によれば、半島南部の長沢には春日社が勧請されている。多くの摂関家領荘園に藤原氏の氏神春日社が勧請されていることを考えると、鹿王院領となる前の長沢は摂関家領荘園のなかに所在していたと考えていいだろう。そうすると、この文書中の「三浦庄」は三崎荘の別称か誤記ではないかと思われるのである。三崎荘は、春日社が勧請されている三浦半島の東京湾側（横須賀市長沢・同猿島）を含む範囲で、矢部郷などの国衙領を除いた散在的な荘園だったのかもしれない（高橋秀樹『三浦一族の中世』）。

二　祖父義明と父義澄

祖父義明の生年

三浦義村の祖父義明は、康和四年（一一〇二）に生まれた。『吾妻鏡』は治承四年（一一八〇）に討ち死にしたときの年齢を八十九歳（一〇九二年生まれ）と記すが、天永三年（一一一二）生まれの弟岡崎四郎義実の生年を考慮すると、延慶本『平家物語』が記す七十九歳の没年齢の方が信憑性が高い（高橋秀樹『三浦一族の中世』）。

国衙雑事への関与

『吾妻鏡』が記す三浦義村の言によれば、祖父義明は天治（一一二四〜二六）以来、相模国の国衙雑事に携わったという（承元三年〈一二〇九〉十二月十五日条）。国衙雑事とは、国衙が所管する業務のうち、軍事・警察や裁判を除く一般行政を指す。このころの相模国衙は大住郡、現在の神奈川県平塚市にあった。三浦半島との間にも、古代以来の国衙と郡衙を結ぶ官道が通っていたはずであるが、陸上を通ると、三浦半島から相模国衙までは相模川を越える四〇キロ弱の距離がある。父義継のもとで、二十代前半の若い義明は必要に応じて国衙へと通ったのだろう。国衙に近い相模川河口部には港湾施設もあったから、海路を利用して往来したとも考えられる。

国守藤原盛重との関係

義明が国衙に関わるようになったきっかけとして想定されるのが、このときの国守藤原盛重の存在である。盛重は周防国の出身で、幼いころから白河院の寵童となって北面に候し（『尊卑分脈』『十訓抄』）、検非違使の尉から石見守に任官して、保安元年（一一二〇）に相模守に転じていた（一一二七年まで在任）。この盛重と寵童時代から「千手丸・今犬丸」と並び称されていたのが、三浦氏出身の平為俊だった（延慶本『平家物語』）。三浦氏関係の系図の多くが為継の兄弟として掲載しているこの為俊も、院北面から検非違使になって活躍し、従五位下に叙爵して、下総介や駿河守に任官している（『新横須賀市史　資料編古代・中世Ⅰ』）。盛重・為俊のふたりは幼いころから同じコースをたどる同僚だった。その盛重が相模守になったことで、為俊の一族である義明が相模の国衙に出仕するようになったと考えられる（高橋秀樹『三浦一族の研究』）。

父義澄の誕生

天治二年（一一二五）、義明の長子義宗が誕生し（延慶本『平家物語』の没年齢から逆算）、大治二年（一一二七）には二男義澄が誕生した（『吾妻鏡』の没年齢から逆算）。この義澄が義村の父である。さらに、その弟には大多和三郎義久・多々良四郎義春・長井五郎義秀・杜六郎重行・佐原十郎義連がいた（続群書類従本「三浦系図」）。

大庭御厨乱入事件

義明四十三歳の天養元年（一一四四）、源義朝による大庭御厨乱入事件が起きる。伊勢神宮の荘園である大庭御厨（神奈川県藤沢市）内の開発地に対し、その地は鎌倉郡内の国衙領であると称して、相模国の田所目代源頼清と在庁官人、加えて源義朝の郎従清原安行と三浦庄司義継・男義明・中村庄司宗平・和田助弘ら千余騎が御厨内に押し入った事件である。この事件で、義明とその父義継は、国衙に与した義朝方の武力として行動している（『天養記』）。

保元の乱

保元元年（一一五六）七月に起きた保元の乱では、崇徳上皇側の源為義の武力としても、敵対した後白河天皇方の源義朝の武力としても、三浦氏は動員されていなかった。しかし、戦に敗れて近江国に落ちた源為朝が父為義に対して、坂東に下って、今度の合戦に上洛しなかった三浦義明・畠山重能・小山田有重の援助を得て再起することを提案しているから（『保元物語』）、義朝の曽祖父義家と三浦為継との関係以来の主従関係が、十二世紀半ばの源氏棟梁と三浦氏との間に続いていたのだろう。

平治の乱

その三年後に起きた平治の乱では、義朝の郎等として三浦義澄・山内俊通らの東国武士が後白河上皇の三条殿を襲った。古態とされる陽明文庫本『平治物語』において、義澄の名は、義朝と生死を共にした鎌田正清の次に記されており、義朝郎従の中でも重要な存在だったことがわかる。このとき義朝に従っていた東国武士は、山内刑部丞俊

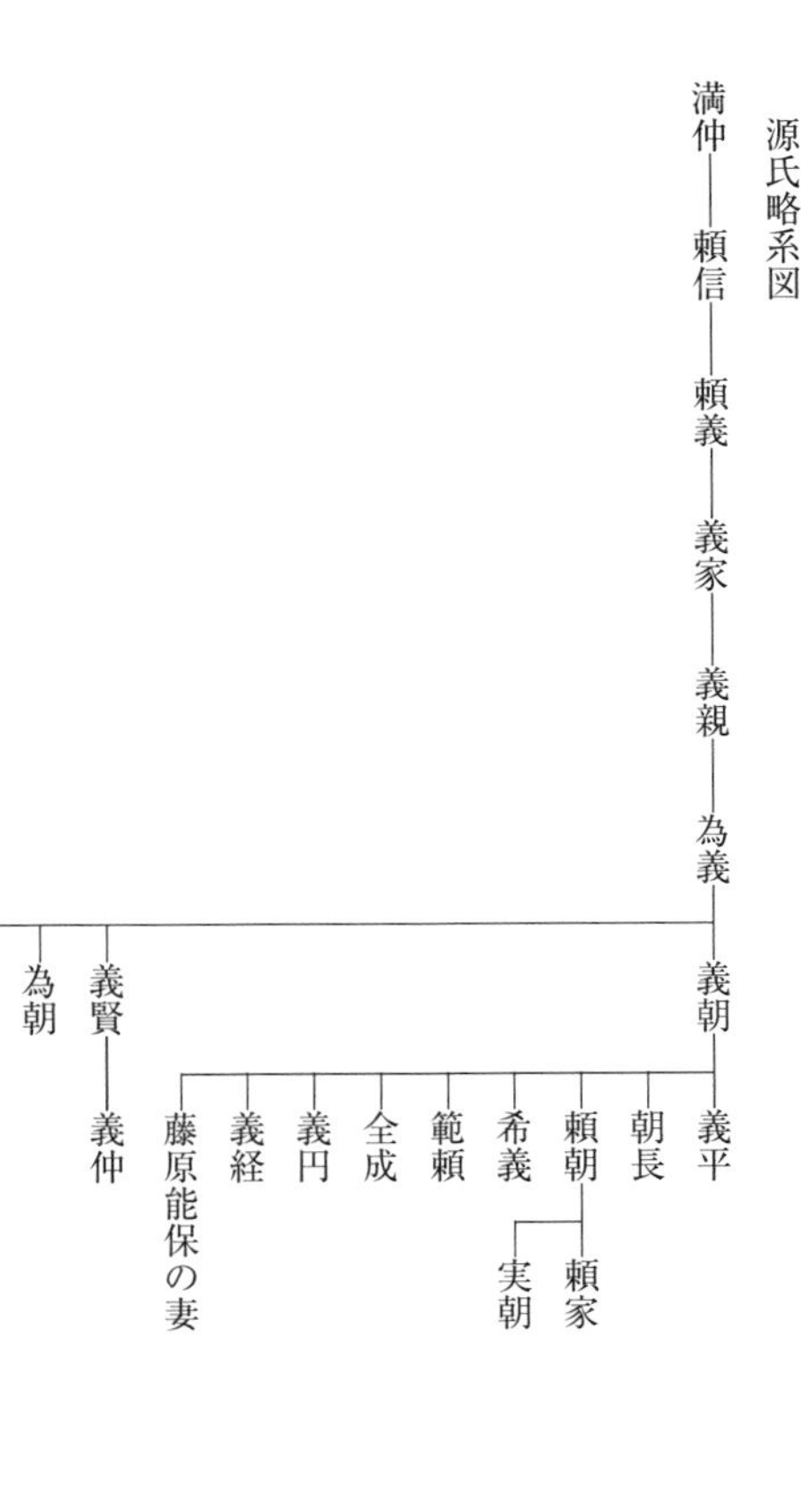

通・瀧口俊綱父子、長井斎藤別当実盛、上総介八郎広常で、いずれも各武士団の長あるいは後継者となる人物である。そうなると、この平治の乱段階で、義澄が義明の後継者に位置づけられていたことになる。

『保元物語』では義明を「三浦介義明」と表記する写本もあるが、古態を残すとされる半井本は「三浦介」を冠していない。また、『平治物語』は義澄を「三浦荒次郎義澄」と記す写本が多いなかで、古態を残すとされる陽明文庫本は「三浦介二郎義澄」と記している。これは「三浦介」の二男という意味であるから、平治の乱段階では義明が三浦介を称していたことになる。これらの人名表記が、その当時の称であったとするならば、保元の乱から平治の乱までの間に、義明は相模国の雑事を統括する地位を得て、「三浦介」を称するようになったのだろう（高橋秀樹『三浦一族の研究』）。義明五十代後半のことである。平治の乱の義朝軍のなかで、義澄が重視されていた背景の一つに、父義明による相模国衙雑事の掌握があった。

玉藻前伝説

十四世紀後半に成立したとされる『神明鏡』には、三浦介が妖狐を退治した話が載せられている。近衛天皇の時代、鳥羽院から寵愛を受けた玉藻前という天下無双の美女がいた。天皇の病が重くなり、陰陽師に占わせたところ、天竺・唐・本朝の三国に禍をなしてきた下野国那須野の狐が姿を変えた玉藻前の仕業であるということだった。陰陽道の泰山府君祭で鎮めようとしたが、狐は那須野に逃げ去ってしまった。そこで東国の名将である三浦介・上総介の二人に勅命が下り、両介はこれを狩って上洛した。狐

三浦義明の妖狐退治（『たま藻のまへ』京都大学附属図書館所蔵）

の腹の中にあった仏舎利は院に進上され、額の白玉は三浦介に、尾の先の針は上総介に与えられ、狐は宇治の宝蔵に収められたという。三浦介が活躍する玉藻前伝説は中世社会に流布し、その後成立した『玉藻前絵巻』（根津美術館所蔵）などでは、夢の告げを受けた三浦介が射取るというストーリーに改変されている。また、玉藻前の魂が那須野の殺生石に残って害をなしていたのを源翁和尚が法力によって石を割って鎮めたという殺生石伝説は義明の子孫である奥州葦名氏と源翁との交渉を通じて発生したとも言われている（美濃部重克『中世伝承文学の諸相』）。

三浦氏と源氏棟梁との関係を示す事象として、義朝の長子義平の母が義明の娘だといわれることが多い。その典拠は、続群書類従本「清和源氏系図」と『平治物語』である。しかし、『平治物語』でも陽明文庫本・学習院大学本などの古態系の本にはこの記載がなく、義平を英雄化して描く金刀比羅本などの後出本のみにみられる。また、系図においても、比較的信頼性の高い『尊卑分脈』の「清和源氏系図」は義平の母を「橋本の遊女、あるいは朝長と同母」としている。朝長の母は『吾妻鏡』によれば波多野義常の「姨母」（母の姉妹）であり、『尊卑分脈』は「修理大夫範兼女またあるいは大膳大夫則兼女」とするから、いずれにしても三浦氏出身の女性ではない。また三浦氏関係の系図に義平の母を載せるものはない。史料批判という作業を通すと、義平の母を義明の娘とする説は霧消する。この伝承は、義平を英雄化する際に、母を義明の娘とすることで、相模国最大の武士団に支えられた存在だったことを示そうとしたものにすぎない（高橋秀樹『三浦一族の研究』）。

有力武士団との婚姻

義明時代の三浦氏は、周辺国の有力武士団と婚姻関係で結びついていた。義明の娘は、武蔵国の畠山重能に嫁していた。義明の子義澄は伊豆国の伊東祐親の娘を妻とした。この女性が義村の母である（詳細は一七〜一八頁）。義明の弟岡崎義実は西相模の有力武士中村宗平の娘を妻としていた。中村氏の本拠地や伊東氏の本拠地とは、直線距離で五〇〜六〇キロ離れているが、相模湾の海上交通でつながっていた。三浦半島の東の対岸、上総国の上総権介広常の弟金田頼次も義明の婿で、安房国の安西景益も三浦義澄の娘との婚姻で結びついていた。

安房長狭氏との合戦

そうしたなか、長寛元年（一一六三）に三浦氏が安房国の長狭氏を攻める事件が起きている（延慶本『平家物語』）。三浦氏が安房国に進出していて安房国の一部を勢力圏に収めていたともいわれているが（野口実『増補改訂　中世東国武士団の研究』）、義明あるいはその子の世代の三浦一族に安房国の地名を苗字地として名乗っている者はなく、安房国において恒常的な面的支配を行っていたとは考えられない。おそらくは安房国で安西氏と長狭氏との間に対立があり、三浦氏が安西氏に加勢したものと思われる。この合戦での傷がもとで、義明の長子義宗は三十九歳で亡くなった。そのとき義宗の子和田義盛は十七歳だった。兄義宗の死によって、平治の乱の段階ですでに後継者と位置づけられていた義澄が、三浦の家の後継者としての揺るぎない地位を確立したものと思われる。

三　義村誕生

義村の生年

本書の主役である三浦義村は、生年不明である。延応元年（一二三九）に死去するが、その時の年齢を記した史料もない。しかし、生年を推定する手掛かりがないわけではない。元暦元年（一一八四）に源範頼を総大将とする平家追討軍が編成されたとき、鎌倉殿の侍所の評定で、従軍は十七歳以上と定められたという（『源平盛衰記』）。義村はこの範頼軍に従っているから、この年十七歳以上だったということになる。『吾妻鏡』や『平家物語』をみる限り、寿永二年（一一八三）以前に従軍していた形跡はない。

治承四年（一一八〇）以降の合戦をみてみると、北条義時は石橋山合戦のときに十八歳、畠山重忠は挙兵時に十七歳だった。結城朝光の十五歳、河村千鶴丸（秀清）の十三歳など若年の者もいるが、そうした特例の場合は『吾妻鏡』も年齢をわざわざ記している。平家追討軍を派遣する際に基準となった十七歳という年齢は、突然にもち出された年齢ではなく、ある程度、東国武家社会の慣習に則ったものとみていいのではなかろうか。

そう考えると、義村は初めて従軍した元暦元年に十七歳、仁安三年（一一六八）生まれということになる。長寛元年（一一六三）生まれの北条義時よりも五歳年下、のちに「断金の朋友」（『吾妻鏡』正治元年〈一一九九〉十月二十七日条）と称された結城朝光とは同じ年である。本書では、この推定に基づいて、義村を仁安三年生まれとして叙述することにしたい。

義村の母

義村の母については、続群書類従本「三浦系図」や『系図纂要』に「母伊東入道女」とある。伊東祐親の娘が義澄の妻であることは『曽我物語』にも記されており（延慶本『平家物語』は義連の妻と誤記する）、『吾妻鏡』治承四年（一一八〇）十月十九日条も祐親と義澄と

北条義時との関係

義村の母（左端，『承久記絵巻』巻第6，高野山龍光院所蔵，提供：高野山霊宝館）

が舅婿(きゅうせい)の関係にあったと記しているから、母を祐親の娘と考えて支障なかろう。また、真名(まな)本『曽我物語』では、曽我兄弟の伯母に当たるこの女性が「三浦の伯母」「三浦の女房」と呼ばれ、三浦半島所在の「三浦の屋形(やかた)」に居住しているから、義澄の正妻だったと考えていい。

義村と北条義時とを母方の従兄弟とみる説がある。しかし、義時母を祐親の娘とする前田本「北条系図」と真名本『曽我物語』巻第五の記述は虚構であり、伊東氏の交遊関係などの状況証拠に照らしても、義時母を祐親の娘と考えることはできない（高橋秀樹「挙兵前の北条氏と牧の方の一族をめぐって」）。したがって、義村と義時との間に血縁関係はないということになる。

兄三浦余一の存在

真名本『曽我物語』は、三浦余一という義村同腹の兄の存在を記し、その実父が鹿野宮藤四郎茂光（狩野介茂光）であったとするが、三浦余一の存在を裏づける信憑性の高い史料はなく、物語が創作した人物である可能性が高い。そうなると、義村の母が、最初に結婚したのが伊豆国の狩野茂光で、その後離婚し、三浦義澄に嫁したという部分の事実関係も疑わしい。

義村の兄弟

「平六」の通称（仮名・輩行ともいう）からみて、義村は義澄の六男だったと考えられる。『吾妻鏡』にも登場する大河戸太郎重澄と山口次郎有綱は、通称からみると、義澄の一男・二男で、義村の兄に当たる。重澄は後に大隅守にまでなるが、若いころの彼らの扱いは大きくない。二人は庶妻子だったのだろう。義村は正妻の長子で、早くから家の後継者である嫡子として位置づけられていたようである。弟には、『吾妻鏡』元久二年（一二〇五）六月二十二日条を初出とする平九郎胤義がおり、系図類は十郎友澄の存在を記す。胤義は若くして官職を得ていることを考えると、義村と同腹の嫡妻子だろう。

義村の姉妹

また、義村の姉妹として、続群書類従本「三浦系図」と『系図纂要』は、大河戸広行の妻・安西三郎（景益）の妻・天野政景の妻・上総介（千葉）秀胤の妻の存在を記す。ただし、『吾妻鏡』養和元年（一一八一）二月十八日条によると、広行の妻は三浦義明の娘であり、同書宝治元年（一二四七）六月六日条に秀胤は泰村（義村の男）の妹婿とあるから、「三浦系図」と『系図纂要』の大河戸広行の妻・千葉秀胤の妻の記述は誤りだろう。

四　頼朝の挙兵と衣笠合戦

以仁王の令旨

治承四年（一一八〇）四月九日、後白河法皇の皇子以仁王は、源三位入道頼政父子の勧めにより、平清盛一族の追討を呼びかける令旨を発した。以仁王の養母八条院暲子内親王の蔵人という肩書を得た源為義の末子行家が令旨を帯してひそかに東国に下った。『吾妻鏡』によれば、行家は四月二十七日に頼朝が住む伊豆国北条館（静岡県伊豆の国市）に到着し、そこから甲斐国・信濃国に向かったという。五月十五日に以仁王の企ては発覚し、以仁王配流の宣旨が出された（『玉葉』『吾妻鏡』）。頼政から情報を得た以仁王は検非違使による家宅捜索前に脱出し、園城寺へと逃れた。その後、合流した頼政父子とともに、興福寺を頼って奈良に移動する途中、宇治で平知盛・維盛率いる二万騎の大軍と合戦となり、以仁王と頼政父子はあえなく討たれた（『吾妻鏡』五月二十六日条）。

父義澄の帰国

そのころ、大番役勤仕のために在京していた三浦義澄は、千葉常胤の六男胤頼とともに官軍の一員としてこの合戦に動員された。六月末にようやく帰国を許された義澄と胤頼は、帰途伊豆国北条の頼朝のもとに立ち寄り、二人は頼朝と長時間語り合ったという（『吾妻鏡』六月二十七日条）。

挙兵の呼びかけ

義澄らの下向と前後して、挙兵を呼びかける廻文を携えて頼朝側近の安達盛長が相模国の源氏家人のもとをまわった（『吾妻鏡』六月二十四日・七月十日条）。延慶本『平家物語』によると、三浦義明は風邪気味で伏せっていたが、頼朝からの使者だと聞いて急いで起き上がり、烏帽子・直垂姿で盛長と対面した。廻文をみた義明は、義朝の子孫が立ち上がったことを喜び、一族・郎等を召し集めて、頼朝への同心を告げ、一族もそれに同意したという。

源頼朝の挙兵

平家追討の初戦として伊豆国山木郷（静岡県伊豆の国市）に配流されていた平（山木）兼隆を討つことを決した頼朝は、陰陽師の占いにより八月十七日寅・卯の刻を合戦開始の時と定めた（『吾妻鏡』八月六日条）。『吾妻鏡』によれば、日時を決した日に、頼朝の呼びかけに応じて北条館に集結した伊豆国の武士や相模国の土肥実平・岡崎義実らを頼朝が一人ずつ順番に静かな場所に呼び、お前だけが頼りだと言葉をかけ、武士たちの心に訴えたという。頼朝にとって頼みとする兵力は、伊豆国の小武士団ではなく、相模国の有力武士団だった。

八月十二日には、西相模に拠点を置く三浦一族の岡崎義実に使者を遣わし、義実と子息義忠を頼りにしていることと、十七日以前に姻戚関係にある土肥実平を伴って北条に来てほしいと伝えた（『吾妻鏡』）。この十二日条の記事が事実だとすると、八月六日の段階で岡崎義実や土肥実平が頼朝に同心して北条館に来ていたことと矛盾する。どちらかといえば、六日条に脚色が施されているとみた方がよさそうである。また、十七日条の山木討ちの記事に義実や実平の名はみえないが、土肥から北条に向かった武士たちが走湯山を通ったと、十九日に伊豆山権現の衆徒が訴えているので（『吾妻鏡』）、義実や実平ら西相模の武士たちも山木討ちに参加していたのだろう。

山木兼隆を討った頼朝は、二十日に伊豆・西相模の武士や側近ら四十六騎を率いて、伊豆国から相模国土肥郷（神奈川県湯河原町・真鶴町）に移動した。その中には岡崎義実・子息義忠、義実の子で土屋宗遠の養子になっていた義清の名がみえる。東相模の三浦一族本隊は、悪天候のために海路をとることができず、二十二日にようやく三浦義澄・義連兄弟、大多和義久父子、和田義盛兄弟、多々良重春兄弟らが三浦を出発し、陸路で西に向かった。しかし、丸子川（酒匂川）を渡れずに、そのあたりで一宿せざるをえなかった（『吾妻鏡』）。

石橋山合戦

二十三日の夜明け前、頼朝率いる三百騎、それに対する平家家人大庭景親らの三千騎が石橋山（神奈川県小田原市）に布陣し、伊豆国の伊東祐親率いる三百余騎が頼朝の後ろに陣取った。大庭景親らは、遠くで登る煙をみて、三浦勢が迫っていることを知り、かれらの到着前に勝負を決しようと、頼朝の陣を襲った（『吾妻鏡』）。この石橋山合戦で、頼朝方の先陣をつとめたのが義実の子佐那田余一義忠である。延慶本『平家物語』によると、武勇で名高い大庭景親の弟俣野景久に組む者を軍議で募ったところ、義実が進み出て、子息義忠を推薦した。頼朝は義忠を御前に召して、「今日の戦の一番仕れ」と命じた。これを承った義忠は郎等を佐那田（真田）に遣わし、先陣を承ったからには生きて二度と帰れないこと、二人の子を頼朝に仕えさせて岡崎と佐那田を継がせ、子どもを後見するとともに、自分の後世を弔ってほしいと、母と女房に告げさせた。義忠は十七騎を率いて歩み出て、「三浦大介義明が舎弟、三浦悪四郎義実が嫡男、佐那田の余一義忠、生年二十五、源氏の世をとり給うべき戦の先陣なり。我と思わん輩は出でて組め」と声を発して駆け出した。余一は俣野景久と組み合い、そこに俣野の一族長尾為宗が加わった。義忠が俣野の首を掻こうとしたところを、為宗の弟定宗が降り重なって義忠の動きを止めて、その首を掻き切った。佐那田余一を討ったとの景久の叫び声に、平家方は喜び、源氏方は気を落とした。義実から義忠討ち死にの報告を受けた頼朝は、義忠に対する孝養を約束した。

三浦氏と大庭氏との関係

大庭氏と三浦氏との関係について、平氏政権下で平氏家人大庭景親が三浦氏のもっていた国衙軍の指揮権を奪っていたことも、三浦氏の挙兵の下地になっていたという見解がある（野口実『坂東武士団と鎌倉』）。しかし、義明時代の三浦氏がもっていたのは相模国の国衙雑事（軍事・裁判を除く一般行政）を統括する権限であり、相模国の検断権は義澄時代に頼朝から付与されたものであるし（『吾妻鏡』承元三年十二月十五日条）、大庭景親が率いているのは平家家人のみであって、相模国の国衙軍を率いていたわけではない（高橋秀樹『三浦一族の中世』）。

頼朝は石橋山の合戦に敗れ、わずか土肥実平・子息遠平・新開実重・土屋宗遠・岡崎義実、実平の小舎人の六人とともに逃れた（延慶本『平家物語』）。いったん箱根山の僧永実宅に入った後、土肥郷に出て、そこで北条時政・義時父子らと合流し、時政らは二十七日に岩浦から乗船し、頼朝は二十八日に真鶴から乗船して、それぞれ安房国を目指してこぎ出した(『吾妻鏡』)。

由比小坪合戦

一方、増水した酒匂川を渡れなかった三浦勢は、頼朝の敗北を知って三浦に急ぎ戻ろうとした。その帰り道、由比の小坪付近(神奈川県逗子市・鎌倉市)で畠山重忠率いる武蔵国の平家勢と合戦となった。八月二十四日のことである。武蔵国は平治の乱後ずっと平清盛の知行国で、国衙軍制も平家が掌握していたから、頼朝の挙兵に対して国を単位とした動員命令が出されていた。重忠の父重能や叔父小山田有重は平家家人として在京しており、父に代わって十七歳の重忠が武蔵勢の第一陣として五百騎を率いていた。平塚の金江川(金目川)あたりで三浦軍の東行を見送った武蔵勢はその後を追った。戦いを前に、和田義盛と重忠との間でいったんは和平が成立した。ところが、この和平が成立する前に義盛下人のひとりが弟義茂に由比ヶ浜で戦が始まったと伝え、それを聞いた義茂(『源平盛衰記』は十七歳と記す)が、わずか八騎で四百騎の軍勢に挑みかかってしまった。重忠は和平が空事であったと思い、また小坪坂で待機していた義盛も弟を救おうと駆け出した。さらに東方の鐙摺(神奈川県葉山町)で構えていた三浦義澄もこれをみて押し寄せた。畠山勢は三十人余りが討たれ、三浦方も多々良太郎・次郎兄弟らが討たれて、両軍ともに退いた(延慶本『平家物語』)。

八月二十六日、平家の恩に報い、由比浦での合戦の雪辱を果たそうとした畠山重忠は、河越重頼に使者を送り、武蔵の国衙軍本隊を率いて、三浦を攻めるように依頼した。一方、三浦勢は衣笠城（神奈川県横須賀市）に引き籠もり、武蔵勢の来襲に備えた。三浦勢には、義明の娘婿にあたる上総国の金田頼次（上総権介広常の弟）の七十騎も加わっていた（『吾妻鏡』）。延慶本『平家物語』によれば、和田義盛は、岩山にあり、一方が海に面していて守りやすい奴田城（横須賀市）での籠城を進言したが、三浦一族の首領である義明は「名所」の城で討ち死にすることが名誉であると述べて、これを却下したという。

辰の刻に河越重頼・江戸重長ら武蔵勢第二陣の二千騎が押し寄せた。二十四日の由比小坪合戦に続く戦いに三浦勢の疲労は極限に達し、矢も尽きて、夜半には城を捨てることを決した。七十九歳の長老三浦義明を連れて城を出ようとしたが、義明はそれを固辞して城に残り、義澄らを逃がした。『吾妻鏡』はその時の義明の言葉を次のように記す。

吾れ源家累代の家人として、幸いにその貴種再興のときに逢うなり。なんぞこれを喜ばざらんや。保つ所すでに八旬有余なり。余算を算うるにいくばくならず。今老命を武衛に投じ、子孫の勲功を募らんと欲す。汝ら急ぎ退去してかの存亡を尋ね奉るべし。吾ひとり城郭に残留し、多軍の勢を模し、重頼にみせしめん。

衣笠合戦と城を出る三浦義明
(「源平合戦図屛風(三浦・畠山合戦図)」兵庫県立歴史博物館所蔵)

文章を飾るための不読助字(ふどくじょじ)「兮(けい)」を用いたり、「なんぞ〜ざらんや」という反語文にするなど、『吾妻鏡』編者による凝った作文であるから、実際に義明がこの言葉を発したわけではない。弟岡崎義実の年齢六十九歳を勘案しても、『吾妻鏡』が記す義明八十九歳は疑わしく、延慶本『平家物語』の七十九歳が妥当なところである。『吾妻鏡』は忠義に厚い老将像を過大に作り上げている。

これに対して、延慶本『平家物語』は、戦意が低下した中で義明が子孫を呼び、次のようなことを述べたとする。

すぐに自害してはならない。佐殿（頼朝）は軽率に討たれるような方ではないから、その死生がはっきりするまでは生きながらえて最後まで見届けなさい。きっと安房・上総方面に落ち延びていらっしゃるだろう。今夜ここを発って船に乗って佐殿の行方を尋ねなさい。私は今年もう七十九歳で、病気の身である。義明はいくらもない命を惜しんで城から落ちたと後日いわれるのは悔しいので、私を捨てて落ちなさい。まったく恨むつもりはない。急いで佐殿に加わって本意を遂げなさい。

祖父義明の死

しかし、衣笠城にひとり残すわけにはいかないと、手輿に無理矢理乗せて落ちたものの、敵が近づくと輿舁の雑色たちが輿を捨てて逃げてしまったために、義明は敵に衣裳を剝ぎ取られ、どうせならば畠山重忠に討たれたいという願いも叶わず、江戸重長に首をとられたという。延慶本『平家物語』は、「義明の希望通りに城中に捨てたならば、これほどまでの恥辱には及ばなかっただろうに」と評している。『吾妻鏡』が描く高尚な義明の死とは対照的な恥辱にまみれた死に様である。おそらくは延慶本『平家物語』の方が事実に近いのだろう。頼朝は、石橋山での敗戦の記憶を佐那田義忠と三浦義明の忠義の証に置き換え、この二人を顕彰した。『吾妻鏡』が語る義明の最期も、その一環として脚色されたのだろう（高橋秀樹『三浦一族の研究』）。

安房国への脱出

頼朝一行と出会った三浦一族
(「源平合戦図屛風(三浦・畠山合戦図)」兵庫県立歴史博物館所蔵)

八月二十七日、石橋山合戦で勝利した大庭景親が数千騎を率いて三浦を襲ったが、すでに三浦勢が脱出した後だった。船で海上に逃れた三浦勢は安房に上陸し、頼朝一行と出会った。『吾妻鏡』は北条時政らと海上で船を並べたと記し、延慶本『平家物語』は先に上陸した三浦一族が頼朝の船を海上にみつけて船を差し向け、船底に隠れていた頼朝と再会したとする。このときに和田義盛が平家の侍藤原忠清(ただきよ)に憧れて、頼朝の侍(さむらい)別当(べっとう)(のちの侍所別当)を望んだ

という エピソードが延慶本『平家物語』に書かれている。
三浦勢が海路を利用して敗走したことを証左のひとつとして三浦一族を「海の武士団」とする論調（石丸熙『海のもののふ三浦一族』）、さらには「三浦水軍」と捉えるむきもある（佐藤和夫『海と水軍の日本史 上巻』）。しかし、土肥実平が真鶴で船を用意したように、海に面した所領をもつ武士は日常的な交通・物流手段として船を利用しているのであって、三浦一族に限った話ではない。また、この時期の三浦一族が軍船を擁して船戦をしていたことを示す史料もない。「海の武士団・三浦一族」は三浦半島の立地条件がつくりだしたイメージの所産である。

五 頼朝の東国掌握と義村の登場

安房国上陸

治承四年（一一八〇）八月二十九日に安房に上陸した頼朝は、まず最初に幼少時からの家人だった安西景益に書状を送り、安房国の在庁官人を連れて参上することを命じた（『吾妻鏡』九月一日条）。景益は、安房国衙に関与していた武士だったのだろう。これは手勢がほとんどいない頼朝が安房国を面で掌握するのではなく、国の役所である国衙とそこを支える実務官人を点で押さえようとしていたことを示している。三日後の九月四日に、景益は一族と二、三人の在庁官人を連れて頼朝のもとにやって来た。頼朝は景益宅に入って、そこから上総国の権介広常のもとに和田義盛を遣わし、下総国の千葉常胤のもとに安達盛長を遣わして、参上を呼びかけた（『吾妻鏡』）。

長狭氏討伐

いっぽう三浦義澄は、平家に通じている安房国住人長狭常伴が頼朝を襲おうとしていると進言し、九月三日に常伴を襲って、これを討った（『吾妻鏡』）。長狭氏は、三浦氏と姻戚関係にある安西氏と対立する勢力で、長寛元年（一一六三）にも三浦氏と戦っていた（延慶本『平家物語』）。安房国の事情に通じていた義澄は、頼朝の安房国掌握には仇敵長狭氏の排除が必要だと考えたのだろう。

武蔵武士団との和睦

千葉常胤は下総国の目代を討って国衙を掌握し、十七日、頼朝を国衙に迎えた。上総国の国衙軍二万騎を率いた上総権介広常は、十九日にようやく頼朝に帰順した。頼朝は武蔵国の江戸重長や葛西清重にも使者を遣わして帰順を勧めた。十月二日、頼朝は常胤・広常が用意した船で太井川（江戸川）・隅田川を渡り、武蔵国に入った。豊島清元・葛西清重・足立遠元が頼朝を迎え、四日には畠山重忠・河越重頼・江戸重長ら秩父系の武士が長井渡（東京都台東区か）に参会した。三浦一族にとって、重長らは衣笠合戦で三浦義明を討った敵だった。そこで頼朝は、有勢の彼らを味方につけなくては、ことの実現は難しいので、自分に対して忠直の思いをもつならば、決して憤りを残さないでほしいと三浦一族をなだめた。義澄らは異心のないことを表明して、畠山・河越・江戸氏らとともに頼朝の御前に列した。翌五日、頼朝は平家知行国である武蔵国を実質的に掌握し、諸雑事（一般行政）の主導権を江戸重長に与えた（以上、『吾妻鏡』）。

十月六日、畠山重忠を先頭に相模国に入った頼朝一行は、鎌倉に居を定め、御所の造営を開始するとともに、御台所（北条時政の娘、のちの政子、後述一〇九頁）を伊豆から呼び寄せた。この間、義村ら三浦義澄の家族は、敵となった妻の実家伊東氏を頼るわけにもいかないから、政子が伊豆山の坊に隠れたように、三浦の寺院などに隠れ住んでいたのだろうが、このあたりは『吾妻鏡』にも延慶本『平家物語』にも記述はない。

京都では、九月五日に頼朝追討宣旨が出され、二十二日に平維盛を大将軍とする追討軍が進発した（『百錬抄』）。その追討軍を迎え討つべく、二十万騎の軍勢を率いた頼朝は十月十六日に鎌倉を出発し、十月十六日に相模国衙に到り、十八日には東海道の要衝駿河国黄瀬川（静岡県沼津市）に到着した。そこに伊豆国で天野遠景によって身柄を捕らえられていた伊東祐親が連れてこられた。祐親の婿に当たる三浦義澄がその身柄を預かっている（『吾妻鏡』十月十九日条）。

富士川合戦

十月二十日、頼朝軍は富士川の東岸、追討軍は同じく西岸に陣したが、追討軍は水鳥の羽音（はおと）に驚き、夜明けを待たずして帰京してしまった。翌二十一日、頼朝は追撃を命じたが、千葉常胤・三浦義澄・上総権介広常は、背後に常陸国の佐竹（さたけ）氏が勢力を有している状態での追撃は危険であるととどめた。頼朝もこの諫言を受け入れて黄瀬川に戻り、三島（みしま）社に参詣してから、相模国に戻った（『吾妻鏡』）。

論功行賞

十月二十三日、相模国衙に着いた頼朝は、ここで初めての論功行賞（ろんこうこうしょう）を行った。北条時政以下の武士たちの身柄を本領に安堵（あんど）（安全を保障する行為）し、新恩を給与した。これとは別に、三浦義澄が父義明のあとを受けて三浦介となることを認め、下河辺行平（しもこうべゆきひら）がこれまで通り下河辺庄司であることを認めた（『吾妻鏡』）。三浦介は、本来頼朝によって任命されるような性格の職ではないが、頼朝はこの論功行賞の場において義澄の立場を保障することで、自らが相模国衙の支配者であることを示した。また、下総国下河辺荘は鳥羽天皇皇女八条院を本家とする荘園で、以仁王とともに敗死した源頼政が領家（りょうけ）であったから、下河辺荘の所職安堵は、頼朝が頼政の後継者として下河辺荘の領家の立場に立つことを宣言するものであった（高橋秀樹『三浦一族の研究』）。さらにこの場には、石橋山合戦で頼朝と戦った平家家人大庭景親の身柄が引き出され、広常に預けられた。長尾為宗は岡崎義実に、弟定景は義澄に、河村義秀は大庭景義に、山内経俊は土肥実平にそれぞれ預けられた。石橋山合戦から約二ヵ月を経て、頼朝方の勝利という形での戦後処理が終わったといっていいだろう。頼朝は鎌倉に帰還し、十二月十二日には完成した大倉（大蔵）郷の新造御所に引っ越した（『吾妻鏡』）。

養和元年の歴史的転換

翌養和元年（一一八一）正月十四日、院政を行っていた高倉上皇が二十一歳の若さで亡くなり、治承三年（一一七九）十一月以来幽閉状態にあった後白河法皇による院政が同十七日に再開された（『百錬抄』）。そして、閏二月四日には平清盛が六十四歳で病没した（『百錬抄』）。高倉上皇と清盛の死によって、歴史の流れは大きく舵を切ることになる。この年は全国的な飢饉の中で、平重衡率いる追討軍と頼朝の叔父源行家とが戦った三月の墨俣合戦、平通盛率いる追討軍と源義仲軍とが戦った九月の越前水津合戦などが起きたが（『平家物語』）、鎌倉は比較的平穏だった。

外祖父伊東祐親の死

寿永元年（一一八二）二月、御台所政子の懐妊が明らかとなった。この機会を得て、三浦義澄は身柄を預かっていた舅伊東祐親の赦免を願い出た（『吾妻鏡』二月十四日条）。祐親を御前に召して直接恩赦を与えたいという頼朝の意向は、義澄から祐親に伝えられた。

義澄が頼朝御所で祐親の到着を待っていると、郎従が伝えたのは、祐親自害の知らせだった。義澄が祐親のもとに「はしり至った」が、遺体はすでに「取り捨て」られたあとだったという。これが義澄宅での出来事ならば、家支配権をもつ義澄の許可なく、家人が祐親の遺体を処理することはないだろう。このあたりの『吾妻鏡』の記述にはやや疑念が残る。

義村の登場

三月九日には政子の着帯が行われ、七月十二日には政子が産所比企谷殿に移った（『吾妻鏡』）。政子が産気づいた八月十一日、頼朝は安産祈願のための奉幣使を伊豆山・箱根山の両権現と東国の神社八ヵ所に派遣した。相模国一宮（寒川神社）・武蔵国総社六所宮・上総国一宮・常陸国鹿島社・下総国香取社・安房国洲崎社という各国を代表する有力神社六ヵ所に加えて、三浦十二天・安房国東条庤にも奉幣使が遣わされている（『吾妻鏡』）。三浦十二天は、三浦半島所在の三浦氏の氏神的な神社、東条庤は、伊勢神宮領東条御厨（千葉県鴨川市付近）に勧請されている伊勢神宮の分社である。三浦十二天の奉幣使は地域の領主である三浦一族の佐原十郎義連、東条庤の奉幣使も安房国に関わりをもつ三浦一族であった。『吾妻鏡』には「三浦平六」と記されている。この『吾妻鏡』の記事が、三浦平六こと義村の初見記事である。義村誕生が仁安三年（一一六八）だとすれば、この年十五歳ということになる。翌十二日、政子は男子を産んだ。万寿（まんじゅ）、のちの頼家（よりいえ）である。

「平六」のような通称は、成人時につけられるから、この寿永元年までに、義村は元服し、義村の名がつけられていたことになる。その元服時期は不明であるが、結城朝光の元服年齢が十四歳（『吾妻鏡』治承四年〈一一八〇〉十月二日条）、北条時房（ときふさ）が十五歳（同文治（ぶんじ）五年〈一一八九〉四月十八日条）、同泰時（やすとき）が十三歳（同建久（けんきゅう）五年〈一一九四〉二月二日条）、工藤助経（すけつね）（祐経）が十三歳（真名本『曽我物語』）であることを考えると、十三歳の治承四年から十五歳の寿永元年までの間に元服したと推定される。

「平六」の「平」は、桓武平氏の一流であることを強く主張する通称であり、数年後に元服したと思われる弟の胤義も「平九郎」を称している。頼朝挙兵の時期に、三浦氏が平氏であることを強く自覚して、それを通称に反映しているということは、世に「源平合戦」とも呼ばれているこの合戦を、三浦氏が源氏と平氏という二つの氏の戦いとは認識していなかったことを示している。源氏と対立する存在ではなく、代々頼朝の祖先を支えてきた東国の「つわもの」としての平氏に自身のアイデンティティをもっていたのだろう。

義村の「義」は、曾祖父義継以来、三浦一族の多くが用いていた通字であるが、「村」が何に由来するのかはわからない。この時代には烏帽子親から一字をもらうことも多かったが、名に「村」の字をもつ人物は義村の周辺に確認できない。

第二　若き日の義村

一　義村の初陣──平家追討から奥州合戦へ──

平家の都落ちと源義仲の入京

寿永二年（一一八三）七月、大軍を率いた源義仲・源行家が京都に迫った。京都を守る平家は、安徳天皇と後白河法皇を別々に守ることは困難であるとして、公卿議定を経た上で、安徳天皇を後白河法皇の法住寺殿に移そうとした（『吉記』七月二十二日条）。ところが行幸が行われる間際の二十五日未明に、後白河法皇は御所を抜け出し行方を晦ましてしまった。これは前夜に平家の総帥平宗盛から法皇と天皇を連れてすぐにでも西国に下りたいという意向を聞かされたために、平家の手の届かない比叡山へと逃げ入ったのであった。その日のうちに、平家は仕方なく、安徳天皇と生母建礼門院平徳子を連れて都落ちした。二十八日、行家と義仲が後白河法皇御所に参上し、平家追討の命を受けた。またこの日、鎌倉の頼朝のもとにも法皇の使者が派遣された（以上、『吉記』）。平家は、治天の君である後白河法皇を擁することができなかったために、官軍から賊軍へと立場を変えてしまったのである。行家・義仲参入の様子を記す藤原経房の『吉記』には、二人の無作法と、容貌の異様さが驚きの目をもって記されている（七月二十八日条）。行家と義仲は、入京の最初から貴族たちと信頼関係を築くことに失敗していた。

八月二十日、二十六日間の空位を経て、四歳の高倉天皇皇子が神器のないままに、法皇の詔で践祚した。後鳥羽天皇である。平家とともに都落ちしながらも途中から引き返してきた藤原基通が引き続き摂政となった（『百錬抄』）。

頼朝の対朝廷工作

義仲入京後も京都の治安は回復せず、義仲に対する不満が高まる中で、九月の初めには、頼朝に上洛の意志があるという情報が京都に伝わった。鎌倉の頼朝に仕えながらも、前中納言源雅頼の家人で雅頼子息の乳母夫でもあった中原親能から雅頼に伝えられた信用度の高い情報だった（『玉葉』九月四日条）。中国・四国地方の平家勢力は衰えておらず、いずれは京都に入ってきそうな状況だった。義仲に所領を押領されているなかで、人々の頼朝に対する期待はおのずと高まっていった。義仲は、不満を高める後白河法皇などとの間に距離をとるためもあって、平家追討を名目に西国に下向した（『百錬抄』九月二十日条）。その最中に、頼朝から法皇に対して神仏の興行、平家押領荘園の回復など、貴族たちの心を捉えるような申し入れがあり、朝廷は頼朝の復位を認め、流罪を許した（『百錬抄』十月九日条）。法皇の使者が再び頼朝のもとに遣わされ、後白河・頼朝間の交渉を経た上で、閏十月、頼朝の申請に基づいて、東海道・東山道諸国の年貢や諸荘園の領家支配がこれまで通りであるとの宣旨が下された（『百錬抄』十月十四日条、『玉葉』閏十月十三日条）。いわゆる寿永二年十月宣旨と呼ばれるもので、頼朝の東国支配を朝廷が認めたものと高く評価されている（佐藤進一「寿永二年十月の宣旨について」）。ただし、この宣旨の第一の目的は国衙や荘園領主が内乱以前から有していた権利の回復を保障することで、彼らを安心させるための命令だった。回復を実現するための実行力を頼朝に与えたのは、荘園領主の権利回復が実現するまでの時限的なものであって、恒久的な東国支配権を与えていないことに注意しなくてはならない。

義仲のクーデター

頼朝の弟が大軍を率いて上洛するらしいとの情報を得た義仲は京都に戻った（『玉葉』閏十月十五日条）。十一月十八日、法皇が義仲の京都追放を命じると（『百錬抄』）、翌十九日、義仲は法皇の法住寺殿を襲うクーデターを起こした（『吉記』）。藤原基房の子で十一歳の師家が摂政となり、院の近臣は解官された。また、平家没官領はすべて義仲に与えられることになった。そして十二月十日には義仲の申請により、頼朝追討の院庁下文が出された（『百錬抄』）。

範頼・義経の入京と義仲の滅亡

元暦元年（一一八四）正月二十日、頼朝の弟範頼・義経率いる数万騎の鎌倉軍が京都に入った。範頼は東の勢多（滋賀県大津市）から、義経は南の宇治から入京し、義仲軍と戦うとともに、後白河法皇がいる六条殿を警固した。義仲は近江国粟津（滋賀県大津市）で、三浦一族の石田為久によって討たれた（『吾妻鏡』・延慶本『平家物語』）。義仲によって擁立された摂政師家は解官され、基通が摂政に復帰した（『百錬抄』正月二十二日条）。義経には万事を奉行する頼朝代官として中原親能がつけられていた（『玉葉』正月二十八日条）。源雅頼の家人である親能は、京都の諸事に通じていた。また、範頼は学者でもある中流貴族藤原範季に養育されていた（『玉葉』九月三日条）から、範頼や義経が、義仲のような無作法を貴族たちの前で露呈することもなかった。

三浦一族の従軍

義仲を滅ぼしてまもなく、範頼・義経は平家追討のために出京し、西国に向かった。『吾妻鏡』によれば、義経軍には佐原義連が従い（二月五日条）、鵯越から平家の陣を襲った（二月七日条）。険しい断崖を前にして、義連が「三浦では朝夕狩りをするときにこれより険しいところでも落とそうと思えば、落とすことができる」といって駆け出した逸話が知られている（延慶本『平家物語』）。『源平盛衰記』は、義経軍のなかに、義村父の義澄のほか、和田義盛・佐原義連・多々良義春・同光義ら三浦一族の名を記している。この戦で、平通盛・忠度・敦盛らは討ち取られ、平重衡は生け捕られた（『吾妻鏡』二月十五日条）。

平治の乱後における頼朝の命の恩人池禅尼の子息で、平家の都落ちに従わなかった平頼盛が五月ごろ鎌倉に下向し、頼朝から歓待を受けた（『吾妻鏡』五月十九日条）。六月一日の送別の会には京都に慣れ親しんでいる御家人も参加した。そのなかに三浦義澄も含まれていた（『吾妻鏡』）。

義村の初陣

範頼は六月までには鎌倉に戻っていたが（『吾妻鏡』六月二十一日条）、八月八日に平家追討使として再び鎌倉を出発した。千余騎の軍勢のなかに、三浦介義澄・子息平六義村、和田義盛・宗実・義胤兄弟、大多和義成らの名がある。それまでの合戦記事に義村の名はみえないから、これが義村の初陣だったと考えられる。前述の通り、『源平盛衰記』によれば、この追討軍には十七歳以上が参加したという。義村はこの年十七歳になったのだろう。九月二日に上洛した源範頼は、その日のうちに追討使として西国に下向した（『百錬抄』）。

周防国にとどまる

文治元年（一一八五）正月、範頼軍は周防国から赤間関（山口県下関市）に到った。兵粮も渡船もないまま数日を過ごすなかで、和田義盛らがひそかに鎌倉に帰ろうとするなど軍紀も乱れがちだった（『吾妻鏡』正月十二日条）。範頼軍は渡船確保のためにいったん周防国に戻り、渡船を得て豊後国に渡った。この範頼軍に三浦義澄、子息義村、和田義盛、弟宗実・義胤、大多和義成らの三浦一族も従っていた。豊後国に渡るのに際して、範頼は、大宰府と都とを結ぶ要衝地の周防国を確保しておくために、有力な武将をとどめておくことを諸将に諮った。これに対して、千葉常胤は義澄を推挙した。義澄は、先駆けの功こそが望むところであると辞退したが、範頼の再三の説得に応じて、周防国にとどまることを了承した（同二十六日条）。

吾妻鏡・平家物語における追討軍の違い

三浦義澄・義村父子は、『吾妻鏡』では範頼に従軍したと記されているが、延慶本『平家物語』では、摂津国渡辺に向かった源義経軍のなかに義澄・義村父子や佐原義連・和田義盛・同宗実・同義胤・大多和義成・多々良義春ら三浦一族の名がみえている。摂津国大物浦で義経と梶原景時の間に起きた逆櫓争論の仲裁者としての役割を義澄に与えており、その後の屋島合戦でも和田義盛・三浦義澄らが義経に従っていたことになっている。しかし、頼朝によって、義盛は範頼につけられ、梶原景時は義経につけられたことに変更はないだろうから、和田義盛や三浦義澄らの三浦一族を義経軍として描く

『平家物語』の記述は、文学作品としての設定変更だろう。

壇ノ浦への進軍

周防国にとどまっていた義澄は、義経が壇ノ浦に向かったことを聞いて、義経を周防大島に迎えた。義経は、すでに門司関をみたのであるから事情を知っているはずだとして、義澄に先頭を命じ、義澄はその命を承って壇ノ浦に進んだ（『吾妻鏡』三月二十二日条）。これまでの研究は、義澄が周防国において相当数の兵船を率いて活動していたとみている（奥富敬之『相模三浦一族』、石丸熙『海のもののふ三浦一族』）。しかし、総大将の範頼すら兵船がなく、九州に渡海できずに、豊後国の船を何とか確保して渡海したこと（『吾妻鏡』文治元年正月十二日・二十六日条）を考えると、義澄が周防国で多くの兵船を確保して活動していたとは思えない。

平家滅亡

三月二十四日の壇ノ浦合戦で平家は滅び、先帝安徳天皇は没した（『百錬抄』『吾妻鏡』）。

三浦一族の射芸

その後、義村は父義澄とともに鎌倉に帰還し、十月二十四日に鎌倉で行われた勝長寿院供養に向かう頼朝の後陣の随兵に供奉した（『吾妻鏡』）。義村は勝長寿院到着後、門外の東方に控えて、警固に当たった。義村を含む今回の後陣随兵は弓箭の達者を選んだと記されている。文治三年八月十五日の鶴岡八幡宮放生会の流鏑馬では、射手五人のなかに義村が入っている。この時の射手五人の矢はすべて的に当たったという。同年十月二日に由比浦で行われた牛追物（うしおうもの）には和田義盛・佐原義連が射手として参会している。文治四年正月六日の御的始（おまとはじめ）の和田義盛をはじめ、三浦一族が射手に選ばれている記事は多い（以上、『吾妻鏡』）。これらの記事は、義村ら三浦氏が高い射芸の技術をもっていたことを示している。

三浦介の国衙雑事

文治二年六月一日、頼朝は三浦義澄と中村宗平（なかむらむねひら）に対して、相模国内の百姓への米配給（一人別一斗）を命じた（『吾妻鏡』）。義澄は三浦介として、相模国衙雑事（こくがぞうじ）（軍事・警察・裁判を除く一般行政）を統括する人物であり、中村氏も数世代前から相模国の国衙軍制にかかわっている一族であった。文治四年六月十一日には、陸奥国藤原泰衡（むつこくふじわらのやすひら）が京都に進めた貢馬（こうば）・貢金（こうきん）・絹が大磯（おおいそ）駅に到着したことを義澄が頼朝に報告し、抑留（よくりゅう）すべきかどうかを尋ねている（『吾妻鏡』）。大磯は相模国衙の所在地であり、義澄が三浦介としてこの地の交通路を掌握していた故の行動だろう。

頼朝息頼家成育儀礼への奉仕

文治二年十一月十二日、五歳になった頼朝の若君万寿（まんじゅ）（のちの頼家）が鶴岡八幡宮に参詣した。若手の御家人六人が供奉したが、そのなかに義村も含まれていた（『吾妻鏡』）。文治四年七月に行われた万寿の御鎧着（おんよろいぎ）の儀礼では、養育責任者（「乳母夫（めのと）」「乳母兄（めのと）」）である源義信（よしのぶ）と比企能員（ひきよしかず）が万寿の身を支え、小山朝政（おやまともまさ）が鎧直垂（ひたたれ）を着せた。千葉常胤・梶原景（かげ）

季・佐原義連・下河辺行平・佐々木盛綱・八田知家が武具・馬を献上し、三浦義澄・畠山重忠・和田義盛の三人が介助して万寿を馬に乗せた。儀式のあと、西侍で行われた酒宴は義信が経費を負担し、盃を勧める役を結城朝光（初献）・三浦義村（二献）・葛西清重（三献）がつとめた（『吾妻鏡』七月十日条）。万寿の生育儀礼において頼朝が三浦氏に役割を与えたのは、将来にわたって頼家を支えてほしいという期待の表れだろう。

頼朝の三浦一族訪問

頼朝は年に数回鎌倉所在の御家人宅を訪問することがあった。訪問を目的とすることもあったし、寺社参詣などの帰路に立ち寄ることもあった。『吾妻鏡』によれば、文治三年には御行始（その年初めて外出する儀式）としての八田知家宅、九月九日重陽の宴の比企尼宅、由比ヶ浜からの帰路に立ち寄った岡崎義実宅（二回）、訪問そのものを目的とした外出としては唯一三浦義澄宅が記録されている。義実宅では、石橋山合戦の先陣を承って討ち死にした佐那田義忠の遺児に対面している（十月二日条）。頼朝の挙兵時に討ち死にした御家人は数多いが、義澄の父義明と義実の子義忠は特別な存在として扱われ、頼朝は遺族である三浦一族を特別扱いした（高橋秀樹『三浦一族の研究』、田辺旬「鎌倉幕府の戦死者顕彰」）。頼朝が義澄宅を訪れたとき、訴訟のために鎌倉に来ていた信濃国保科宿（長野市）の遊女の長者が義澄宅に寄宿していたという（二月二十五日条）。三浦一族と、信濃国や保科御厨・保科宿との関係は不明だが、三浦一族と交通路との関係や人的ネットワークの広がりがみて取れる。

京下り僧の応接

文治五年六月三日、鶴岡八幡宮の塔供養の導師として京都から招いた僧侶に金花・索餅を遣わす使者に、義村が選ばれている（『吾妻鏡』）。京都からの来訪者の宿所や歓待する使者には、京都に馴染んでいて、作法を習得している者が充てられることが多いから、義村もそうした故実を知る者と認識されていたのだろう。

奥州合戦

壇ノ浦合戦からの帰京後、頼朝と不和になり、奥州藤原氏のもとに身を寄せていた源義経が藤原泰衡に討たれた（『吾妻鏡』文治五年閏四月三十日条）。泰衡は義経の首を鎌倉に進めたが、頼朝は義経を匿っていたとして泰衡征討を決意し、準備を進めた。千葉常胤が献上した御旗の加持を鶴岡別当に依頼した際に、使者をつとめたのは三浦義澄だった（同七月八日条）。十七日には軍勢を東海道軍・北陸道軍・東山道軍の三手に分け、頼朝の大手軍は十九日に鎌倉を進発した。畠山重忠を先陣とするこの大手軍に、三浦義澄・義村、佐原義連、和田義盛・宗実、岡崎義実、土屋義清らの三浦一族も従った（『吾妻鏡』）。

八月十日の阿津賀志山（福島県国見町）における西木戸国衡との初戦に先立ち、三浦義村・葛西清重ら七騎は、ひそかに先陣の畠山重忠よりも先回りして先頭に進み、先制攻撃を行った（『吾妻鏡』八月九日条）。義澄・義連・義盛は頼朝とともに木戸口攻めに奮闘した。さらに平泉の戦いでは義澄が泰衡郎従を討ち（同八月二十一日条）、泰衡が討たれた後には、逃れた樋爪俊衡追討のために義澄・義連・義村が遣わされている（同九月四日条）。

奥州藤原氏の所領は、多くの御家人に分け与えられた。三浦一族の場合、和田義盛の陸奥国遠田郡・三迫・名取郡・由利郡（『吾妻鏡』建保元年五月七日条）、義連の会津（「葦名系図」）、義澄もしくは義村の加美郡栗谷沢村（『吾妻鏡』仁治二年五月十日条）・岩城郡好島荘（飯野八幡宮縁起注進状案）以外は不明である。

二　右兵衛尉への任官

頼朝の上洛

奥州藤原氏を滅ぼし、十年に及ぶ内乱を終結させた文治五年（一一八九）十二月、後白河法皇は源頼朝に伊豆・相模両国の永代知行権を与えた。同時に後白河から上洛を命じられた頼朝は、これを了承した（『吾妻鏡』十二月二十五日条）。寿永二年（一一八三）以来、再三上洛を求められながらも拒み続けていた頼朝が、ようやく上洛する気になったのである。関東の背後をうかがう奥州藤原氏という憂いがなくなったことが上洛実現の最大の理由だった。頼朝にとっては、後白河法皇らとの会談で、頼朝およびその家人たちが形成している政権体の内乱後における位置づけをはっきりさせる必要があった。

建久元年（一一九〇）二月四日、頼朝は十月に上洛が予定されていること、随兵以下の負担を課すことになることを諸国の御家人に伝達し、七月十二日には在京中の居所となる邸宅新造奉行のために法橋昌寛を遣わした。九月十五日には、進物・随兵以下の奉行担当者が定められ、和田義盛が先陣随兵の奉行を担当し、佐原義連が頼朝の身の回りの道具類を奉行することになった。十月三日、畠山重忠を先陣とする一行が出発した。その夜、頼朝が相模国懐島（神奈川県茅ヶ崎市）に宿したときには、まだ後陣の随兵は鎌倉を出発していないというほどの長蛇の列であった。途中、尾張国野間（愛知県美浜町）の父義朝墳墓堂や熱田社（名古屋市）、青墓（岐阜県大垣市）など所縁の地に逗留しながら、ひと月以上かけた頼朝一行は十一月七日に入京した（以上、『吾妻鏡』）。

義村・義澄の供奉

畠山重忠一騎が先陣となり、その後ろに三騎ずつ六十列の甲冑姿の先陣随兵が並んだうち、三浦義村は頼朝に近い五十七列目の中央を進んだ。五十五列の中央が和田義盛、最終六十列の中央が北条義時であるから、義村は有力御家人の子弟として厚遇されていたことがわかる。烏帽子水干姿で騎馬した頼朝の後ろには、水干を着て矢を背負った九人が列した。一列目・二列目が三騎ずつ並んだ後ろには、源氏一門の源義長と三浦義澄が一騎ずつ進んだ。単独で行列しているのは、頼朝を除くと、先陣の畠山重忠と後陣の梶原景時・千葉常胤ら六人しかいない。九日の法皇との初会談に向かう行列でも、義澄は最前の一騎として供奉している。十一月二十九日の院参の供奉侍十二人の筆頭も、十二月三日の院参における布衣の侍七人の筆頭も三浦義澄だった。頼朝の上洛供奉人のなかで義澄が御家人の最上臈に位置づけられていたことがわかるだろう。

幕府成立の画期

十一月九日の後白河法皇との会談や、内裏での摂政藤原兼実との会談では、今後の国家構想などが語られた。兼実との会談のなかで、頼朝は自身を「朝の大将軍」、すなわち朝廷の警固隊長と称している（『玉葉』）。この会談で、内乱後の平時における頼朝とその麾下の御家人たちの役割が決められたのだろう。それは朝廷に対する警固と経済的援助を基本とした役割だった。この会談で、こののちの百四十年にわたる朝廷と幕府との関係の基礎がつくられたといっていい。鎌倉幕府成立の一つの画期となる重要な会談だった（高橋秀樹『三浦一族の中世』）。この日、頼朝は固辞したものの、権大納言に任じられ、後日、右近衛大将にも任じられた。

右兵衛尉任官

在京中に、後白河法皇から左右兵衛尉・左右衛門尉二十名の推挙を求められた頼朝は、いったんは辞したが、受け入れてもらえず、十名を推挙した。十二月十一日、左兵衛尉に千葉常秀（祖父常胤の譲り）・梶原景茂（父景時の譲り）・八田知重（父知家の譲り）、右兵衛尉に三浦義村（父義澄の譲り）・葛西清重、左衛門尉に和田義盛・佐原義連・足立遠元、右衛門尉に小山朝政・比企能員が任じられた（『吾妻鏡』）。そうそうたる有力御家人が並んでいるが、その十名中の三名が三浦一族である。十一月二十九日の参院の供奉侍十二人には義澄のほか佐原義連・三浦義村も加わっていた。三浦氏以外に父子・兄弟はいない。この上洛で、有力御家人三浦氏の存在感は増したことだろう。

鎌倉への帰還

頼朝一行は、十二月十四日に京都を出発し、大晦日の二十九日に鎌倉に戻った（『吾妻鏡』）。

建久二年の椀飯諸役の勤仕

翌日から行われた建久二年（一一九一）正月の椀飯（有力御家人が鎌倉殿を饗応する幕府の年始儀礼）は、辞職したとはいえ、頼朝が権大納言・右大将の地位に昇進したことで、盛大に行われた。一日が千葉常胤、二日が三浦義澄、三日が小山朝政の費用負担であった。二日の椀飯では、費用負担者である義澄自身が頼朝に献上する御剣をもち、叔父岡崎義実が御弓箭、甥和田宗実が御行縢（腰当て）、弟佐原義連が砂金をもった。三浦氏の「家の子」（一族の庶子に準じた存在）になっていた比企能員も鷲羽をもつ役をつとめた。献上される五疋の馬のうち、一の御馬を引く役を子息三浦義村がつとめている（『吾妻鏡』）。義村は前月右兵衛尉に任官しているにもかかわらず、『吾妻鏡』が「三浦平六義村」と記している理由は不明である。あるいは任官前に作成されていた予定表を典拠としたからかもしれない。初期の幕府椀飯は、このように有力御家人が費用を負担し、御所で頼朝とともに酒宴を行い、費用負担者の一族が献上物を捧げる役をつとめる形で行われていた。

二所詣供奉

正月十五日、前右大将家政所の吉書始（初めて文書を作成する儀礼）が行われ、政所別当中原（大江）広元、問注所執事三善康信法師（善信）、侍所別当和田義盛以下の役職が決められた。二月四日、頼朝は信仰する伊豆山権現（静岡県熱海市）・箱根権現（神奈川県箱根町）に参詣する二所詣に出発した。義澄・義村も行列に加わっている（『吾妻鏡』）。

頼朝息実朝成育儀礼への奉仕

建久三年、頼朝の御台所政子が懐妊し、名越の浜御所が産所にあてられた。調度品は三浦義澄と千葉常胤が調進し、それぞれの子息義村・常秀が設営を取り仕切った（『吾妻鏡』七月四日条）。七月二十四日の頼朝渡御に際しては、義澄がここで頼朝を饗応している。八月九日には安産祈願のために鶴岡八幡宮と相模国内の寺社へ神馬が奉納された。これを奉行したのは梶原景時の子息景季と、三浦義村だった（『吾妻鏡』）。相模国の有力武士鎌倉一族と三浦一族の後継者として、その役割を担ったのだろう。この日、頼朝の二男千幡（のちの実朝）が無事誕生した。七日間に及ぶ盛大な産養行事は源氏一門と有力御家人が費用を負担しているが、義澄は源義信とともに第二夜を担当した。八月二十日、頼朝は御産所に渡御し、鹿の形を模した的を射る草鹿勝負が行われた。父母が生存している者が射手六名に選ばれた。三浦氏二名、梶原氏二名、比企氏・千葉氏各一名で、三浦氏からは義村と佐原景連が選ばれている。産穢が明けた十月十九日、政子と若君は名越の浜御所から頼朝御所へと戻った。その供奉人は親族の源氏一門・北条氏のほか、小山朝政・朝光兄弟、三浦氏の義連・義村、八田知家、梶原氏の景季・景茂の顔ぶれである。十二月五日、頼朝は源氏一門と有力御家人を浜御所に集め、将来にわたって若君を守ることを求め、御家人たちもそれを受け入れた。有力御家人七名のうち、三名が三浦一族の義澄・義連・義盛である（以上、『吾妻鏡』）。実朝誕生時から三浦氏は実朝を支える役割を頼朝から与えられていたといえよう。この実朝誕生にともなう儀礼においては、一男頼家の生育儀礼以上に三浦氏に重きが置かれた。

父義澄の大役

千幡の誕生と前後して、七月二十六日、頼朝を征夷大将軍に任じたことが記された除目聞書をもった勅使が鎌倉に到着した。鶴岡八幡宮で勅使から除目聞書を受け取る使者に選ばれたのは三浦義澄だった。義澄は家の子である比企能員・和田宗実と郎従十人を率いて八幡宮に向かった。彼がこの大役に選ばれたのは、衣笠合戦で頼朝に忠義を尽くして命を投じた亡父義明の勲功に報いるためだった（『吾妻鏡』）。

三浦一族への公事分配

建久四年正月二十日、三浦一族が義澄の「支配」に背いていると聞いた頼朝は、義澄に従うように命じている。この史料から、三浦一族に内紛があったとする見解が一般的である（『三浦大介義明とその一族』、奥富敬之『相模三浦一族』）。しかし、この時代の「支配」の語は、一族に対する家長義澄の統率権を指すのではなく、公事の分配を指す用語である。このころの三浦一族に対する鎌倉幕府の所課は、本領部分に関しては、三浦大介義明跡として課され、惣領である義澄が、所領の広さに応じて義明子孫である一族に配分・徴収して幕府に納める形をとっていたものと思われる。その徴収に応じなかった一族がいたために、頼朝から命令が出されたのであった。すでに義連や義盛は独立した御家人で、新恩地については個別に公事を負担していたなかで、義澄による本領部分の徴収がうまくいかなかったことを指すだけである。

富士野の巻狩

建久三年三月に後白河法皇が亡くなってから一年間は、殺生となる諸国の狩猟は慎まれていたが、喪が明けた建久四年三月二十一日、頼朝は下野国那須野（栃木県北部）・信濃国三原（長野県）に出かけた。狩猟に馴れ、弓馬の技術にたけた側近二十二名を射手に選んだ。三浦義村・和田義盛・土屋義清が選ばれている。五月八日の駿河国富士野藍沢（静岡県東部）での狩猟にも義澄・義村・義連・義盛・義清が供奉している（以上、『吾妻鏡』）。この富士野の巻狩では、曽我兄弟が工藤祐経を討つ事件、いわゆる曽我兄弟の仇討ちが起こっている（『吾妻鏡』五月二十八日条）。曽我兄弟の伯母は三浦義澄の妻、義村の母だったので、兄弟が仇討ち前に三浦の伯母の家を訪れた話、兄弟の死後に伯母が形見の文を読む話などが真名本『曽我物語』には記されている。

義村娘と北条泰時の婚約

建久五年二月二日、北条義時の嫡男金剛（十三歳）が頼朝御所で元服した。頼朝が加冠役をつとめ、頼朝の名から一文字をとって頼時と名づけられた。のちの泰時である。その酒宴において頼朝は義澄を座右に呼び寄せ、この頼時を婿とするように命じた。義澄は孫娘の中から頼時の妻となる女性を選ぶことを承諾した（『吾妻鏡』）。義村の娘が泰時と結婚するのは八年後の建仁二年（一二〇二）のことである。

頼朝による義明追善堂建立

建久五年閏八月一日と九月六日、さらに翌年正月二十五日の計三回、頼朝は三浦三崎（神奈川県三浦市）に建てた別荘に渡って数日を過ごし、義澄らのもてなしを受けた。また、建久五年九月二十九日には三浦義明追善のための堂舎建立を思い立ち、三浦矢部郷内（神奈川県横須賀市）の適切な地を奉行人に調査させている。先に述べたとおり、頼朝が戦死者のために堂舎を建立しているのは、この義明と、石橋山合戦の先陣をつとめた佐那田義忠（証菩提寺〈横浜市〉）のみである。頼朝は挙兵時に討たれた義明と義忠を顕彰することで、石橋山合戦の苦い敗戦の記憶を義明・義忠の忠義の記憶にすり替え、喧伝しようとした（高橋秀樹『三浦一族の研究』）。

二度目の上洛

建久六年、頼朝は東大寺再建供養に合わせて二度目の上洛を果たした。東大寺に向かう行列にも多くの三浦一族が参列した（『吾妻鏡』三月九日条）。義村も随兵の一人として、頼朝の東大寺下向、参内、石清水八幡宮参詣に供奉している（同三月二十七日・四月十五日条）。在京中に義村が十数年行方を晦ましていた平家家人を逮捕する事件（同四月一日条）や、義澄の所従と足利氏の所従との闘諍事件（同五月十五日条）も起きた。

源頼朝は、正治元年（一一九九）正月十一日に病のために出家し、同十三日に五十三歳で死去した（『百錬抄』）。藤原（近衛）家実の『猪隈関白記』正月十八日条によれば、飲水病（糖尿病）だったらしい。『吾妻鏡』建暦二年（一二一二）二月二十八日条は、建久九年（一一九八）の相模川橋供養の帰路に落馬して、ほどなくして亡くなったと記しているが、この記事は相模川にかかる橋の不吉さを主張する文脈で書かれている部分であるから、落馬そのものが頼朝の死因ではなかろう。

善光寺参詣供奉

『吾妻鏡』頼朝将軍記の末尾建久七年から正治元年（一一九九）正月までの記事は散逸していて現存しないので、この時期の三浦義村に関する具体的な動向はわからない。唯一、相良家文書に残る「源頼朝善光寺参詣随兵日記」に、建久八年三月二十三日の善光寺参詣で、後陣随兵の最末に義村が供奉した記録が残るだけである。この史料については、十六世紀前半以降の偽作とする説もある（石川勝義「「右大将家善光寺御参随兵日記」の成立とその背景」）。現在、慶應義塾大学メディアセンターのウェブサイトで公開されている史料画像を見ると、この史料は、先陣随兵二十名・後陣随兵二十名が記されている本紙二紙（先陣・後陣各一紙）と、本紙に「相良四郎」と記載されている頼景に関する小さな別紙片（元は本紙に貼り付けられた押紙か）、二種の包紙から構成されている。本紙部分に関して、石川氏は、建久五年に肥後国に下向していた頼景が供奉できるはずはないというが、建久四年多良木荘を賜ったとする家譜の記述を「賜って肥後に下向した」とまで読み込むのは誤解であり、天文五年（一五三六）成立の家譜史料がこの供奉に触れていないという理由で、この随兵日記はそれ以後に造作されたのではないかとする結論には従えない。天文五年以降に相良家がこの本紙を入手したことも考えられるし、随兵二十名が建久八年の人物として問題ないことを石川氏自身が考証しているのであるから、本紙部分の史料的価値を認めるべきだろう。建久八年の三浦義村の活動として、この頼朝善光寺参詣の随行を疑う必要はない。

三　梶原景時の排斥

頼家への代替わり

正治元年（一一九九）正月二十日、源頼家が右近衛中将に任官した。父頼朝の服喪中の任官は人倫に背くとの批判もあったが（『明月記』）、「頼朝の家継ぎたる嫡子」（『愚管抄』）にふさわしい任官が急がれたのだろう。頼朝自身は諸大夫身分の出身だったが、家格を上昇させ、子息頼家は近衛次将コースを経る公達身分の出身を得ることになった。二十六日には「前征夷将軍源朝臣の遺跡を続ぎ、よろしくかの家人・郎従らをして、もとのごとく諸国の守護を奉行せしむべし」という宣旨が出され、それを受けて鎌倉では吉書始が行われた（『吾妻鏡』二月六日条）。政所に着したのは、北条時政・中原（大江）広元・源重弘・三浦義澄・源光行・善信（三善康信）・八田知家・和田義盛・比企能員・梶原景時・藤原行光・平盛時・中原仲業・三善宣衡の十三名である。頼家の外祖父時政を筆頭とする有力御家人が六名、中原広元以下の実務官僚が七名という構成である。これが新しい頼家政権を動かす顔ぶれとみていい。新政権は代替わりの不安定さも抱えていて、京都では藤原(一条)能保の従兄弟藤原保家や頼朝の母方の従兄弟藤原隆高が武士を集めて騒ぎを起こしたとして出仕を止められ、隆高が配流される事件が起き(『明月記』二月十一日・十七日条、『愚管抄』)、在京御家人の後藤基清・小野義成・中原政経の三人が世間を乱そうとしたという疑いで捕らえられる事件が起きた(『明月記』『百錬抄』二月十四日条)。基清は讃岐国守護職を改替されている(『吾妻鏡』三月五日条)。この間、中原親能が上洛し、京都の治安維持を図った(『明月記』二月二十六日条)。

十三人の合議制

建久三年(一一九二)に熊谷直実が起こした狼藉事件をうけて一時的に康信邸に移されていた問注所(幕府の訴訟機関)が四月一日に頼家御所内の別区画に建て直された。同月十二日には、幕府の訴訟制度改革の一環として、頼家が直接訴人・論人の主張を聞いて判決を下す裁判の形式が改められ、今後は大事・小事にかかわらず、北条時政・北条義時・中原広元・三善康信・中原親能・三浦義澄・八田知家・和田義盛・比企能員・蓮西(安達盛長)・足立遠元・梶原景時・藤原行政の十三人による合議を経た上で、最終的には頼家によって判決が下される形式に変更された。二月六日の吉書始と同じ人数ではあるが、政所の下級実務官人に代わって、頼家の外戚義時や頼朝側近だった安達盛長、頼朝時代以来朝廷との関係を支えてきた中原親能などが加わった、より強力な布陣になっている。頼家の政権は外戚北条氏と頼朝の旧側近によって支えられていたといえよう。そのなかにあって、外戚北条氏を別格とすれば、三浦義澄は有力御家人の筆頭に位置づけられている。また、この十三名以外が訴訟当事者に肩入れして裁判に口出しすることが禁じられた。このいわゆる「十三人の合議制」は頼家からすべての政治的権能を取り上げるものではなく、問注所による訴訟受付、十三名による審理と判決原案の作成、頼家による判決という裁判制度を整えたものである。その点では、のちの評定衆の先駆けと評価できるだろう。

一方で、頼家は小笠原長経・和田朝盛・比企三郎ら独自の側近集団を形成したが（『吾妻鏡』七月二十六日条）、その顔ぶれは頼朝が信頼を寄せていた人物の子や孫であったから、頼朝時代との断絶が図られたのではなく、世代交代が行われただけである。

新体制発足からほどなく、十八歳の頼家は、色恋沙汰を起こしてしまう。安達盛長の子景盛が京都から招いた妻に横恋慕し、景盛を強盗事件が起こった三河国に遣わして、景盛の留守中にその女性を誘拐してしまった。さらに景盛を讒言する者がいて、頼家は甘縄の安達邸に兵を差し向け、鎌倉中は大騒ぎとなった。これを知った尼御台所の政子

（頼家の母、法名如実）は、安達邸に渡り、頼家に使者を送って、その行為をたしなめ、事なきを得た（『吾妻鏡』八月十八日〜二十日条）。

梶原景時の結城朝光への讒言と義村の対応

それから二ヵ月後の十月、結城朝光が御所の侍所で夢をみて、その夢中の告げと称して、故頼朝のための仏事を傍輩たちに勧めた。その際に朝光が「忠臣二君に仕えず」の故事を引き、頼朝の死後出家しなかったことを後悔していると発言したことが、大きな事件に発展した（『吾妻鏡』十月二十五日条）。『吾妻鏡』は、この発言について梶原景時が讒訴し、朝光が討たれようとしていると、御所女房阿波局（北条時政の娘）が朝光に告げたと記す。慌てた朝光は「断金の朋友」である三浦義村宅に向かい、義村に相談した。義村は、よくよく計略を巡らさなくてはいけないと述べた上で、景時の讒言によって命を落とした者は数えきれず、景時に憤っている者は多いこと、先に安達景盛が討たれそうになったのも景時の讒言によっており、景時の積悪が頼家の悪政につながってしまうから、世のためにも頼家のためにも景時を排除すべきだが、武力衝突は国を乱すことになるので、宿老連中に相談するのがよいと答えた。その場に、宿老の和田義盛・安達盛長を呼び、義村は自身の考えを伝えた。二人は御家人たちが連署状を作成して頼家に訴え、景時ひとりをとるのか、御家人全体をとるのか、選んでもらい、頼家がこれを聞き入れてくれなければ、武力による景時排除もやむなしという意見を述べた。その連署状を誰に起草させるかについて、義村は実務官僚の中原仲業（なかなり）を推薦した。彼が名文家である上に、景時に対して宿意を抱いていることが理由だった。早速、仲業を呼ぶと、仲業は喜んで起草を引き受けた（十月二十七日条）。

景時弾劾

翌二十八日、同意した御家人が鶴岡八幡宮の廻廊に集まり、人々を前に仲業が訴状を読み上げた。義村は、仲業が書いた文章のなかで「鶏を養う者は狐を畜（やしな）わず、獣を牧（やしな）う者は狼を育てず」という一文にことさら感激したという。集まった御家人のうち三十八名の名が『吾妻鏡』に記されているが、千葉・三浦・畠山・小山・足立・和田・比企・葛西・八田・波多野・渋谷・山内・宇都宮（うつのみや）・榛谷（はんがや）・佐々木・稲毛（いなげ）・岡崎・土屋・河野（こうの）・天野などそうそうたる顔ぶれが並んでおり、景時に対する反発が相当大きかったことがうかがえる。六十六人が署判を加えた訴状は、和田義盛と三浦義村の手で中原広元に託された。

吾妻鏡記事の検討

この一連の『吾妻鏡』の記事は、各日に天候記載があるから、一部には幕府奉行人の日記か事件記録が利用されているとみられるが、二十七日条の朝光の発言には後朱雀（ごすざく）天皇から後冷泉（ごれいぜい）天皇への譲位時における藤原頼通（よりみち）の態度が先例として引用されていたり、中国古典に由来する語句が用いられるなど、文飾も施されている。また、女性による告げ口というのも、事件の発端として『吾妻鏡』がよく用いる手法なので、このあたりは割り引いて考えなくてはいけないが、景時とその他の旧頼朝側近との間に長年の対立があり、頼朝の死を契機にその対立が表面化したこと、景時の排除を和田義盛・三浦義村の二人が主導したこと、その動きに有力御家人や実務官僚の多くが賛同したことは間違いないだろう。先の「十三人の合議制」メンバーでは、三浦義澄・和田義盛・比企能員・安達盛長・足立遠元の五人と、八田知家の子息知重・藤原行政の子息行光が含まれている一方で、北条時政・義時父子、中原広元、三善康信という頼家政権の中枢は含まれていない。景時の排斥は頼家政権への影響が大きかったから、この政権を守る立場の北条氏や広元・康信は排斥運動に与せず、また、事件が頼朝側近の侍層の対立にあったので、諸大夫身分の源氏一門はこの争いに関わらなかったのだろう。

連署の訴状を受け取った広元は、有能な景時を罪科に処すことを惜しみ、頼家への披露をためらっていた。しかし、披露されないことに業(ごう)を煮やした和田義盛は怒りを込めて広元に迫った（『吾妻鏡』十一月十日条）。十二日に広元が持参した訴状をみた頼家は、景時に弁明の機会を与えようとした。しかし、訴状を受け取った景時は、訴えを認めることも反論することもなく、一族を率いて本拠地の相模国一宮（神奈川県寒川町）に下向してしまった（十一月十三日条）。十二月九日に景時はいったん鎌倉に戻ったものの、十八日になると、義盛と義村の主導で景時の鎌倉追放が決定され、鎌倉の邸宅は破却された（『吾妻鏡』）。

正治二年の椀飯

正治二年（一二〇〇）の正月は、頼家の代始めの儀礼として、椀飯が例年よりも盛大に行われた。外祖父の北条時政が元日の費用を負担し、二日以降は千葉常胤・三浦義澄・中原広元・八田知家・大内惟義・小山朝政・結城朝光・土肥遠平・佐々木定綱がそれぞれ負担した（『吾妻鏡』）。その間、頼朝の周忌仏事が法華堂で行われ、関東御分国だった駿河・伊豆・相模・武蔵の四ヵ国の寺院でも追善仏事が行われた（正月十三日条）。

景時追討

正月二十日、相模国の御家人原景房から、景時が相模国一宮に城郭を構えていたが、昨夜子息たちを引き連れて上洛したらしいとの一報が届いた。時政・広元・康信の三人が御所に集まり、景時追討を決して、三浦義村・比企能員以下の軍勢を派遣した。追討の軍勢が追いつく前に、景時は駿河国清見関（静岡市）で近隣の御家人と合戦になり、吉香友兼らの駿河国御家人に梶原一族は討たれた。二十四日、景時誅戮を朝廷や在京御家人に報告する使者が遣わされた（以上、『吾妻鏡』）。

『玉葉』には、藤原兼実が後鳥羽上皇の側近から得た情報として、頼家の弟千幡を立てて頼家を討とうと武士たちが準備していると、景時が讒言したので、その武士に問い、彼らの要請を受けて景時と武士たちを対論させたところ、景時は武士たちの反論に沈黙せざるをえなかった。これにより景時の謀(はかりごと)が露顕し、景時と子息たちは鎌倉を追われたという話が記されている(正月二日条)。『吾妻鏡』が記しているような、結城朝光が「忠臣二君に仕えず」と発言したことを捉えた讒言ではなく、千幡を擁立しようとする謀反の動きを讒言したことが原因だったというのである。『吾妻鏡』の文飾を考えると、事件のきっかけとしてはこちらの方が説得力がありそうである。『玉葉』には武士たちの名は記されていないが、それが朝光や義村・義盛だったのだろう。頼家に見捨てられ、鎌倉を追われた景時は、源氏一門の武田有義(たけだありよし)を将軍に擁立しようと画策したらしい(『吾妻鏡』正月二十八日条、『保暦間記(ほうりゃくかんき)』)。鎌倉の広元や善信は、この時に後鳥羽上皇が五壇法を修していたことから、景時の動きの背後に上皇がいるのではないかと疑いの目をもっていたという(『吾妻鏡』二月二十二日条)。

四 父義澄の死

父義澄の死去と義村の家継承

梶原景時追討事件の最中、正治二年（一二〇〇）正月二十三日に三浦義澄が七十四歳で亡くなった（『吾妻鏡』）。前年十月末の鶴岡八幡宮での連署には参加しているから、その間に重病を患ったのであろう。父義明が治承四年（一一八〇）八月の衣笠合戦で頼朝に命を捧げてから二十年、義澄は三浦一族の総帥として、また三浦介として相模の国衙雑事を担い、幕府宿老として御家人の筆頭格の存在感を示した。義澄の死によって、三十三歳の嫡子義村が跡を継いだ。三浦介の地位も事実上継承したと思われるが、義村は右兵衛尉の官職を有していたから、そのまま三浦兵衛尉の称で呼ばれ、義村が三浦介を称することはなかった。正治二年六月二十一日には三浦一族の長老の岡崎義実が八十九歳で亡くなり、建仁元年（一二〇一）三月二十四日には千葉常胤が八十四歳で亡くなった（以上、『吾妻鏡』）。頼朝の挙兵を支えた人々が次々と亡くなり、御家人の世代交代は徐々に進行していった。

建仁年間の謀反事件

梶原景時の事件の後も、将軍代替わりの不安定さは続いており、建仁元年には正月から五月にかけて、京都や越後国で越後城氏による反乱事件が起き（『吾妻鏡』二月三日・五日、三月四日・十二日、四月二日・三日・六日、五月十四日条）、建仁三年五月には頼朝の弟全成が謀反の噂により御所中に召し籠められ、身柄を宇都宮朝業に預けられた（同五月十九日条）。頼家は政子のもとにいた全成の妻阿波局の身柄引き渡しを申し入れたが、政子に拒絶された（同二十日条）。全成は、頼家の命を受けた八田知家によって下野国で討たれ（同六月二十三日条）、京都にいる子息頼全も在京御家人によって殺された（同七月二十五日条）。全成の排除が頼家によって主導されたのは間違いない。体調不安から生じた疑心暗鬼のために、本来は頼家を支えてくれるはずの頼朝側近梶原景時や叔父全成を切り捨ててしまったのだろう。

義村娘の結婚

　建仁二年八月二十三日、義村の娘が北条義時の子息泰時（二十歳）と結婚した（『吾妻鏡』）。二人の結婚は、八年前、建久五年（一一九四）二月二日の泰時元服の時に、頼朝が義澄に対して、泰時を孫女の婿とするように命じたことをきっかけとしていた。挙兵前の北条氏は、駿河湾側に向いている本拠地の立地条件と家格の低さから、相模湾側に位置する伊東氏などと違って、相模国の有力武士団との交流はなかった（高橋秀樹「挙兵前の北条氏と牧の方の一族をめぐって」）。そこで、頼朝は妻の実家である北条氏と相模の有力武士団との婚

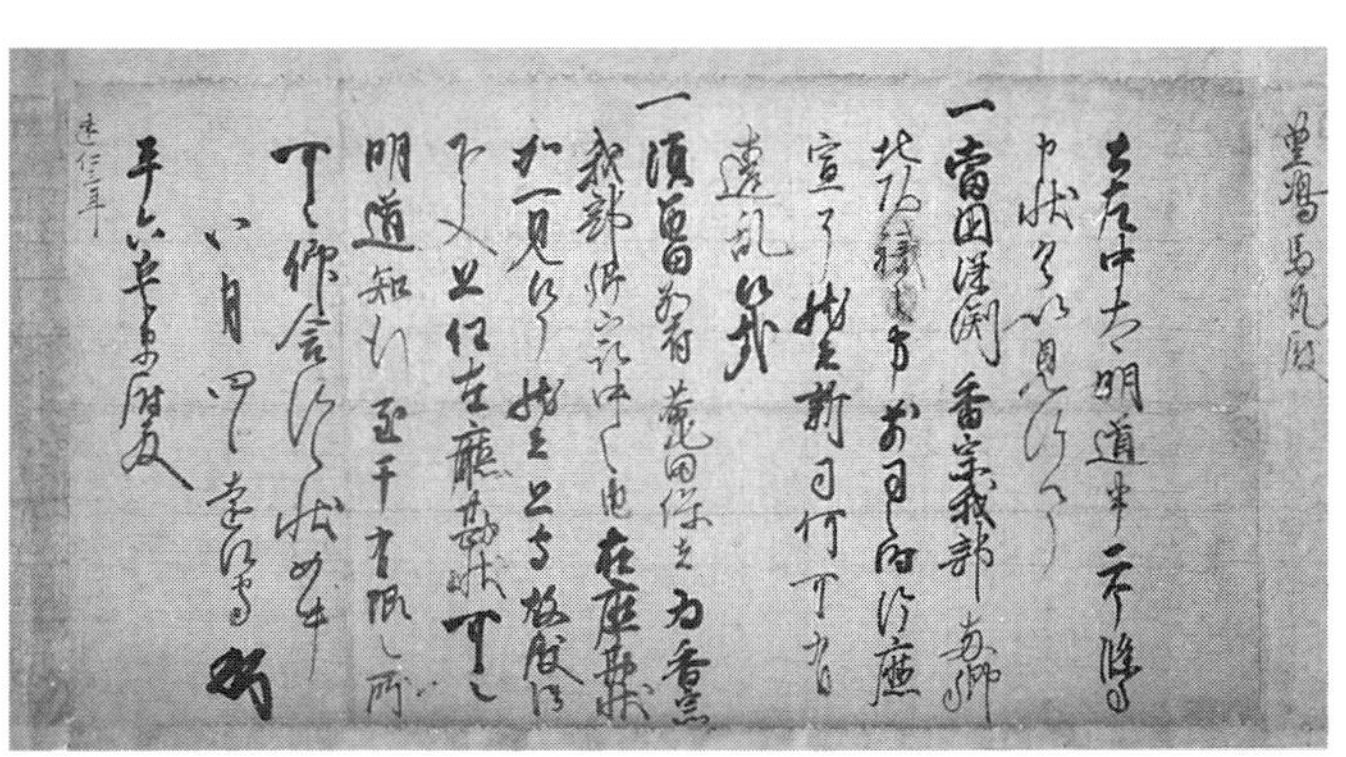

建仁3年8月4日　北条時政書状（東京国立博物館所蔵）

姻による結びつきを図ったのである。翌建仁三年、泰時の嫡子時氏（ときうじ）が誕生する（没年齢から逆算）。ふたりはほどなくして離婚したとみられるが、北条氏嫡子の外祖父という義村の立場は、その後も変わらなかった。

『吾妻鏡』は、建仁三年八月四日に三浦義村が土佐（とさ）国守護に任命されたという記事を載せる。この記事には天候記載がないから、天候を記す日記が原史料ではない。東京国立博物館所蔵文書に、「平六兵衛尉殿」（三浦義村）を宛所（あてどころ）とする「建仁三年」と書き入れられた八月四日づけの北条時政書状が存在する。その内容は土左中太明道が主張している土佐国深淵（ふかぶち）・香宗我部（こうそかべ）両郷の地頭職は頼朝下文や国衙在庁勘状（かんじょう）という証拠があるので、その実効をはかるようにと義村に依頼している文書である。「香宗我部家伝証文」と称される一連の文書には建仁元年の豊島馬允（朝経）宛ての北条時政書状や嘉禄二年（一二二六）の三浦義村書状も含まれている。一連の文書を編纂材料として利用した『吾妻鏡』の編纂者は、文書の宛所となっている豊島朝経や義村の役割を土佐国守護とみて、朝経宛ての文書の日付である建仁元年七月十日条に「豊島右馬允土佐国守護職に補す。佐々木中務丞経高法師跡なり」という記事を作文し、建仁三年八月四日条に「平六兵衛尉義村土佐国守護職に補すと云々」の記事を立てたのである。この「香宗我部家伝証文」所収の文書に関して、伊藤邦彦氏は『吾妻鏡』の記事を信頼し、時政書状の信憑性を疑っている（『鎌倉幕府守護の基礎的研究【国別考証編】』）。しかし、『吾妻鏡』が記す守護補任に言及せずに、より情報量の多い書状を偽作することは考えられないし、文書原本を観察しても、これを正文とみなすことに難点はない。『吾妻鏡』は編纂物であるという原点に立ち返るべきだろう。したがって、建仁三年に義村が土佐国守護だったことはいいとしても、補任日を建仁三年八月四日と特定することはできない。

五　幼い実朝を護る――比企氏事件――

実朝への代替わり

建仁三年（一二〇三）七月二十三日、将軍頼家は危篤となり、八月二十七日には重篤な状態に陥った。『吾妻鏡』によれば、頼家がもっていた所職のうち、関西三十八ヵ国地頭職は十二歳の弟千幡に譲られ、関東二十八ヵ国地頭職と惣守護職は六歳の長子一幡（いちまん）に譲与されたという。この時に一幡の外祖父比企能員は怒って千幡とその外戚北条氏を討とうとしたと記しているが、これは後の能員謀殺事件の発生に帰結させる『吾妻鏡』の作文である。九月一日には、一幡・千幡をそれぞれ支える勢力の争いが起こりそうだというので、近国の御家人が鎌倉に駆けつけ、騒がしくなったという。『吾妻鏡』は頼家の出家を九月七日のこととするが、『愚管抄』は八月晦日のこととする。また、右大臣藤原（近衛）家実の『猪隈関白記』は九月一日に頼家が死去したとの知らせが七日に後鳥羽上皇に報告され、その夜のうちに弟千幡が征夷大将軍に任じられたと記し（九月七日条）、後日頼家死去は誤報で出家だったとも記している（九月三十日条）。後世の作文を交えている『吾妻鏡』よりも『愚管抄』や『猪隈関白記』の記述を重視すれば、頼家は病のために八月晦日もしくは九月一日に出家し、弟千幡が後継者に立てられて朝廷への申請が行われたのであろう。もちろん北条時政・政子・中原広元らによる擁立である。千幡を新たな鎌倉殿としたからには、国地頭職の分割状態は千幡の足かせとなる。一幡とそれを支える比企氏の排斥は当然のなりゆきだった。頼家の後継者が嫡子の一幡ではなく、弟千幡だった理由のひとつには、頼家には「御台所」と称される正妻がおらず、一幡が嫡出子でなかった点がある。この時代の皇位継承をみても、兄から弟への継承は一般的であったから、決して千幡擁立が強引だったわけではない。

比企氏事件

九月二日、頼家と能員との間で交わされた時政追討の密議を政子が立ち聞きして時政に知らせたという『吾妻鏡』の逸話は創作だと思われるが、北条時政が比企能員を呼び出して謀殺したことは、『吾妻鏡』のみならず、『愚管抄』にも書かれているから間違いないだろう。能員を討たれた比企一族は一幡の小御所に籠もり、討手（うって）に応戦した。『吾妻鏡』によれば、軍勢の派遣は政子の命によるもので、三浦義村は、北条義時・同泰時・和田義盛らとともに動員されている（九月二日条）。時政が中原広元の承諾を得た上で伊豆国の御家人天野遠景・新田忠常（にったただつね）に命じて行った能員謀殺は私的な制裁に近いものだったが、比企一族が小御所に籠もって戦う姿勢を示したことで、事件は比企一族による反乱事件の様相を帯び、政子の命で幕府軍が派遣されることになったのだろう。動員された義時や義村は、政子と千幡を支える存在だった。幕府軍との戦いで比企一族は殺されたものの、一幡は母とともに難を逃れた（『愚管抄』）。翌日、頼家の鞠仲間である僧源性が見分けのつかない焼死体の中から一幡の小袖の焼け残りをみつけて、その死を知ったと記す三日条の記事も『吾妻鏡』の創作である。いったん難を逃れた一幡は十一月三日に義時が遣わした藤馬允によって殺された（『愚管抄』、『武家年代記』裏書）。

政子邸に実朝を迎える

新たな鎌倉殿となった千幡には、後鳥羽上皇によって「実朝」の名がつけられ、征夷大将軍任命の宣旨が下された（『猪隈関白記』九月七日条）。実朝は、十日に政子邸から時政邸に移った。実朝の御輿寄に控えたのは北条泰時と三浦義村である（『吾妻鏡』）。五日後には再び政子の意向で政子邸に戻った。『吾妻鏡』はその理由を阿波局が時政妻牧の方の害心を政子に告げたからだとする。これも『吾妻鏡』がよく用いる女性による告げ口の記事であり、後の牧の方の行動を踏まえた記事のようであるから、戻った理由は信用できないが、北条義時・三浦義村・結城朝光が迎えに行ったのは事実とみていいだろう。ここに実朝を母政子と義時・泰時父子、三浦義村らが庇護するかたちができあがった。出家した前将軍頼家は九月二十九日に伊豆国修禅寺に向かった（『吾妻鏡』）。輿に乗った頼家の行列は華々しいもので、この段階では、前将軍としての待遇は保障されていたとみられる。

実朝の元服

十月八日には実朝の元服儀礼が時政の名越邸で挙行された。すでに九月七日の叙爵時点で「実朝」の名はつけられていたが、本鳥を結い、冠・烏帽子などの被り物を被る成人儀礼は必要だった。翌九日には政所始が行われ、時政と広元が政所別当に就任した（『吾妻鏡』）。以降、幕府の発給文書は時政が実朝の意を奉じて発給する関東御教書形式となった（『北条氏発給文書の研究』）。頼家時代と比較して、外祖父時政の重要性が格段に増したといえよう。十一月十五日には鎌倉中の寺社奉行が改められ、新体制が徐々に作られていった。三浦義村は畠山重忠、実務官僚の三善宣衡とともに永福寺の奉行となった（『吾妻鏡』）。頼朝時代の建久五年（一一九四）十二月に寺社奉行が置かれたときには、重忠と父義澄が永福寺奉行だったから、義村が父の職を引き継いだことになる。関東御分国の年貢の減額（『吾妻鏡』十一月十九日条）や狩猟禁止（十二月十五日条）、訴訟処理の迅速化（同十八日条）など、代始徳政の政策も打ち出され、実朝の身の回りの諸事を担当する御所奉行には北条時房が選ばれた（同二十二日条）。

頼家への使者

十一月六日、伊豆修禅寺の頼家が政子と実朝に書状を送り、かつての近習の参仕と頼家失脚の一つの契機となった安達景盛の身柄引き渡しを求めてきたのに対して、政子はこの二つの願いを拒絶した。その返事と以後の文通禁止を言い渡すために、三浦義村が政子の使者として伊豆に赴いた。翌日には近習だった中野能成(なかのよしなり)らが遠流(おんる)に処されている。十日には義村が鎌倉に戻り、頼家の閑居の様を政子に伝えた。政子はその有様を聞いて悲嘆に暮れたという(『吾妻鏡』)。そのまま修禅寺で静かな隠遁(いんとん)生活を送っていれば、頼家の命は保証されたのであろうが、かつての近習(きんじゅう)を呼び寄せて隠し住まわせるなどしたために謀反を疑われ、結局は翌年七月十八日に惨殺(ざんさつ)されることになってしまう(『吾妻鏡』元久(げんきゅう)元年〈一二〇四〉七月十九日条、『愚管抄』)。

元久元年になっても、伊勢・伊賀(いが)両国で平家残党の大規模な武装蜂起が起こるなど不安定な状況は続いた(『吾妻鏡』三月九日条)。幕府は頼朝時代の先例を重視する姿勢で荘園の問題などに対応した(同二月二十日条)。頼朝の例を参考とするために、御家人が所有する頼朝文書が集められ、その写が幕府に保管された(同四月二十日・五月十九日条)。

父義澄の跡を継いで三浦の家の家長となった義村は、将軍の代替わりが起きても、引き続き、政子のもとで幕府の体制を支えた。

六　知謀に長けた義村――畠山重忠事件・牧氏事件――

岩殿観音堂での饗応

元久元年四月十八日、実朝は夢想の告げがあったとして、岩殿観音堂（神奈川県逗子市）に参詣した。十八日は観音の縁日である。時政・義時・時房・広元などが扈従する盛大な行列であった。岩殿周辺地域を治める領主として、一行の饗応を担当したのは、義村であった。岩殿観音堂は鎌倉近郊の行楽地だったから、頼朝時代から頼朝やその家族がしばしば訪れていた。実朝は承元三年（一二〇九）五月十五日・建暦二年（一二一二）九月十八日にも岩殿観音堂を訪れている。

国衙関係事案奉行の実否

『吾妻鏡』元久元年五月八日条は、幕府が国司の訴えに基づいて審議したこととして、山野河海から採取している者が国衙に納める役負担や、塩焼にかかる税のうちの地頭取り分、節供に供える焼き米の国司得分について、国衙の命令や先例通りに地頭が負担するようにという命令を出したとし、この命令は、三浦義村と中原仲業が奉行であったと記している。仲業は幕府奉行人のひとりであるから、こうした問題に関与するのは理解できるが、義村がこの問題になぜ関与しているのかは問題となろう。こうした命令に関する『吾妻鏡』の記事には天候記載がなく、文書を原史料として作文されている場合が多い（高橋秀樹「『吾妻鏡』の文書利用について」）。その際、文書の発給者などを奉行担当者として挙げている。おそらくこの記事の原史料となった命令書は、中原仲業を奉者とする奉行人奉書の形式だったのだろう。義村は奉行人ではないから、こうした命令書の奉者となることはない。文書中に義村の名が出てくるとすれば、『吾妻鏡』が編纂に利用した命令書の宛所が義村だったと想定されよう。そうなると、義村は国司に訴えられた地頭か、国内の地頭に命令を伝達する守護ということになる。したがって、こうした問題の処理がこの時期の義村固有の権能だったということにはならない。

なお、『諸家系図纂』所収の「甲斐信濃源氏綱要」という系図は、元久元年十一月十五日に武田信光の子息信政の元服が行われ、北条時政が加冠、「三浦介」が理髪をつとめたと記す。この「三浦介」は義村を指すのであろうが、武田信政は『吾妻鏡』にも登場しない人物であり、事実関係は不明である。

元久二年の椀飯

北条時政が費用を負担した元久二年正月一日の椀飯儀礼において、義村は御弓と征矢を献上する役をつとめている。御剣役は小山朝政、御行縢・沓役は足立遠元であった。頼家・実朝期の椀飯記事は少なく、詳細は不明であるが、頼朝時代には椀飯費用負担者の一族・関係者が諸役をつとめていたが、このころには負担者の一族に限らず、有力御家人が諸役をつとめる形に変わっていたようである。

実朝への経済奉仕

六月一日、実朝の御願として、鶴岡八幡宮で大般若経転読が行われた。布施の紺絹五十反は義村が負担した。元久元年正月五日の法華経供養で八田知重が負担した布施帖絹十八疋、承元元年十二月一日の大般若経転読で藤原行光が負担した布施上絹二十五疋と比べても負担額は大きいか、同等である。建暦元年（一二一一）二月四日には、実朝とその御台所のための陰陽道祭祀も費用負担している（以上、『吾妻鏡』）。義村は実朝を経済的にも支える存在だった。

畠山重忠事件

元久二年六月二十一日、北条時政の妻、牧の方が、在京する娘婿源（平賀）朝雅の訴えを聞き入れて、謀反の疑いがある畠山重忠・重保父子の殺害を求めた。前年十一月に実朝御台所となる藤原（坊門）信清の娘を御家人たちが京都に迎えに行った際、朝雅邸の酒宴で朝雅と重保が口論になったのがきっかけだった。時政から相談を受けた義時・時房兄弟は、重忠が頼朝時代以来忠義一筋で、比企氏の乱に際しても、時政の娘婿として忠を尽くしたことを述べ、謀反の真偽がはっきりしないうちに殺害するべきではないと諫めた。時政は無言のまま席を立ったが、義時のもとを牧の方の使者が訪れ、義時の諫言

義村に私怨はあったのか

を継母に仇をなす行為であると咎めた。結局、翌朝早く鎌倉で謀反事件が起きたと聞いた重保が郎従三騎を連れて由比ヶ浜に向かった。その重保らを三浦義村の命を受けた佐久間太郎らの大軍が囲んで討った。義時を大将軍とする大手軍、時房と和田義盛を大将軍とする搦め手軍には、葛西・千葉・足利・小山・三浦・結城・宇都宮・八田・安達・中条・狩野・宇佐美・波多野・松田・土屋・河越・江戸・下河辺など、名だたる有力御家人が総動員されている。「重忠の謀反」を演出するかのような大軍である。しかし、重忠が従えていた軍勢は百三十四騎に過ぎなかった。愛甲季隆に討たれた重忠の首は義時に届けられた。翌日の午後、義時らは鎌倉に戻り、重忠の軍勢が謀反とはとても思えないような規模であるから、その企ては嘘であり、讒言にあったのだろうと時政に報告した（以上、『吾妻鏡』）。『明月記』には「庄司次郎某」（畠山重忠）が誅せられたと時政が飛脚をもって京都に報告したと記されているし（六月二十七日条）、『愚管抄』も時政が討ったとしているから、畠山重忠が討たれた事件が時政によって主導されたものであることは間違いない。

なお、義村が重保を討たせたことについて、義村の祖父義明が畠山重忠に討たれたことに対する恨みを晴らすためという説（野口実「鎌倉武士の心性」）もあるが、義村の行為は、実朝の仰せを受けたという形をとった時政の命令、すなわち幕府の意志によるものであり、私怨が介在する性格のものではない。また、衣笠合戦で義明を討ったのは江戸重長であり、『吾妻鏡』や延慶本『平家物語』によれば、重忠は衣笠合戦に参加していないから、重忠・重保父子は祖父の敵でもない。

六月二十三日の夕刻以降、事件は思わぬ展開をみせる。『吾妻鏡』は三浦義村が「思慮を廻らし」、時政の命を受けて重忠を誘い出した稲毛重成の弟榛谷重朝父子を討ち、三浦氏の被官大河戸行元が重成を討ったと記す。今度の合戦がひとえに重成の謀曲にあるというのがその理由である。七月八日に行われたこの合戦の論功行賞が、「将軍家御幼稚」という理由で政子の手で行われていることを考え合わせると、時政主導で起きた合戦であったが、途中から政子主導に変わったとみることができる。その契機が義村による稲毛・榛谷誅殺だった。義村の独断による行動と考えるよりは、政子の意向を受けたか、政子の意向を確認した上での行動と考えた方がいいだろう。

牧の方事件

閏七月十九日、牧の方が娘婿の朝雅を将軍に立て、時政邸にいた実朝を排除しようとしたという噂が起こったために、政子は長沼宗政・結城朝光・三浦義村・同胤義・天野政景を時政邸に遣わして、実朝を迎え取り、義時邸に移した。時政が召し集めていた武士たちもみな義時邸の実朝に従ってしまったので、時政はその日の夜中に出家した。その六時間後に時政は伊豆国北条に向けて出発し、義時が執権の地位に就くとともに、中原広元・三善康信・安達景盛が義時邸に集まって評議し、朝雅誅戮のための使者が京都に送られた（『吾妻鏡』）。朝雅は閏七月二十六日に京都で討たれた（『吾妻鏡』）。

義村の立案

この劇的な北条氏の代替わりについて、『愚管抄』は、時政と牧の方による朝雅擁立を知った政子が、三浦義村を呼んで相談したところ、「ヨキハカリ事ノ者」（知謀に長けた者）である義村が、実朝を義時邸に移して、郎等たちに邸宅を警固させ、「将軍の仰せ」と称して時政を伊豆に送還したと記している。将軍実朝の排除を未然に防ぎ、北条氏の代替わりに帰結したこの出来事が、政子・義時・義村の連携で行われたことは間違いなく、『愚管抄』を信じれば、義村による立案だったということになる。

七　実朝の「御乳母夫」となる

頼家息善哉の実朝邸訪問

建永元年（一二〇六）十月二十日、頼家の子息善哉（のちの公暁）が政子の命で実朝の養子となってから、初めて実朝邸を訪れた。善哉は元久二年（一二〇五）十二月二日に政子の計らいで鶴岡八幡宮別当尊暁（そんぎょう）の弟子となり、建永元年六月十六日に政子邸で着袴（ちゃっこ）を行っていた（『吾妻鏡』）。着袴とは、初めて袴を着ける儀式で、この儀礼によって、男女の別が意識されない幼児段階から、男女の別がある少年・少女期に入り、様々な教育環境も整えられることになる。善哉は着袴の儀礼の後にも実朝のもとを訪れているから、その六月から十月までの間に実朝の養子になったのだろう。

実朝の御乳母夫としての奉仕

この十月二十日条に「御乳母夫（おんめのと）三浦平六兵衛尉義村」と書かれていることから、かつては義村の妻が公暁の乳母（めのと）だとされた（石井進『鎌倉幕府』）。近年では男性の養育責任者が乳母夫であると考えられるようになったので（秋山喜代子「乳父について」）、現在では義村が公暁の乳母夫だと理解されている（永井晋『鎌倉源氏三代記』、坂井孝一『源氏将軍断絶』、呉座勇一『頼朝と義時』）。しかし、この記事における「御乳母夫三浦平六兵衛尉義村」の行動をみると、これらの説が誤解の上に成り立っていることがわかる。この記事で、義村は「御乳母夫」として「御賜物（おんたまもの）」を献じている。「御賜物」は上位者から下位者に与えられる物であるから、当然、実朝から善哉に与えられた品である。貴族社会では対面の際に子どもに手本などが贈られた（『岡屋（おかのや）関白記』寛元（かんげん）四年〈一二四六〉六月二十日条ほか）。そうした品を用意するのは、与える側の関係者の役割であって、もらう側の関係者が物品を用意するというのは常識的に考えてもありえない。つまり義村は与える側である実朝の「御乳母夫」であって、善哉の乳母夫ではなかったのである（高橋秀樹『北条氏と三浦氏』）。実朝が誕生した建久三年（一一九二）には義村の父義澄も健在であり、義村も二十代半ばの若さであったから、実朝誕生当初から乳母夫だったとは思えないし、実朝の元服儀礼にも義村が関与している形跡はないので、実朝成人後、場合によっては元久二年（一二〇五）に時政から実朝を引き離したころに、養育責任者、経済的支援者としての役割を与えられたのかもしれない。

相模国守護

承元三年（一二〇九）十一月、諸国の国衙が守護の怠慢で群盗が蜂起していると訴えてきていた。そうしたなかで、東国の守護に守護職補任の下文を提出させ、確認しようということになった（『吾妻鏡』十一月二十日条）。翌十二月、多くの国の守護が頼朝の下文を提出したが、下総国の千葉成胤、相模国の三浦義村、下野国の小山朝政は下文は所持していないが、それぞれの職には由緒があることを申し立てた。成胤は先祖の千葉大夫恒永が元永年間（一一一八～二〇）以後千葉荘の検非違所だったことに検断権（警察権）の起源があり、頼朝時代に常胤が下総国守護職に補任されたと申し立てた。義村は、祖父義明が天治年間（一一二四～二六）以来相模国の雑事（一般行政）に携わっており、頼朝時代に父義澄が検断権を与えられたと述べた。朝政は、頼朝の下文はもっていないものの、曩祖豊沢が下野国押領使として検断権を行使し、秀郷が天慶三年（九四〇）に官符を賜ってから十三代数百年にわたって奉行してきたもので、建久年間（一一九〇～九九）に父政光から譲与され、その時に安堵の下文は得ていると称して、官符以下の文書を進覧した（『吾妻鏡』十二月十五日条）。この三人は、頼朝から文書の形で守護に任命されたことはないが、頼朝から検断権を与えられたり、それ以前の経緯から実質的に国全体に検断権を及ぼす守護としての実質を備えていると主張したのである。『吾妻鏡』には実朝がこれを退けたとは記されておらず、この主張は認められたと考えていいだろう。この三つの家は、頼朝挙兵以前から国衙に関わっており、それぞれの国内で他の追随を許さないほどの突出した大勢力であることが共通する。

佐藤進一氏はこの三氏がそれぞれ頼朝時代から守護であったと認めている（『増訂鎌倉幕府守護制度の研究』）が、伊藤邦彦氏はこの記事以外に徴証はないとして、彼らを守護とみることに否定的である（『鎌倉幕府守護の基礎的研究【国別考証編】』）。たとえ成胤・義村・朝政の主張がこじつけであったとしても、三人が国内において守護同等の権限を実質的に行使していることを前提とした主張であり、実朝を含めて、この段階では彼らの主張を否定する存在はなく、その主張が黙認されたことは重要だろう。承元四年六月二日に相模国丸子川（酒匂川）で土肥・小早川の一族と松田・河村の一族が喧嘩し、けが人が出た上に、双方が城に籠もるという事件に発展した際、これを鎮めるために派遣されたのは和田義盛と三浦義村だった（『吾妻鏡』六月三日条）。和田義盛が幕府侍所別当として派遣されたとみることに異論はないだろう。もう一人の三浦義村は前年十二月の相模国検断権の主張が認められて派遣されたとみることができよう。

最近、新出史料として注目されている『青山文庫本貞永式目追加』所収の「国々守護事」という暦仁元年（一二三八）ごろの史料によれば、下総国守護は千葉時胤で、下野国守護は小山朝政である（木下竜馬「新出鎌倉幕府法令集についての一考察」）。成胤・朝政二人の主張は認められて、後に正式な守護となった。一方でこの新出史料では、「守護無き国々」のなかに相模が含まれているから、二十九年後の暦仁元年になると、義村は相模国守護ではなくなっていた。義村の守護国は安房・讃岐と記されているから、建仁三年（一二〇三）に守護だった土佐国も義村の守護国ではなくなっている。守護の補任状況には、これまで考えられていた以上の変化があったのだろう。

実朝の三崎渡御

承元四年（一二一〇）五月二十一日、実朝は三浦三崎に渡御した。実朝にとって、幕府の公的な行事である二所詣を除く、行楽としては最も遠い外出である。鎌倉からの船中では管絃が催され、三崎では小笠懸も行われた。『吾妻鏡』に義村の関与は書かれていないが、当然、義村が饗応したものと思われる。建暦元年（一二一一）七月八日の政子と実朝御台所の相模国日向薬師（神奈川県伊勢原市）参詣では、北条時房以下、十人の供奉人のうち、三浦一族が義村・佐原景連・和田義直の三名、小山一族が朝政・結城朝光の二人であった。義村をはじめとする三浦一族は、ここでも政子と実朝夫妻を支える有力な存在だった。

実朝家御厩別当就任

承元四年九月二十日、実朝は、佐々木広綱が進上した馬を御所内の鞠御壺と呼ばれる中庭でみた。御覧の後、この馬は義村に預けられた。建保元年（一二一三）九月十二日条には義村の立場が「御厩別当」と記されている。承元四年段階ですでに御厩別当に就任していたのだろう。『吾妻鏡』承元元年三月十日条には、長沼宗政が伯楽（馬）奉行を命じられた記事がある。宗政と義村との間で職掌の分担があったのか、宗政に代わって義村が馬を管理するようになったのかは不明である。義村は幕府直営の牧である甲斐国小笠原御牧の奉行人という立場でもあったが、建暦元年五月、牧士と奉行人義村の代官が喧嘩をしたことから、奉行を改易され、一族の佐原景連に代わっている（『吾妻鏡』五月十九日条)。いずれにしても三浦一族と馬とのつながりの深さは他の御家人を圧倒している。三浦一族が高い馬飼い能力をもっていたからだろう。

左衛門尉への転任

建暦元年十月十二日の臨時除目で、義村は右兵衛尉から左衛門尉に転じた(『関東評定伝』)。この除目は、権中納言以下の異動や弁官の転任など、かなり規模の大きな臨時除目だった。『玉蘂』が「このほか雑任巨多」と記すうちのひとりが義村だったことになる。この時代、左衛門尉の官職はほとんどが成功によるもので、その価格は一万疋(銭十万枚=百貫文)だった(陽明文庫本『勘例』、『鎌倉遺文』五二九六号)。一貫文が現在の十万円だとすると、銭一万疋は一千万円ということになる。有力御家人である義村にはこのくらいの経済力があった。

京都大番役案件奉行の実否

建暦二年二月十九日、幕府は京都大番役を緩怠している国々に尋問を行った上で、一ヵ月理由無く不参した場合には、三ヵ月の追加勤務を命じることを決め、諸国の守護に通達した。『吾妻鏡』はこの時に、和田義盛・三浦義村・平盛時が奉行したと記す。奉行人盛時はこの通達文書の奉者だろう。義盛・義村の名がなぜあがっているのかが問題となる。義盛は侍所別当であるが、侍所別当に京都大番役を統括する権能があった徴証はない。想定できるのは、守護としての義盛・義村に充てた奉行人奉書が文書集のような形で幕府に残っており、それが『吾妻鏡』編纂の原史料となった可能性である。文書の宛所であった人物の名を、文書発給者の名とともに「奉行」として載せてしまうのは、先の元久元年（一二〇四）五月八日条と同じパターンである。

相模川の架橋を提案

旧相模川橋脚の古写真（茅ヶ崎市教育委員会提供）

建暦二年二月二十八日、義時・広元・康信が列席している議定の場で、義村が提案した相模川にかかる橋の修理についての審議が行われた。相模川は橋が架かる数少ない川で、建久九年（一一九八）に稲毛重成が新造してから十四年が経過し、朽損が著しかった。建久の橋供養に頼朝が渡御し、その帰りに落馬してからほどなくして亡くなったことや重成が誅戮されたことを不吉として、参加者は揃って修理に反対した。その審議結果を実朝に申し上げたところ、実朝は、「頼朝の死は武家の頂点に立って二十年を経、官位を極めてから後のことであり、重成は不義のために天罰を蒙ったのであるから、橋の建立が過ちだったわけではない。橋があれば二所参詣での必要性はあるし、庶民も往復する煩いがなくなるから、その利益はひとつではない。倒壊する前に早く修理しなさい」と命じた（『吾妻鏡』）。提案者の申請が義時・広元・康信を中核とする議定の場で審議され、その審議結果が実朝に伝えられ、その審議結果を実朝が判断するという、この時期の幕府における政策決定のあり方がわかる。実朝は、幕府首脳の審議結果をただ受け入れるだけではなく、自身の見解を示して、審議結果を覆すこともあった。

従来、交通路の管理は国衙の機能であった。義村が、相模国の雑事を統括する三浦介の役割を父義澄から引き継いでいたからこそ、幕府の議定の場で、こうした提案をしたのであろう。

第三　宿老への道

一　和田合戦

建保元年の椀飯

建保元年（一二一三）正月の椀飯儀礼は、元日が中原広元、二日が北条義時、三日が北条時房、四日が和田義盛の費用負担だった。義盛は元日の御調度役もつとめ、二日・三日は三浦義村の弟胤義が馬引役・御行縢役をつとめ、四日には義村が御剣役をつとめていた（『吾妻鏡』）。その前の建暦元年（一二一一）・同二年は、二年続けて義時・広元・小山朝政の順で費用負担しているから、元日負担者の義時から広元への交替、時房の新加、朝政から義盛への交替という変化がみられる。現存する『吾妻鏡』は建保二年以降の実朝将軍期の椀飯記事を欠いているので、この変化の評価は難しいが、建保元年に和田義盛の存在感が大きくなったことは間違いなさそうである。この正月には将軍の御行始（正月四日条）、二所詣（同二十二日条）などの恒例行事がつつがなく行われた。二月に入っても実朝主催の和歌会が行われたり（二月一日条）、芸能や和漢の古事に通じた者を実朝近くに祗候させる御学問所番が編成される（同二日条）など、鎌倉は平穏だった。

泉親平謀反事件の発覚

ところが、二月十五日、千葉成胤が謀反人僧安念を北条義時のもとに引き連れてきたことから、鎌倉を揺るがす騒動へと発展した。安念の白状により明らかになった謀反人は信濃国・越後国・上野国・下総国・上総国・常陸国・伊勢国の御家人で、張本百三十人余り、加担した従者二百人に及ぶ大規模なたくらみであった。その主謀者は信濃国の泉親平（親衡）で、頼家の若君を擁立して将軍とし、義時を殺害することを狙ったものだった（『吾妻鏡』二月十六日条）。この事件には有力御家人の子弟も関与していた。和田義盛の子義直・義重、甥胤長、八田知家の子知基や上総介広常の甥臼井十郎などである。二月末には謀反人の多くが配流され、三月二日には主謀者の泉親平が鎌倉に潜伏しているのがみつかったが、討手が殺され、親平は姿を消してしまった（『吾妻鏡』）。

和田義盛の参上

鎌倉は再び不穏になり、鎌倉で合戦が起きたという噂が諸国に広がったために、多くの御家人が遠国・近国から駆けつけるという騒動となった（三月八日条）。和田義盛も鎌倉に駆けつけた一人で、日頃住んでいた上総国伊北荘（千葉県いすみ市・大多喜町・勝浦市付近）から駆けつけ、実朝御所に参上して、実朝と対面している。六十七歳になっていた

義直・義重の厚免に満足する義盛

義盛、一族を引き連れ甥胤長の厚免を願う

義盛は、正月の椀飯を負担するなど最有力御家人としての位置づけや侍所別当の地位はそのままであったものの、子息が謀反事件に関与していたことで、事件発覚後は第一線を退き、上総国に籠居していたのであろう。

実朝との対面の際、義盛はこれまでの自身の労功に免じて子息義直・義重の厚免を願い出た。実朝はこれを独断即決で受け入れた。『吾妻鏡』は「老後の眉目を拔き退出す」と表現する。義盛は自身の願いが聞き入れられたことに満足して帰っていった。義盛は子息の許しを乞うために鎌倉にやってきたと解釈されることが多いが、義盛が鎌倉に向かったのは事件発覚からひと月近くたってからであるから、赦免要求が目的だったのではない。合戦が起きたという噂を聞いて「いざ鎌倉」と駆けつけたのであって、子息の赦免を求めたのは実朝と対面した「そのついで」の申し入れだった。

満足して帰ったようにみえた義盛は、翌日思いがけない行動に出る。一族九十八人を引き連れて御所南庭に列座し、甥胤長の厚免を願い出たのである。この表立った義盛の申請に対しては、幕府も広元を申次として実朝の仰せをうかがうという公式ルートで対応せざるをえなかった。実朝は、胤長が主謀者の一人であるとして赦免を認めなかった。『吾妻鏡』はこの日の記事の末尾に、胤長を縛り、一族の座前を歩ませた上で身柄

和田義盛
（「和田合戦図屏風（右隻）」（部分）都城市立美術館所蔵）

を検非違使でもあった二階堂行村に引き渡したことが、義盛の「逆心」の始まりだったと記している（三月九日条）。子息二人の厚免で満足していた義盛を突き動かした何かが、一晩のうちにあったのだろう。これほどの人数の一族が集まっていることを考えると、前の晩に一族が義盛邸に集まり、胤長の恩免を求めるように突き上げたのではなかろうか。謀反に関わった義直は三十七歳、義重は三十四歳、胤長は三十一歳である。泉親平謀反事件の謀反人には幕府草創世代の御家人はみられず、第二世代・第三世代が関与していたことを考え合わせると、義盛は一族の若い世代に動かされたのだろう。

収公された胤長の邸宅は、義盛の申請により、頼朝時代以来の先例通り、一族である義盛が拝領することとなった（『吾妻鏡』三月二十五日条）。義盛はこれを喜んだが、一転して義時が拝領して、義盛の代官は追い払われてしまった（同四月二日条）。『吾妻鏡』は、この記事の末尾にも「逆心いよいよ止まずして起こる」と記している。これら義盛の「逆心」に言及する部分は、その「逆心」の結果である五月の和田合戦を踏まえて書き加えられた作文である。その追記の前の部分は、いずれも義時が金窪行親・安東忠家を使って義盛を挑発する内容である。これらの記事は、『吾妻鏡』が描く和田合戦像、すなわち義時の挑発に乗って義盛が挙兵した事件というストーリーに沿うように挿入されている。

義盛の真意

四月十五日に、義盛の孫で、実朝の近習だった朝盛が突然出家した（『吾妻鏡』）。このころには和田一族と実朝・義時ら幕府首脳との間に、朝盛の心を傷つけるような険悪な空気が漂っていたのだろう。二十七日、実朝は義盛邸に使者を派遣し、挙兵の動きについての実否を尋ねた。義盛は昨今の不満は述べたものの、謀反の企ては完全に否定した。義盛邸には一族親類の勇士が集まっており、兵具も用意されていたことを使者は報告した。夕刻、派遣された別の使者に対して、義盛は、実朝に対する恨みはまったくないが、義時の傍若無人ぶりをどう考えるのかを実朝に尋ねるために発向しようと、一族の若手が密かに群議し、義盛がこれを諫めたが聞き入れず、ついに義盛も同心したと述べた（『吾妻鏡』）。翌日、義時は実朝御所に参り、広元を呼んで話し合っているが、幕府側に義盛の機先を制するような動きはなかった。

和田合戦の勃発

五月二日、ついに和田合戦が勃発した。その報はただちに京都にも伝えられた。藤原定家（さだいえ）は、後鳥羽（ごとば）上皇御所で、そのことを聞き、日記『明月記』に記している。鎌倉幕府とも深いつながりがある藤原（一条）信能（のぶよし）（能保（よしやす）の男）から聞いた詳細な情報であるから、一部に誤報が混じっているものの、総体的には信頼度が高い。『明月記』には次のように記されている（五月九日条）。

明月記の記述

二日の申の時（午後三～五時ごろ）に和田左衛門尉義盛の宿所で、甲冑を着た兵士たちの音が聞こえた。春に謀反の者が結党したという噂や落書（らくしょ）があり、この義盛がその張本（ちょうほん）であった。義盛自ら申しひらきをし、実朝が聞いてこれを許した。両者は和解し、義盛は今までのように御所近辺の宿所にいた。しかし、幕府内で相談が行われ、処罰されることになったと義盛は聞いたので、仲間を集め、はかりごとを行ったのである。

その近辺の宿所の者（又左衛門尉）がこれを聞き、すぐに軍装を備えて、使者を中原広元のもとに発した。その時、広元邸には客がいて盃酒たけなわだった。広元はこれを聞いて、ひとり座を起って将軍御所に走り、将軍とともに御所を逃れて、頼朝の墓所堂に赴いた。この間に、義盛の甥三浦左衛門尉義村（もともと叔父に背いていて、敵対していた）が義盛の出軍を告げた。この二人の告知により、将軍の母と妻は危うく逃げ出したので、義盛の兵はまず広元邸を囲んだ。酒客はまだ残っていて、そこに大軍がやって来たので、酔った連中は殺されてしまった。義盛軍は火を放ち、広元邸を一宇残らず焼いた。二日の夕方から四日の朝まで戦いは続いた。義盛方の兵は一以当千のつわもので、天地を震わせた。この間、千葉一族（常胤の孫）の精兵が隣国からやって来た。義盛は兵も矢も尽きていたが、この来援によって勢いを取り戻し、なおも北に走って横大路に至った。この時に義村の兵がまた後ろを塞ぎ、義盛を大破した。これでついに免れることができず、散り散りになった兵が浜に出て、船に棹さして安房へと向かった。その勢は五百騎ばかり、船六艘であった。その後、広元からの飛脚が昨日の申の刻に到着したが、その後は音信がない。

義盛と義村は従兄弟の関係であるから、叔父・甥とするのは誤解であり、義盛に味方して来援した勢力を千葉一族とするのは横山党の誤りであるが、それ以外の部分に誤報はないようである。

吾妻鏡の記事改変

『吾妻鏡』は、鎌倉に適切な原史料がなかったからか、この『明月記』を原史料として、その文章表現まで借りる形で記事を構成し、合戦後の勲功申請の文書、在京御家人への通達、六日に作成された「亡卒・生虜等交名」などを利用して記事を膨らませている。そのなかで、『明月記』を原史料としつつも、その内容を大きく改変したり、改変にともなって記事を追加しているところ、修正しているところがある。

一番大きな改変は、三浦義村の扱いである。義村が義盛の出兵を告げたのは、日ごろから仇敵の関係にあったからだとしている『明月記』に対して、『吾妻鏡』は次のように記す（五月二日条）。

三浦平六兵衛尉義村と同弟九郎右衛門尉胤義は、初めは義盛の依頼を受けて、北門の警固をする予定だと同心の起請文を書きながら、後にはこれを改変した。兄弟が相談して、「先祖の三浦平太郎為継が源義家殿に属して陸奥国の清原武衡・家衡を征伐して以来、ずっと源氏からの恩禄を受けてきた。いま肉親を重んじて、累代の主君を攻めたならば、きっと天罰を蒙るだろう。早く以前の過ちを反故にして、義盛のたくらみを報告しよう」と後悔して、すぐに北条義時邸に参入した。

義村の裏切りはあったのか

政所前の戦い（『あさいな』國學院大學図書館所蔵）

『吾妻鏡』では、義村は起請文まで交わして義盛に味方することになっていたのに、肉親の情よりも源氏に対する忠義を重んじて、義盛を裏切ったと説明しているのである。しかも、義村が報告した相手は、『明月記』が将軍や将軍の母・妻であるのに対して、『吾妻鏡』は北条義時になっていて、その義時と広元の報告で、政子らは脱出できたとする。『明月記』『吾妻鏡』ともに「両人（客）の告げにより」という表現を使っているが、「両人（客）」が指す人物が、広元・義村から広元・義時へと改変されているのである。義村が義時邸に参入したときに、義時は囲碁会をしていたという記述は、広元の酒宴と対になるように書き加えられている形跡がある。

雑談集が描く「裏切り」

『吾妻鏡』が加筆した義村の裏切りの話は、無住（むじゅう）の『雑談集（ぞうだんしゅう）』にもみえる。

> 故義時三度の難を逃れて、その身久しく保たる。一には輪田（わだ）左衛門尉世を乱しし時、故駿河の前司、平六兵衛尉とて、北門堅（かた）めたる起請書きながら、反（かえ）り忠（ちゅう）して彼の一門亡びおわんぬ。

義村が北門を警固する起請文を書きながら、裏切ったことで義盛一族が滅んだというのであるから、『吾妻鏡』の加筆とそっくりである。しかし、この『雑談集』の成立は、和田合戦の九十年後、『吾妻鏡』の成立と同じ十四世紀初めである。『吾妻鏡』や『雑談集』が成立した十四世紀初めにこうした言説があったことは間違いないが、和田合戦から六日後の史料に重きを置くか、九十年後の史料を信じるかの選択を迫られるならば、筆者は六日後に書かれた『明月記』の、しかも情報源の確かな記事を重視したい。『吾妻鏡』が意図的に改変している部分は排して考えるべきだろう。

日頃より険悪な関係にあった義村兄弟と義盛とが挙兵前に内通していたはずはなく、義村は義盛隣家の「又左衛門尉」（『吾妻鏡』では八田知重とする）同様に義盛の動きを知り、実朝御所に一報を入れたことになる。

義村の裏切りが『吾妻鏡』の創作であると考えることに対しては、『古今著聞集』で

「三浦犬は友をくらうなり。（中略）輪田左衛門が合戦の時のことをおもひていへるなり」と表現されていることを理由とする反論もあるだろう。しかし、内諾・裏切りがなくとも、同族である三浦義村の軍勢が義盛の大敗に決定的な役割を果たしていたことだけでも、この『古今著聞集』の「三浦犬は友をくらう」の言は成立するのである。

「三浦の長者」をめぐって

三浦氏と和田氏との関係をめぐっては、『明月記』が記す「仇讐」と、『愚管抄』が「義盛左衛門という三浦の長者」と記していることから、義澄死後に三浦氏の族長権をめぐる義村と義盛との対立があったとする研究がある（坂井孝一「和田義盛と和田一族」、山本みなみ「和田合戦再考」）。問題となるのは、族長権をめぐるものだったかどうかという点である。まずは「三浦の長者」という表現が慈円によって使われていることを考えないといけない。貴族社会における「長者」とは、摂関家の氏長者、勧修寺流藤原氏の勧修寺長者、日野流藤原氏の日野長者にみられるとおり、一門の始祖をまつる祖先祭祀の執行を主導する者で、構成員中の最高官位者が就任する地位だった（高橋秀樹『日本中世の家と親族』）。慈円がどこまで三浦一族の実態を把握していたかはわからないが、貴族社会における祖先祭祀を執行する集団としての一門と長者を三浦一族に投影したのが、この『愚管抄』の表現である。三浦義明のための祭祀が貴族社会と同じ形で執行されていたならば、主催者の地位は義澄・弟義連・甥義盛へと受け継がれることになるが、武士の社会では祭祀権を含む惣領権は嫡子から嫡子へと相承されたと考えられているから（豊田武『武士団と村落』）、実際には義明の祭祀も義澄から義村へと引き継がれていたと考えるべきだろう。武士の社会について理解していない慈円が、義盛を「三浦の長者」と表現していることをもって実態とみなしてはならない。

和田合戦の実像

『吾妻鏡』五月六日条の「亡卒・生虜等交名」には和田一族十三名、義盛の妻の実家である横山の人々三十一名のほか、土屋の人々十名、山内の人々二十名、渋谷の人々八名、毛利の人々十名、鎌倉の人々十三名、その他三十七名の死者と二十八名の生け捕られた人々が和田方の主要な面々として掲載されている。『吾妻鏡』三日条所引の北条義時・中原広元連署状が「和田左衛門尉義盛・土屋大学助義清（よしきよ）・横山右馬允時兼（ときかね）、すべて相模のものども、謀叛をおこすといえども」と記しているように、和田合戦は和田氏のみならず、相模国を中心に、地縁・血縁で結びついた人々が起こした謀反事件だった。謀反に加担した人々の考えは一様ではなく、義盛のように実朝に対する恨みはなく、実朝の排除までは考えていなかった者は、政子や実朝の身柄を確保し、その命によって義時を排除することを目的としたであろうし、義時のみならず、実朝を排除し、政子の命を戴いた上で、頼家遺児を新たな鎌倉殿にすることを目指した者もいたことだろう。

義村にとっての和田合戦

義村にとって、和田合戦は、実朝を母政子と北条義時・義村らが支える幕府の体制を守るための戦だった。そのために、体制を揺るがそうとした同族和田義盛と臆することなく戦い、義盛軍に大打撃を与えた。このことは、後に「友をくらう」との誹りを受けることになるが、和田合戦の結果、実朝や義時との絆は深まり、一族内に比肩する勢力はなくなって、幕府内における存在感もさらに高まった。

二　合戦の勲功争いと和歌の道

政所前の先登争い

『吾妻鏡』によれば、和田合戦翌日の五月四日に実朝は合戦に参加した御家人たちを御所に集め、勲功の浅深を諮(はか)った。その場で、波多野忠綱(はたのただつな)が米町(こめまち)と政所前の二ヵ所で先登に進む勲功があったと主張した。米町については異論がなかったものの、政所前については義村も先登の勲功を主張した。二人の言い争いに発展したため、北条義時は忠綱を別の場所に連れ出して、「今回の合戦が無事に落ち着いた最大の要因は義村の忠節にあるのだから、政所前については、事情を察して折れてくれないか、ことを荒立てなければ破格の恩賞は間違いないだろう」と、説得を試みた。しかし忠綱は、「戦場に向かう勇士は先登に立つことこそ本意であり、家業を継いで弓馬に携わるからには、何度であっても先登に進むのだ、一旦の賞に目がくらんで万代の名誉を汚すことはできない」と述べて、義時の説得を拒んだ。

実朝は忠綱・義村の二人を御所の中庭に呼び、御簾を上げて、二人の主張を直接聞いた。義村は、「義盛が襲ってきたとき、真っ先に政所前に向かい、南より矢を発した際には、その前を飛ぶ矢はなかった」といい、忠綱は、「自身が先登に進んだのであって、義村は忠綱子息よりも後ろにいた、忠綱をみていないのは盲目であろうか、その時戦っていた連中に尋ねてほしい」と言い張った。証人として呼ばれた三人は、赤皮威(あかがわおどし)の鎧を着て葦毛(あしげ)馬に乗った武士が先登であったと証言した。それはまさに忠綱のいでたちだった。忠綱の主張が正しかったわけであるが、七日の論功行賞では、忠綱の軍忠は間違いないものの、義村を盲目と称した悪口(あっこう)は罪科に当たるとして、勲功賞から除かれてしまった。一方、義村は義盛遺領の陸奥国名取(なとり)郡を拝領し、弟胤義も上総国伊北(いほう)郡を配分された(『吾妻鏡』)。

義村兄弟の地位上昇

和田合戦で焼けた実朝御所は再建され、身を寄せていた広元邸から新御所への引っ越しが八月二十日に行われた。随兵八騎の第一列が三浦義村と武田信光で、二列目には義村の弟胤義も列した。波多野忠綱は第三列である（『吾妻鏡』）。信光も和田合戦で朝夷義秀（義盛の男）と戦った軍功が記されている人物であるから、この行列には和田合戦の勲功者を讃える意味もあったのだろう。同二十六日の御行始では、胤義が随兵の第一列で、義村は実朝の御後に供奉する有官者として、五位の位階をもつ藤原行光と並んでいる（『吾妻鏡』）。義村は侍層のなかで五位に叙爵していない者の最上級者としての位置づけである。和田合戦後の御家人社会における義村・胤義兄弟の位置づけが高まったことは間違いない。九月十二日には、北条泰時が献上した馬を実朝がみる御馬御覧が行われ、義村が御厩別当としてこれを奉行した。御家人千人が御所に参集して行われた一大行事で、その馬十疋は御覧を経た後、実朝側近の殿上人や御家人・護持僧・陰陽師に配分された（『吾妻鏡』）。

歌道に携わる輩

九月二十二日、実朝は秋の草花をみるために鎌倉郊外の氷取沢（横浜市）にでかけた。供奉したのは、北条時房・同泰時・藤原長定・三浦義村・結城朝光・内藤知親の六名である。『吾妻鏡』はこの六人について「みな歌道に携わるの輩なり」と記している。このうち、泰時は後の勅撰歌人、藤原定家の弟子知親は『新古今和歌集』に「詠み人知ら

拾遺風体和歌集の入集歌

ず」として入集した歌人だった（『吾妻鏡』元久二年九月二日条）。

義村は、実朝らとの交遊の中で和歌を学んだのであろう。義村が詠んだ和歌は、定家の孫藤原（冷泉）為相が編纂したとみられる私撰集『拾遺風体和歌集』（十四世紀初め成立）に二首収められている。宮内庁書陵部本を底本とした続群書類従本、有吉保氏蔵本を底本とした『新編国歌大観』に翻刻があるが、両本ともいくつかの誤字がみられる。ここでは古態の表記を残すといわれている島原図書館所蔵肥前島原松平文庫本によって示しておこう。左の番号は『新編国歌大観』の歌番号である。

307　舟に寄する恋　平義村

みるめなきかたゝの沖にさすさほのしるへもつらき蜑の釣舟

一首目は「舟に寄する恋」の歌題で詠まれた歌で、「恋歌」に分類されている。「みるめ」（海松布）はミルという海藻のことで、「見る目」（逢う機会）と掛けられている。「かたゝ」は歌枕に使われる近江国琵琶湖畔の堅田で、「難い」に通じる。「しるべ」は道案内の意味で、ここでは恋の仲介者を指す。

「海松布も生えていない堅田の沖で舟に棹さして道案内として進んでいる海人の釣り船ではないが、あの人に逢う機会がなくて困難ななかでは、手引きをしてくれる人がいても辛いことだよ」という内容の歌である。小川剛生氏のご教示によれば、歌枕「堅田」の使い方も問題なく、題詠の手法も踏まえられている歌である。

もう一首は「雑歌」に分類されている。

385　山かつのかやふくのきのむら時雨(しぐれ)をとせぬまつそさひしかりける　平義村

直前の歌から「時雨」の題詠であることがわかる。「山がつ」は山の賤しい民、「むら時雨」は冬のにわか雨である。「山に住む賤しい民が萱で葺いた家の軒ににわか雨がさっと降る。音を立ててもの悲しいが、音を立てない松こそが寂しいものだ」という内容である。にわか雨のなかで、作者義村がみつめている、もの悲しい松は、誰かをたとえているのだろうか。

小川氏によれば、初冬の粗末な家の屋根に時雨が当たって音を立てるわびしさという和歌の常套表現を逆手にとって、音を立てない常緑樹の松がかえって寂しくみえるという点に意外性と新鮮味があり、松は嵐に吹かれると音を立てるという約束事も踏まえられているという。

義村の歌は、二首とも手慣れた言葉の使い方で、他の武家歌人と比較しても遜色ない

義盛以下の追善

義村の２首の和歌（『拾遺風体和歌集』島原図書館所蔵）

出来栄えの歌であるという小川氏の評価を得た。編者為相も義村の歌を高く評価したからこそ、勅撰集『新後撰和歌集』に対抗して編纂したこの私撰集に入れたのだろう。

『吾妻鏡』は十一月五日の夜中に三浦胤義の「女事」、すなわち女性問題に端を発した闘乱が御所近辺で起こり、三浦一族が駆けつけて騒動になったことを記すが、詳細は不明である。

十二月になると、実朝は和田合戦で亡くなった義盛以下の武将のための追善仏事を寿福寺で行い、自ら書写した円覚経を義村に命じて三浦の海底に沈めた（『吾妻鏡』十二月三日・二十九日・三十日条）。

円覚経を沈めたのは、夢告があったのが理由だというから、実朝の夢に義盛らの戦死者があらわれることもあったのだろう。建保三年（一二一五）十一月二十五日にも、実朝の夢の中に和田義盛以下が群参したというので、急遽仏事を行っている。

北条政村元服の加冠

建保元年も押し迫った十二月二十八日、北条義時が鍾愛する九歳の四男が実朝御所で元服した（『吾妻鏡』）。義時の正妻伊賀朝光（いがともみつ）の娘との間の子である。加冠役を義村がつとめた。この四男には、義村から一字をとった政村の名がつけられた。『吾妻鏡』元仁（げんにん）元年（一二二四）七月十八日条によれば、このころ、義時が義村の嫡子（のちの泰村）を養子としている。義村の娘と泰時が離婚した後も、烏帽子子や養子などの擬制的な親子関係を介して、義村と義時との関係は維持・強化された。

三　上総犬と三浦犬

和田合戦後の三浦義村は、将軍実朝に対する行列供奉などの奉仕（『吾妻鏡』建保二年〈一二一四〉正月二十二日・七月二十七日条）、祈禱（きとう）の費用負担などの奉仕（同建保三年十二月三十日条）、御厩別当としての役割（同年十一月五日条）をこれまで通り果たしている。

そのなかで注目されるのが、実朝の三浦半島への渡御である。建保二年二月十四日杜戸（神奈川県葉山町）に渡御し、建保三年三月五日には、花見のために三浦の横須賀に北条義時・中原広元らを連れて赴いた。「御駄餉」（弁当）を用意して歓待したのは、杜戸では長江明義、三浦の横須賀では義村である。建保五年九月十三日の月見のための三浦渡御でも義村が設営に当たっている。

実朝の横須賀渡御饗応

建仁三年（一二〇三）の鎌倉殿就任以後に実朝が渡御した場所として、『吾妻鏡』が記事を載せているのは、鎌倉中の社寺や、居所としても用いられた政子邸・義時邸・広元邸、鎌倉の和田義盛邸（建暦二年六月二十四日）を除くと、岩殿観音堂（神奈川県逗子市、元久元年四月十八日・承元三年五月十五日・建暦二年九月十八日）・神武寺（同、承元三年五月十五日）・証菩提寺（横浜市、建保三年五月十二日）と、相模川で行われた六字河臨法（建保四年七月二十九日）といった寺院や宗教行事が多い。風光明媚な所への行楽は、武蔵国氷取沢（横浜市、建保元年九月二十二日）と三浦半島くらいしか確認できない。義村は実朝に行楽を提供する存在でもあった。

諸人の愁訴を聞いたのか

建保四年四月九日、実朝は常の御所で終日諸人の訴えを聞き、裁断を下した。『吾妻鏡』は、この時、義村・三善康信・藤原行光・中原仲業が奉行したと記している。康信は問注所執事、仲業は問注所寄人、行光は政所の職員としての立場があるが、義村が名を連ねている理由は不明である。『吾妻鏡』記事の原史料となった文書の宛所が義村だった可能性もある。

政子の叙爵と命名

　建保六年四月十四日、熊野詣の帰路に上洛した尼御台所は、従三位に叙された。出家している者が位を得た例は、奈良時代の道鏡しかないという異例のことだったが、出家後に准后になった安徳天皇外祖母（平清盛の室）平時子の例に準拠して叙された（『吾妻鏡』四月二十九日条）。これまで彼女を便宜的に政子と記してきたが、「平政子」の名は、この叙爵手続きのためにつけられた名である。十九年前の夫頼朝の死後に出家した彼女の尼としての法名は如実であった（『泉涌寺不可棄法師伝』）。おそらく彼女自身が「平政子」の名を称することはなかった。ましてや、「北条政子」の名称は近代になって生まれたものだから、鎌倉時代には使われていない（高橋秀樹『中世の家と性』）。

実朝の権大納言拝賀と直衣始

　建保六年正月に二十七歳で権大納言となった実朝は、三月六日に左近衛大将を兼任した（『公卿補任』）。六月二十七日に鶴岡八幡宮で左大将の拝賀を行い、七月八日に任大将後の直衣始として鶴岡に参詣した。直衣始とは、略装である直衣での参内を勅許された上級貴族が、初めて直衣を着て参内する儀礼で、官職など身分が変わるごとに行われた。鎌倉在住の実朝が実際に直衣で参内することはないのだが、身分を示す特権として勅許され、参内する代わりに鶴岡八幡宮に参詣した。義村は、拝賀儀でも直衣始でも随兵をつとめた（『吾妻鏡』）。

随兵行列の謙譲

　両儀の前駈や随兵は同じ顔ぶれがつとめることになっていたが、随兵の第一列だった大須賀道信（おおすがみちのぶ）が障（さわ）りを申したので、その代わりとして浅沼広綱（あさぬまひろつな）が入り、一列目には長江明義（ながえあきよし）と三浦義村が並ぶこととなった。そこで、明義・義村のどちらが上位の左に列するかが問題となった。行列は位階順に列することもあったが、この時は「年臈次第（ねんろうしだい）」、すなわち年齢順だった。義村は原則通りに高年である明義が左に列するべきだと述べ、明義は原則に反して左衛門尉の官職をもつ上に三浦介義澄の跡を継いでいる義村が左に列するべきだと譲り合った。今回の年齢順という原則にもかかわらず、明義が義村に上位を譲ろうとしたのは、長江氏が独立した御家人でありながらも、三浦氏の被官的な存在だったからだろう。二人の謙譲の心に感じ入った実朝は、義村には将来の繁栄があるだろうが、明義には先がないだろうからという理由で、今回は明義が左に列して子孫の名誉とするようにと、原則を重視した判断を下した。随兵八名中、唯一無官の明義が第一位で、五位の位をもつ北条泰時が第五位、その他は叙爵していない有官者という顔ぶれである。この譲り合いには、原則や秩序を重視する義村の性格があらわれている。

実朝家侍所司就任

和田合戦の直後に、義盛に代わって北条義時が実朝の侍別当（侍所別当）になっていたが、建保六年七月二十二日に組織の拡充と人事異動が行われ、別当に泰時が就任し、そのもとに四名の侍所司が置かれた。二階堂行村と三浦義村が御家人の管理、大江能範が実朝外出時の準備など御所内の管理、伊賀光宗が供奉人催促をそれぞれ分掌することになった（『吾妻鏡』）。行村・範能・光宗という事務官僚が実務を担うなかで、義村には御家人に対する重しとしての役割が期待されたのであろう。実朝の仰せは、実朝近習の北条時房を通じて伝達された。

子息駒若丸の狼藉

建保六年九月十三日、実朝御所で和歌会が催されている最中に、鶴岡八幡宮で騒動が起こった。宿直の者が廻廊に控えていたところ、明月のもとで、八幡宮の稚児や若い僧が徘徊しているのがみえた。無礼を咎めた宿直人に対して稚児が暴力をふるい、闘諍事件に発展したのであった。翌日、金窪行親が実朝の使者として八幡宮に向かい調査したところ、義村の子駒若丸が事件張本の稚児であることがわかった。駒若丸は後の三浦光村である。宿直に当たっていたのは御家人身分をもつ者ではなく、「恪勤」あるいは「小侍」と呼ばれる下級の者であった（『吾妻鏡』）。八幡宮の稚児には御家人の子弟が多く入っていたとみられるから、彼らが身分の低い宿直人のいうことを聞かなかったのだろう。身分の問題がこの事件の根底にあったから、幕府はこれ以降「恪勤」による八幡宮警固を停止し、駒若丸は出仕を止められた（『吾妻鏡』）。

実朝の大臣昇進

十月九日、実朝は内大臣に昇進した（『公卿補任』）。父頼朝の極官は権大納言だったから、それを超える昇進であり、鎌倉将軍家がかつての平家と並ぶ地位に到達したことを示す昇進であった。実朝は参議を経ずに中納言に昇進し、しかも近衛中将を兼帯している「中納言中将」という摂関家の子弟のみに許されていた昇進コースをたどっていたから、この年齢での大臣就任はすでに約束されていたことでもあった。十二月二日には、さらに右大臣へと昇進した。翌年正月に予定されている鶴岡八幡宮御参のために、後鳥羽上皇から装束・車以下が贈られた（十二月二十一日条）。

千葉胤綱との言い争い

現存する『吾妻鏡』は承久元年（一二一九）の椀飯儀礼の記事を欠く。その元日の椀飯の際の出来事であると考えられているのが、『古今著聞集』の「千葉介胤綱、三浦介義村を罵り返す事」という説話である（細川重男「下総の子犬の話」）。

正月一日に有力御家人たちが将軍御所に集まった。三浦介義村は早くから控えていて、大侍の上座に座っていた。その後、千葉介胤綱がやって来た。まだ若者なのだが、多くの人を分けて入ってきて、上座に座っている義村よりも上席に座った。義村は感心せず、憤り気味に「下総犬は寝床（ねどこ）を知らないな」といった。それを聞いた胤綱は、何気ないそぶりで、ひとこと「三浦犬は友を喰（く）らっただろ」といった。和田左衛門尉の合戦のときのことを思っていったのだった。おそろしくも、たちどころにいったのである。

このとき胤綱は十二歳で、父の千葉介成胤を前年四月に亡くしているから、千葉氏の当主として初めての椀飯出仕ということになる。今でいえば小学五年生に当たる紅顔の少年が五十二歳の幕府宿老に真っ正面から鋭く批判の言葉を浴びせたことに、細川重男氏は喝采を送っている。

秩序を重んじる義村

先にも述べたとおり、和田義盛と同族である義村方の攻撃が和田氏に壊滅的な被害を与えたことだけで、この「三浦犬は友をくらふなり」の発言は成立するから、『吾妻鏡』が手を加えたような三浦氏の裏切りは想定しなくてもいい。ここでは、別の角度から義村の人となりを考えたい。この話から読み取れる義村の人物像は、身分や秩序を重んじ、礼をわきまえた人物だということである。武家社会・貴族社会に限らず、この時代の社会ではもっとも重要なことだった。そうした人物だったからこそ、後に上級貴族たちから一目置かれる信頼を勝ち取れたのである。この説話は、礼儀作法を大切にするおとなと、無知で鼻っ柱だけは強い子どもとのやりとりでもある。翌承久二年（一二二〇）十二月一日に御所小侍に着座した序列は、北条泰時・足利義氏・三浦義村・小山朝政・千葉胤綱の順である（『吾妻鏡』）。一年近く後のこのときまでには、胤綱も御家人社会の秩序と序列を学習し、義村たちも彼を受け入れたのだろう。

四　実朝暗殺を超えて

実朝の右大臣拝賀

承久元年（一二一九）正月に入ると、坊門大納言藤原忠信らの月卿雲客が拝賀扈従のために鎌倉へと下向した（正月二十三日条）。そして、正月二十七日、実朝は鶴岡八幡宮で右大臣拝賀の儀式を行った。公卿五名、殿上人十名、前駈の諸大夫二十名、束帯姿の近衛官人三名、狩袴姿の近衛官人二名、下臈の随身六名、検非違使一名、随兵十名などが供奉し、路次の随兵は千騎に及んだ。この儀式の際に、実朝暗殺の悲劇が起こる。事件の詳細は、『吾妻鏡』と慈円の『愚管抄』に記されている。『愚管抄』の記事は現場で事件を目撃した公卿の証言をもとに記されていて、生の声がそのまま書かれているな

愚管抄の記事

実朝の右大臣拝賀
（『承久記絵巻』巻第1，高野山龍光院所蔵，提供：高野山霊宝館）

ど、情報の信頼度はきわめて高い。『愚管抄』が記す事件の内容を示しておこう。

拝賀を行い、夜になって奉幣を終えた実朝が、石段を降り、扈従の公卿が列立している前でお辞儀し、束帯の下襲の裾を引いて、笏をもって進むと、覆面をした法師が突然襲いかかり、裾を踏みつけて動けないようにし、首を一太刀で打ち落とした。続いて同じような装束を着た者が三、四人出てきて、供の者を追い散らし、前駈をつとめていた源仲章を義時と間違えて斬り殺し、男たちは姿を消した。供奉の人々も蜘蛛の子を散らすように逃げた。実朝を殺した法師が「親の敵はこうして討ったぞ」といったのを公卿たちもはっきりと聞いた。鳥居の外にいた数万の武士たちは、境内のこの出来事にまったく気づかなかったという。

義時は、太刀をもって実朝の傍らに供奉していたが、実朝が中門で留まるようにと命じたために、八幡宮境内にはいなかった。

八幡宮から姿を消した公暁は、鎌倉殿の「一ノ郎等」と思われる三浦義村の許に使いを送り、「私はこのように実朝を討った。今となっては私こそが大将軍だ。そちらに行こう」と伝えた。義村はこのことを北条義時に報告した。公暁はただ一人で実朝の首をもち、大雪が積もった山を越えて義村宅に向かった。義村は家に通じる道に討手を遣わした。公暁は討手を切り散らして逃げ、義村宅の塀の羽目板のところまで来て、羽目板を乗り越えようとしたところを討ち取られた。

後半部分は儀式に参列した公卿が直接みたことではないから、事件直後に鎌倉幕府関係者との交流のなかで得た情報であろう。

吾妻鏡との違い

『吾妻鏡』も事件の大筋は同じであるが、義時の行動に関する記述が大きく異なる。実朝の命で中門にとどまっていたと記す『愚管抄』に対して、『吾妻鏡』は実朝が八幡宮の楼門に入ろうとしたとき、義時は急に心身違例となり、御太刀を源仲章に譲って退去した。鶴岡の神宮寺で装束を脱いだ後、小町の邸宅に帰ったと記している。

暗殺事件に黒幕はいたのか

この事件については、古くから北条義時黒幕説（安田元久『北条義時』ほか）があり、一九七〇年代以降は三浦義村黒幕説（永井路子『炎環』、石井進『鎌倉幕府』ほか）が主流的見解となった。そして、近年では公暁単独犯行説を唱える研究者が多くなっている（山本幸司『頼朝の天下草創』、坂井孝一『源実朝』、高橋秀樹『三浦一族の研究』ほか）。

いずれにせよ黒幕説の背景には、頼家・実朝世代以降の頼朝子孫や鎌倉殿は無能であるから、だれかが糸を引いていたに違いないという先入観がある。

義時黒幕説の検討

その上で、義時黒幕説は『吾妻鏡』の記事に信を置いていた。義時のこの行動は、事件が起こることを知っていたからに違いない。それは義時が公暁を犯行に導いたからという発想である。しかし、『吾妻鏡』建保六年七月九日条に記されている義時の夢枕に薬師十二神将戌神（いぬがみ）が立ったという話や、事件当日義時が白犬をみて体調不良となったと き薬師堂の戌神の姿がなかったという承久元年二月八日条を合わせて考えると、『吾妻鏡』が記す義時の行動は、大倉薬師堂の霊験譚（れいげんたん）によって脚色されていると考えざるをえず、それを事実と認定するわけにはいかない。史料批判という手続きを経ると、この義時の行動を事実とすることに立脚点を置く義時黒幕説は成り立たないことになる。

義村黒幕説の検討

義時黒幕説に代わって登場した義村黒幕説は、義時と義村とは対立関係にあり、義村が京都の貴族にも知られた権謀家だったという前提に立ち、公暁と義村との事件前からの密接な関係を強調する。

具体的には、義村が公暁の乳母夫だと考えられてきたことと、義村の子駒若丸が公暁の門弟だったという二点である。前者は『吾妻鏡』建永元年（一二〇六）十月二十日条の解釈を誤っており、義村が実朝の「御乳母夫」（養育責任者）であったことは先に述べたとおりである。後者については、公暁が義村に使者を送ったことの理由を、『吾妻鏡』が「これ義村息男駒若丸、門弟に列するにより、その好を恃まるる故か」と、推量の形で表現していることを考慮しないといけない。『吾妻鏡』の記事を書いた者には、その程度の接点しかみつからなかったということである。門弟とはあるものの、『吾妻鏡』をみる限り、別当坊に籠もって幕府軍と戦った公暁門弟の悪僧の一団に駒若丸は含まれていない。この事件で公暁の与同人として解任された供僧三人はいずれも平家出身者であり、関与を疑われた御家人もいない。公暁は建保四年夏ごろ園城寺に入り、鎌倉に戻った建保五年六月二十日に鶴岡八幡宮別当に任じられた。十月十一日には一千日参籠を開始している。公暁が駒若丸を稚児にできたのは別当就任時であろうから、公暁と駒若丸との接点は四ヵ月に満たない。

　公暁が義村を頼ったことについて、『愚管抄』は「一ノ郎等トヲボシキ義村三浦左衛門ト云者ノモトへ、ワレカクシツ。今ハ我コソハ大将軍ヨ。ソレエユカント云タリケレバ」と表現している。この「一ノ郎等」は、公暁の第一の家来という意味ではなく、鎌倉殿の「一ノ郎等」をさす。「ヲボシキ」は、「どうやら〜だろうと見受けられた」という推量を含む表現である。つまり、「鎌倉殿の第一の家来であろうと思われた義村」という意味になる。『愚管抄』は、梶原景時（かじわらかげとき）の事件の時にも、「一ノ郎等ト思ヒタリシ梶原景時」という表現を用いているから、公暁の見方というより慈円の見方なのだろう、以上のように、義村と公暁とのつながりは実際には希薄であり、そのつながりの深さを根拠とする義村黒幕説が成り立たないことは明らかである。

公暁は最有力御家人と見込んで義村を頼り、「ワレカクシツ」と自分の行為を説明した。「今ハ我コソハ大将軍ヨ。ソレエユカン」と、義村の意向を確認することもなく、公暁が一方的に動いているのは、実朝亡き今となっては、自分を大将軍として受け入れてくれるに違いない、自分を受け入れざるをえないだろうと思い込んでいたからである。『愚管抄』と、脚色された義時の行動部分を取り除いた『吾妻鏡』とからみえてくる事件は、父の敵を討ち、実朝に代わる鎌倉殿になろうとした公暁の独りよがりの犯行である。出家者が征夷大将軍の地位を得ることができないこと、貴族社会でも還俗（げんぞく）した者が公卿の地位に就く先例などないことも知らない無謀な行動である。泉親平謀反事件や和田合戦の際に、出家していた頼家遺児を担ぎ出そうとした動き、出家の身の政子が位を得たことなどに触発され、自分が将軍になることも不可能ではないと考えたのではなかろうか。

鎌倉殿の擁立

鎌倉殿を失った幕府にとっては、実朝に代わる鎌倉殿の擁立が急務だった。『愚管抄』によれば、建保六年の政子上洛の際に、実朝に子がいないことから、後鳥羽上皇の女房卿二位（藤原兼子）が皇族将軍の東下について語ったのを思い出した政子は、二階堂行光を使者として派遣し、御家人たちの希望として、後鳥羽上皇皇子の下向を要請した。政子と卿二位の間で候補者として名が上がっていたのは、卿二位が養育していた頼仁親王だった。『吾妻鏡』にも行光上洛の記事があり、後鳥羽上皇の皇子六条宮（雅成親王）・冷泉宮（頼仁親王）のどちらかの下向を要請したこと、御家人連署の奏状が副えられたことが記されていて（承久元年二月十三日条）、『愚管抄』の記事と整合している。それに対する後鳥羽上皇の答えについて、『吾妻鏡』は、二人の内どちらかを必ず下向させよう。ただし今のことではないと記し、『愚管抄』は、将来日本を二つに割るようなことはできないと考えて、皇族ではない「タダノ人」ならば関白・摂政の子であろうと、申請に従おうと答えたと記す。

義村の提案

この上皇の言葉に手掛かりを得た三浦義村は、以前から考えていた左大臣藤原（九条）道家の子息、三位少将教実を迎えることを提案した。そこで幕府は、皇子の下向が叶わないならばと、道家の子のうち、頼朝の妹の孫に当たる子の下向を願い出た（『愚管抄』）。その後の交渉で、外祖父藤原（西園寺）公経に養育されていた三寅の下向が決まった。三寅擁立のきっかけを作ったのは義村であった。

道家の嫡妻子三寅の推戴

実朝時代の鎌倉殿の地位は、公達の昇進コースを得て、その速度は摂関家並みになっていたから、鎌倉殿の家格を落とさないためには、皇子か、摂関家の嫡妻子しか、選択肢はなかった。頼朝と血がつながっていても、藤原（一条）能保や公経の男系子孫が候補に挙がらなかったのは、そのためである。義村がこうした貴族社会の家格を理解していたであろうことに驚かされる。道家の一男教実は、十歳ながら、道家の後継者として、この年の四月に公卿に列していたから、教実下向の実現は難しい。四歳の二男（のちの良実）、二歳の三男（三寅、のちの頼経）のどちらかということになって、三寅が選ばれたということである。すぐには征夷大将軍になれない幼子を下向させたことに、上皇の幕府に対する非協力的な姿勢をみる見解もあるが（田辺旬「承久の乱」）、人選は上皇が押しつけたわけではなく、道家子息のいずれかを下向させてほしいという幕府の願い出を聞き入れた結果である。道家後継者の途を歩み始めている教実を除くと、四歳の子か二歳の子しか候補がいないわけであるから、「タダノ人」のなかの最上級者である摂関家の嫡妻子の下向を認めた上皇は、幕府に協力的だったと判断せざるをえない。

三寅の東下

六月三日に下向の許可を得た三寅は、六月二十五日に京都を出発して七月十九日に鎌倉に到着した。御所には義時の大倉邸内に新造した建物が充てられた。入御の行列には京都から随行した殿上人・諸大夫・侍・医師・陰陽師・護持僧・女房が従ったが、御家人も先陣・後陣の随兵、輿に乗った三寅を先導する狩衣騎馬の供奉人、輿の左右を警固する歩行の供奉人として従った。義村は、狩衣の供奉人十人の先頭で、子息泰村も後陣の随兵に列した。この日の夕方には政所始が行われ、「若君幼稚」を理由とした政子による政治が開始された（『吾妻鏡』七月十九日条）。

駿河守任官

承久元年十一月十三日、義村は駿河守に任官し、同日従五位下に叙爵した（『関東評定伝』）。前任の駿河守は北条泰時、後任は北条重時であるから、北条氏との関係の中での就任であったことがわかる。駿河国は実朝の知行国であったが、実朝死後は、事実上、北条義時の知行国になっていたと考えられる。その義時知行国の名国司となったのである。義村が北条氏の外戚となっていたことで実現した任官だった。義村は侍身分の者が就く左衛門尉を経歴して国司になっているから、「侍受領(ずりょう)」と呼ばれる国司であった。時政や義時が源範頼(のりより)らの源氏一門同様に無位無官から国司となり、源氏一門と同じ諸大夫身分を獲得したのとは異なっていた。鎌倉幕府においては頼朝時代から侍受領は禁じられていたが、頼朝の門葉(もんよう)に準じる待遇を受けたとみられる八田知家が実朝時代に左衛門尉から筑後守に任官し、北条氏の外戚である大岡時親(おおおかときちか)が検非違使尉から備前(びぜん)守に任官した特例があった。同じく北条氏の外戚であった時親の例が直接的な先例ではあるが、北条氏とのつながりがより密接な駿河国が任国であることは、義村と北条氏との関係が、時親以上に密接だったことを示している。

三寅の着袴

承久二年十二月一日に大倉邸の寝殿南面(しんでんなんめん)で三寅の着袴が行われた(『吾妻鏡』)。儀式は政治力や人間関係を映し出す鏡である。御簾(みす)の中に入って袴の腰紐を結んだのは北条義時で、政子が三寅を介助した。これはこの二人が三寅をもっとも身近で補佐する特別な存在であることを示した。寝殿の東面弘庇(とうめんひろびさし)には、束帯姿の近衛中将藤原(一条)実雅(さねまさ)と狩衣姿の北条時房が控えた。京都から三寅についてきた実雅は朝廷儀礼などの指南役、時房は実朝時代からの御所奉行であった。少し離れた小侍には北条泰時・足利義氏・三浦義村・小山朝政・千葉胤綱らが控えた。これも三寅を源氏一門の足利氏や三浦・小山・

千葉らの有力御家人が支えていることを示した。武具を献じる役をつとめているのは、北条・三浦・小山らの面々で、義村と子息泰村・光村もその役をつとめた。この着袴は、三寅が有力御家人の総意で鎌倉殿に擁立されたことを改めて示す場でもあった。三浦氏は小山氏とともに三寅を支える有力御家人の筆頭に位置づけられた。

五 承久の乱

承久の乱の直接的な原因

後鳥羽上皇にとって、あるべき幕府の姿は、治安維持の機能を果たし、上皇の求めに異を唱えることなく、惜しみない経済援助をしてくれる存在だった。摂関家出身の三寅が鎌倉殿になることで、実朝時代以上に朝廷の主導性が高まることが期待された。鎌倉殿の身分上昇や御家人の任官は、社会的地位を高めたい幕府側にとっても大きなメリットがあったし、御家人の任官の多くは任官者が費用を支払う成功(じょうごう)によるものだったから、それを財源の一つとする朝廷にも大きなメリットがあった。

頼朝時代から貴族や中央の寺社が地頭の停廃を求めることはしばしばあり、多くの場合はその要求が受け入れられてきた。後鳥羽上皇が寵愛する舞女亀菊(かめぎく)に与えた摂津国長(なが)

江荘の地頭停廃を幕府に求めたところ、幕府はこれを拒んだ。頼朝時代に勲功の賞として任命された地頭は重大な過怠がない限り改替できないというのが理由だった（『吾妻鏡』承久三年五月十九日条）。『承久記』の主要写本のうち、慈光寺本は、長江荘の地頭が義時で、三度にわたる院宣を拒んだことが承久の乱の直接的な原因になったと記している。古活字本や前田本などには義時が地頭だったとは記されていないが、いずれにせよ、義時が地頭停廃要求を拒んだことが原因であったとする点は同じである。

後鳥羽上皇の諮問

前田本『承久記』は、後鳥羽上皇が内々に公卿以下に相談したと記す。これは院政の主宰者である治天の君が大臣などのもとに使者に遣わして意見を求める在宅諮問と呼ばれる形である。公卿である権大納言藤原（坊門）忠信、前権中納言藤原（葉室）光親・同藤原宗行・同源有雅、参議藤原範茂・同信能、非参議平光盛のみならず、上皇の護持僧長厳・尊長、さらには武士の藤原秀康・三浦胤義・仁科盛朝・佐々木高重の名を載せて、「これは皆義時をうらむるものどもなり」とする一方で、「摂政・関白殿など位重き人」には相談しなかったとする。

慈光寺本『承久記』には、後鳥羽上皇が諮問会議（院御所議定と呼ばれる）を開いたとある。「義時が再三にわたって院宣に背いたことはけしからんと思っている。どうしたらいいか、よくよく意見を述べなさい」というのが議題だった。上皇に呼ばれた顔ぶれは、近衛流摂関家の家長基通、九条流摂関家の家長で現任摂政の藤原道家、前右大臣藤原（徳大寺）公継、権大納言忠信、前権中納言光親・有雅・宗行、参議範茂・信能、長厳と尊長である。『承久記』主要写本のうち、古活字本と『承久軍物語』には、こうした意見聴取の記事はない。

在宅諮問・院御所議定のどちらも後鳥羽院政期に採用されていた諮問形式であるから、形式面ではともに可能性はある。在宅諮問の範囲が公卿のみならず、侍層にまで及んでいる点は異例だが、諮問方法に関する事実関係の判断は難しい。問題となるのはそのメンバーだろう。どちらにも名がある忠信は実朝御台所の兄、信能は幕府と朝廷の間をとり結んでいた藤原（一条）能保の息で、ともに実朝殺害時に現場にいた幕府ゆかりの公卿・殿上人であった。前田本のみに名がある光盛もその点は同じである。

三寅の父道家は関与していたのか

前田本と慈光寺本のもっとも大きな違いは摂政道家が関与していたかどうかである。前田本は道家には相談しなかったとするが、承久の乱後に、幕府の意向で道家が摂政を解任されていることを考えると、彼が無関係だったとは考えがたい。道家は鎌倉殿三寅の実父であり、上皇が諮問した公卿の顔ぶれにこれだけ幕府関係者が入っているわけであるから、鎌倉殿三寅を廃したり、幕府そのものを潰す意志は後鳥羽上皇になかったとみられる。公卿のなかでも、北条時政の娘を妻とする中納言藤原実宣と参議藤原国通の名はいずれの『承久記』写本にもみえない。後鳥羽上皇の意向を尊重しない北条義時を廃して、朝廷の思いのままに役割を果たしてくれる幕府に造り替えることが上皇の目的だったのだろう。

慈光寺本によると、卿二位（藤原兼子）の助言で上皇は北条義時追討の意を決し、上皇は近臣藤原秀康を御所に呼び、義時追討を実現させるための具体案を尋ねたという。これに対し、上総介の経験もある秀康は、「駿河守義村の弟である平判官胤義が在京しているので、胤義に相談すれば、義時を討つことは容易でしょう」と申し上げた。

弟胤義の在京

古活字本『承久記』と『承久軍物語』は、京都大番役で胤義は在京していたとするが、慈光寺本・前田本には大番役の記述はみえず、慈光寺本には承久三年まで三年間在京していたと記されている。承久二年十一月二十五日づけ文書に「三浦判官胤義」の名がみえる（『民経記』寛喜三年十月記紙背文書）。「判官」と通称される検非違使の尉への任官には在京していることが必要だったから、胤義は少なくとも承久二年から検非違使として在京していたと考えられる。大番在京説をとる古活字本や『承久軍物語』は、この事実を踏まえていない。

胤義は秀康の宿所に招かれ、酒を飲みながら、三浦・鎌倉を振り捨てて後鳥羽上皇に仕えることを勧められた。胤義と秀康の会話が、軍記物の創作であることはいうまでもない。ここでは、胤義がもっとも饒舌(じょうぜつ)に話す慈光寺本『承久記』によって、その内容を紹介しておこう。

承久記における胤義への勧誘

胤義は、心中では後鳥羽上皇に仕えたいと思っていたこと、胤義の妻は元頼家の妻で頼家との間に男子を産んでいたが、頼家は北条時政に、男子は義時によって殺害され、胤義との結婚後も日々泣き暮らしていたので、鎌倉に一矢報(いっしむく)いたいと思っており、上皇の命を受けるのは名誉なことであると述べた。そして、兄義村の許に手紙を送り、その手紙に、「胤義が上皇に召されて謀反を起こしたら、義時は大軍を上洛させて内裏を取り巻いて謀叛人を追及するでしょう。義村には三浦に置いてきた胤義の子三人を義時の前に連れて行って首を切り、義時に隔心のないことを示してほしい。諸国の武士が上洛しても義村は上洛せずに、三浦の人びとに勧めて義時を討ち、義村と胤義とで日本国を知行しましょう」と書いたならば、義時を討つことは容易であろう。早く軍議を開いてほしいと語った。

義村に対する承久記の評価

慈光寺本の胤義の発言のなかに、義村に対する評価は記されていないが、他の三本は義村に対する真逆の評価を載せている。古活字本と『承久軍物語』は、「兄の三浦駿河守は極めて「嗚呼の者」(愚かな者)なので、日本国惣追捕使にしてやると仰れば、よもや断ることはないでしょう」と、胤義に語らせる。一方、前田本は「兄の義村は、はかりごとが人より優れていて、一家は繁栄しており、義時からも心やすく思われています。胤義が、義時を討って下さい、日本国惣御代官は疑いないでしょうと申したならば、嫌な顔をせずに討ってくれるでしょう」と記している。胤義の発言は物語の創作であるから、その真偽が問題なのではない。『承久記』の創作に関わった京都周辺の知識人層に、義村、あるいは義村を含む東国武士に対して二通りの見方があったことが重要だろう。前田本の「はかりごとが人よりも優れている」という評価は、先に八〇頁で紹介した慈円『愚管抄』の義村評と重なる。

慈光寺本によれば、秀康は早速上皇にその旨を奏上し、四月八日に仏事の守護を名目とした軍議が開かれることになったという。参集を命じる廻文には、在京する検非違使、北面・西面の武士の名が記され、播磨国・伊予国から三河国に及ぶ諸国の武士たち一千騎も召された。

義時追討の院宣

五月十五日、義時の縁者である伊賀判官藤原光季(みつすえ)宅を胤義ら上皇方の討手が襲い、光季は奮戦したものの自害した。また、幕府と結びつきの深い藤原(西園寺)公経・実氏(さねうじ)父子が拘禁(こうきん)された。この日の夜、光季の下人が報告のために鎌倉に下り、胤義も秀康への返答通り兄義村に宛てた手紙を送った。また、後鳥羽上皇も義時追討の院宣を下した。

上皇が宛先として指名したのは、古活字本によると、武田・小笠原・千葉・小山・宇都宮(うつのみや)・三浦・葛西である。他の本には若干の異同があり、慈光寺本には、武田・小笠原、小山朝政・宇都宮頼綱(よりつな)・中間(なかま)五郎・足利義氏・北条時房・三浦義村と記されている。注目されるのは、慈光寺本に義時の弟時房の名があることだろう。時房が義時追討を命じられているということになれば、上皇の狙いが幕府や北条氏の打倒ではなく、義時ただひとりの排除だったことを明確に示していることになる。

義時邸への参上

上皇の使者押松丸(おしまつまる)、光季・胤義の下人は、いずれも十九日に鎌倉に到着した。義村邸にやってきた弟の使者をみつけた義村は、手紙を受け取り開きみて、関所での検問が厳しいから返事は書かない、いってきたことはわかったとだけ伝えよと、使者を帰した。

義村はすぐに義時邸を訪れ、胤義の手紙をみせた。若いころから「互いに心変わりしない」との約束通りの行動であった。鎌倉の御家人が院宣をみたならば、義村と義時が

幕府軍の進発

義時に胤義書状を差し出す義村
（『承久記絵巻』巻第2，高野山龍光院所蔵，提供：高野山霊宝館）

敵対していると思わない者はいないだろうから、広まる前に鎌倉に潜伏した使者を捕らえようと義村は提案し、義時は人を遣わして使者を捕らえた（慈光寺本『承久記』）。

義村が義時に異心なきことを誓った際、前田本は三浦氏の氏神である三浦十二天に誓う形をとり、古活字本・『承久軍物語』は三浦十二天と栗浜明神（神奈川県横須賀市）・森山神社（神奈川県葉山町）という三浦半島所在の神社を含む相模・伊豆の神社に誓う形をとっている。それらしくみえる手が加えられたのだろう。

義時邸で、義時・時房・泰時・覚阿（大江広元）・三浦義村・安達景盛による軍議が行われ、東海道の足柄・箱根の関（ともに神奈川県）を固めて官軍を迎え討つ案と、京都に攻め上るという広元の案の二つが政子に諮られて、上洛案に決した。二十二日、泰時・時房・義村らの東海道軍、義時の子朝時率いる北陸道軍が進発した。後発の東山道軍を含めて、約二十万騎に及ぶ大軍であった。二十五日、義時が定めた三道の大将軍が公表された。義村は、時房・泰時・時氏・足利義氏・千葉胤綱とともに、東海道の大将軍と位置づけられた（『吾妻鏡』）。

官軍の防衛

六月三日、官軍は美濃・尾張で幕府軍を迎え討つべく進発した。幕府方東海道軍は五日に尾張一宮に到着して軍議を行い、木曽川の要衝である鵜沼渡・摩免戸（岐阜県各務原市）、長良川の要衝墨俣（岐阜県大垣市）などに諸将を派遣することになった。義村は泰時とともに摩免戸に向かった。摩免戸を守るのは藤原秀康・佐々木広綱・同高重・三浦胤義ら官軍の主力部隊だった。この日の夜、木曽川の大井戸（岐阜県可児市）で、武田・小笠原・小山らの東山道軍と官軍大内惟信らとの間から両軍の戦いがはじまったが、官軍は各所で敗れ、京都に逃げ帰った（『吾妻鏡』）。

幕府軍の進撃

西上した幕府軍は、七日、野上（岐阜県関ケ原町）・垂井（岐阜県垂井町）に陣して軍議を行った。そこで義村は、北陸道の幕府軍が上洛する前に進軍し、勢多（滋賀県大津市）に時房、手上（所在地未詳）に安達景盛ら、宇治に泰時、芋洗（京都府久御山町）に毛利季光、淀渡に結城朝光・義村が向かって京都を守備する要衝を破ることを提案した。総大将で

胤義と義村軍との戦い

（『承久記絵巻』巻第5，高野山龍光院所蔵，提供：高野山霊宝館）

ある泰時らもこの案を承諾した。このとき義村の子息泰村は、父と離れ、泰時の陣に加わった（『吾妻鏡』）。義村は後鳥羽上皇に乞われたほどの存在だったから、上皇方に味方しないという保証のために、子息の身柄を泰時に預けたのだろう。

八日に帰洛した秀康・胤義らは摩免戸合戦での敗北を上皇に奏聞した。上皇らは勢多・宇治での防禦を決め、後鳥羽・土御門（つちみかど）・順徳（じゅんとく）の三上皇、雅成・頼仁の両皇子、ついで天皇が比叡山麓の坂本（さかもと）（滋賀県大津市）に避難した。上皇は比叡山延暦寺（えんりやくじ）の軍事力に期待を寄せたが、幕府の大軍を恐れた延暦寺は上皇の要請を拒んだので、上皇らは京都に戻った（『吾妻鏡』）。

十三日、時房は勢多に進み、義村・季光は淀・手上に向かった。泰村は栗子山（くりこやま）（所在地不明）に陣したが、足利義氏・三浦泰村が泰時に触れずに宇治橋を渡って合戦を始めてしまった。官軍の攻勢に多くの兵が死傷した。合戦の始まりに驚いた泰時は宇治に駆けつけ、雨で水かさの増した宇治川の渡河点を調べさせた。多くの武士が矢に当たり、水に流されるなか、泰時は子息時氏を呼んで渡河を命じた。時氏は六騎を従えて川を渡り、泰村も主従五騎で渡りきった。泰時も筏に乗って川を渡り、幕府軍は辛くも宇治を制圧して、官軍を敗走させた。泰時は深草（京都市）に陣し、淀・芋洗の要衝を破った義村・季光も合流した（『吾妻鏡』）。

胤義の最期

勢多で時房軍に敗れた胤義は後鳥羽上皇のもとに参り、御所に籠もって敵を迎え、討ち死にしたいと申し入れたが、上皇はこれを受け入れず、胤義に退去を命じた。胤義は上皇に味方したことを後悔し、最後に兄義村に対面して一言かけた上で、兄の手にかかりたいと、東寺で兄を待ち構えた。兄の旗印をみかけた胤義は、「駿河殿はいらっしゃるか。そこにいらっしゃるならば、私を誰とお思いか。平九郎判官胤義ですよ。鎌倉で過ごすはずを、あなたの冷たい仕打ちに耐えがたくて都に上り、院に誘われて謀反を起こしました。あなたを頼って、この度相談の文を出しました。我ながら残念です。義時の味方をして、和田合戦で親族を見捨てるようなあなたを、今となっては人間らしいとも思います。あなたに一目お会いしたいと思ってやって来ました」と声をかけたが、義村は「馬鹿者とかけ合っても無駄だ」と、その場を去ってしまった。胤義はさらに西に落ち、木島（京都市）で子息重連とともに自害したという（慈光寺本『承久記』）。東寺における合戦を義村と胤義との直接的なやりとりとして描くのは慈光寺本のみであり、他の写本は、義村ではなく、その手勢の佐原次郎と胤義とのやりとりとして描いている。いずれにしても軍記物の創作であり、実態は不明と言わざるをえない。胤義の首は太秦（京都市）にいた妻のもとに届けられ、義村の許へと送られた。義村は哀れに思えて涙を流しつつも、さらにその首を泰時のもとへと送った（『吾妻鏡』、古活字本『承久記』）。

六　戦後処理を担う

幕府軍の入京

承久三年（一二二一）六月十五日、京都を制圧した鎌倉幕府の東海道軍は、六条川原に陣し、後鳥羽上皇の勅使を北条泰時・三浦義村・千葉常秀・佐竹義茂の四人が下馬して迎えた。上皇からは、義時追討宣旨を間違いなく取り消すこと、幕府軍が都で狼藉を働いてはならないこと、どんなことでも占領軍から上皇に申請して上皇が決裁した上で処理すること（間接統治）の三点が伝えられ、占領軍もこれを承諾した。占領軍からは内裏への人びとの参入を禁じてほしいとの申し入れが行われ、内裏・院御所の所在地を確認する必要があるとの名目で、武士が派遣された。天皇・上皇らの事実上の軟禁である。

宮中守護の特命

関東の武士のなかにあって、義村は宮中を守護するようにという幕府の特命を受けていると称して、近衛府の将監（三等官）の肩書をもつ人物を内裏に派遣した（『承久三年四年日次記』）。翌十六日、時房・泰時は六波羅邸に入り、ここを拠点に占領政策が実施された。占領政策は、泰時が鎌倉に問い合わせ、鎌倉からの指示を受けて行われた。占領軍の長である北条時房・泰時の二人が、三浦義村や蔵人を経歴した毛利季光らに相談しながら実施している（『吾妻鏡』六月二十九日条）。

息泰村、院の御厩案主となる

六月のうちに、平清盛以来、源義仲・同義経・同頼朝など、京都を軍事的に掌握した者が就いてきた院の御厩別当に北条泰時が、別当を補佐する案主に三浦泰村が就任した（『御厩司次第』）。義村ではなく、子息泰村が就任したのは、泰時との年齢関係を考慮したからであろう。この院の御厩には、河内国会賀・福地両御牧が付属しており、治天の君を通じて貴族社会に供給される馬の飼育・管理を担っていた。三浦氏は幕府においても実朝の御厩別当をつとめたり、幕府直属と考えられる小笠原御牧の管理もつかさどっていたように、高い馬飼の能力を有していた。一時期、東国における馬の生産から、京都における馬の供給までの重要な部分を三浦氏が担っていたことになる。

幕府にとって最も大きな課題は、天皇や上皇の処遇であった。とりわけ、この年の四月二十日に四歳で践祚したものの、いまだ即位式を挙げていない天皇の廃位と後継天皇の問題であった。後鳥羽上皇の子孫を除くと、在俗の男子皇族は、高倉天皇の皇子守貞親王（行助入道親王）の子と、同じく故惟明親王（聖円入道親王）の子くらいしかいなかった。

茂仁への践祚要請

義村は洛北の北白河殿に赴き、母藤原陳子と暮らす十歳の宮に践祚を願い出た。上賀茂神社神主の賀茂経久は、その様子を「するがの守北白河殿にまいりて、宮せめいだしまいらせて、おがみまいらせて、同九日御くらゐにつかせ給ときこゆ」と表現している（『賀茂旧記』七月七日条）。この史料に注目した杉橋隆夫氏は、「身柄を強引に受け取り、懇請して天皇の位に即かせた」と解釈している（「承久の兵乱と上賀茂社」）。「宮せめいだしまいらせ」は母子が住む北白河殿から強制的に外へ連れ出す行為ではなかろう。そんなことをしたならば、貴族社会の信頼を得られない。普通ならば子どもが出てくることがない表の接客空間への出座を強引に迫って、そこで拝み倒すようにして践祚を要請したのだろう。七月七日に鎌倉の使者が京都に入り、「重事」（天皇や摂関の交替をさすことが多い）があるらしいと噂されている（『百錬抄』）から、この時に政子・義時から義村に対する指示があったのだろう。

この茂仁（後堀河天皇）の践祚に先だって、摂政は承久の乱の謀議にも関わっていたとみられる藤原（九条）道家（鎌倉殿三寅の父）から近衛系の藤原家実に交替した（『百錬抄』七月八日条）。また、長年院政の政治形態がとられてきたことを重視して、天皇の実父行助入道親王（後高倉院）が天皇家の家長として皇位を経ずに院政を行うことになった（『吾妻鏡』七月八日条）。十三日には後鳥羽上皇の隠岐遷座（実質的には配流）が決定した（『百錬抄』）。院領荘園はいったん没収されたが、後高倉院にすべて進上された。この使者をつとめたのも義村で、その際には武家側に必要が生じた場合はお返しいただきたいという申し入れも行われ、後高倉院の了承も取りつけていた（『武家年代記』裏書）。

院領荘園の返還

義村は、新天皇の擁立、院領荘園をめぐる交渉という公武交渉の最重要事項を担った。時房や泰時に代って、義村がこの大役を担えたのは、彼が五位の位階と国守の官職という貴族社会のメンバーシップをすでに獲得していたからであった。また、貴族社会で必要な礼や故実も身につけていたのだろう。

西国所領の獲得

後鳥羽上皇に与同したとして没収された公卿・武士などの所領は三千ヵ所に及んだと

いう。その一部は戦功のあった御家人に与えられた。三浦氏が得た所領の全貌は不明であるが、わずかに義村が河内国東条中村惣地頭職（田北文書、貞和二年〈一三四六〉正月十四日田北氏所領文書目録）、紀伊国石手荘・同国弘田荘（『根来要書』、『鎌倉遺文』二九四六号）、泰村が筑前国宗像社預所職（宗像大社文書、『鎌倉遺文』二八二六号）を獲得したことが知られる。二十六年後の宝治合戦ののちに没収された泰村の知行地肥前国神崎荘も、承久の乱後に地頭が置かれたというから（『葉黄記』宝治元年〈一二四七〉八月十八日条）、義村あるいは泰村が地頭職を得ていたのだろう。

滝見観音像（清雲寺所蔵，横須賀市提供）

神崎荘は、かつて平忠盛が知行した日宋貿易の本拠地として知られていた（『長秋記』長承二年〈一一三三〉八月十三日条）。宗像社も博多を経由しない独自の貿易ルートをもっていた（服部英雄「宗像大宮司と日宋貿易」）。承久の乱後の三浦氏は、神崎荘と宗像社の二つのルートで日宋貿易に関与したと考えられる。義村と日宋貿易の関係を直接示す史料はないが、三浦氏の本拠地である横須賀市大矢部所在の清雲寺の本尊は、泉涌寺の楊貴妃観音との類似性が指摘される北宋からの渡来仏であり、その伝来に三浦氏による日宋貿易が想定されている（『新横須賀市史　別編文化遺産』）。

紀伊国守護

また、承久の乱後、北条時房・泰時が連署の文書を発給して紀伊国の高野山領名手荘（和歌山県紀の川市）への守護使乱入と住民殺害事件の調査、同荒河荘（同）での守護使による追捕物の返還を「三浦又太郎」に命じており（高野山文書宝簡集、『鎌倉遺文』二七九七号）、義村が高野山伝法院領紀伊国七箇荘への守護使入部停止を命じている（『根来要書』、『鎌倉遺文』二八二〇号）。「三浦又太郎」は義村の孫氏村に比定されるから、義村が紀伊国守護で、氏村がその代行者であると考えられる。紀伊国の守護は承元元年（一二〇七）に停止され、諸事は後鳥羽上皇の計らいということになっていた（『吾妻鏡』同年六月二十四日条）が、承久の乱後に再設置されたのだろう。紀伊国石手荘・弘田荘は、同国の守護領として義村が地頭職を知行していたが、貞応元年（一二二二）四月に高野山の要求によって、地頭職が停止された（『根来要書』、『鎌倉遺文』二九四六号）。

河内国守護

三浦泰村が下知状を発給して河内国金剛寺領での守護使の狼藉停止を命じている史

料もある（金剛寺文書、『鎌倉遺文』二九二一号）。この泰村の立場は、正守護とも、現地の守護代ともいいがたい。義村が西国数国の正守護職を兼任し、そのもとで子息や孫が各国の守護職を分掌代行する形をとっていたとみられる。

鎌倉への帰還

逃亡していた藤原秀康が十月に捕らえられ（『吾妻鏡』十月十六日条）、閏十月に土御門上皇の配流が行われて（同閏十月十日条）、占領政策が一段落すると、その年のうちに義村らは鎌倉に戻った。京都には時房・泰時が残り、京都の治安維持と西国御家人の統括を担った。

泰村、使者として院の御厩を西園寺家に委ねる

同年閏十月、幕府は使者二階堂行村・三浦泰村を京都に送り、藤原（西園寺）実氏に院の御厩別当を委ねた（「御厩司次第」）。この実氏の御厩別当就任については、その経緯を示す文書が残されている。この時の使者が時房ないし泰時にもたらしたと思われる北条義時の書状である。『鎌倉遺文』未収文書で、これまで取り上げられることはなかった。

指せる事候はぬ上は、これよりも申させおはしまさず候也、

御厩の事御奉行候べきよし、君の御はからひにて仰下され候なれば、そのうゑは子細におよばず候、早く御沙汰あるべきよし、申べきむね候ふ所なり、義時恐惶謹言、

閏十月廿九日　　　　陸奥守平義時上（たてまつる）

（東京大学史料編纂所架蔵影写本『吉田文書』）

この書状によれば、院の御厩を奉行するようにとの、「君の御はからひ」すなわち後高倉院の意向が示され、それにもとづく命令が下った。後高倉院の希望だったから、幕府としても断ることができず、実氏に「早く御沙汰なさってくださいと申し上げるように」との、幕府側の意向が時房・泰時に伝えられた。今後、重大な問題が出来（しゅったい）しない限りは、幕府側からこの件を申し入れないとの文言も添えられた。北条泰時・三浦泰村が院の御厩支配を手放し、西園寺家に委ねたのは幕府の意志ではなく、治天の君である後高倉院の希望を尊重したものだった。京都を力でねじ伏せるのではなく、治天の君や貴族たちの意向を十分に尊重するのが幕府の基本政策だった。

義村は、この承久の乱の戦後処理を通じて、京都に対して大きな存在感を与えることになった。とりわけ、西園寺家との関係が築かれたことは、この後の義村とその子息たちの活動に大きな影響を与えることになった。

第四　義村の八難六奇

一　北条氏の代替わりと義村——伊賀氏事件——

貞応元年の椀飯

　貞応元年（一二二二）正月の椀飯は、例年よりも大規模に行われた。一日の費用負担者北条義時、二日足利義氏、三日大江広元、七日結城朝光、八日中条家長の名が『吾妻鏡』には記録されている。出家者はハレの幕府儀礼には出席しないのが例であるから、すでに出家の身である広元は、三日目の費用負担はしているものの、おそらく椀飯の儀礼には参加していない。一日の椀飯では、足利義氏が御剣役、三浦義村が御弓箭役、小山朝長が行騰役をつとめ、二日の椀飯では、義村が御剣役、後藤基綱が御弓箭役、中条家長が行騰役、三日の椀飯では北条重時が御剣役、結城朝光が御弓箭役、藤原光宗が行騰役をつとめている（『吾妻鏡』）。椀飯負担者でもある義氏・朝光・家長が別の日の諸役担当者であったことを考えると、一日・二日に諸役をつとめた義村が、記事がない四日から六日のいずれかの椀飯を負担していたと考えられる。

大庭野・田村で義時をもてなす

正月九日の夜に大雪が降り、翌朝、北条義時は相模国大庭野（神奈川県藤沢市）に狩りに出かけた。この狩りには三浦義村以下が扈従した（『吾妻鏡』）。五月二十五日に義時が三浦の海辺に出かけた際には、義村が美を尽くしてもてなしている（『吾妻鏡』）。翌貞応二年十月四日には、義村が田村別荘（神奈川県平塚市）に義時を招いてもてなし、翌々日義時に従って三寅御所に移動している（『吾妻鏡』）。また、貞応元年二月十二日に義時の娘で讃岐中将藤原（一条）実雅の妻となっていた女性が出産した際に駆けつけた者として名が挙げられているのは、義時、その子朝時・重時と義村である（『吾妻鏡』）。義時嫡孫の外祖父である義村が、義時の家族同様の存在であったとみなすことができよう。承久の乱を経て、義時と義村との絆はいっそう深まったかの感がある。

三寅の御厩別当

貞応二年正月二十四日、北条義時が三寅に献上した馬十疋が、三寅の御覧を経た後、人びとに分給された。これを奉行したのは義村である（『吾妻鏡』）。義村は実朝時代にも御厩別当としてこの役割を果たしていたから、鎌倉殿の代替わり後も引き続き御厩別当の役職にあったのだろう。

駿河守去任

四月十日の臨時除目で北条重時が駿河守に任じられ、義村は駿河守を去った（『関東評定伝』)。承久元年(一二一九)の就任だから、四年の在任ということになる。侍身分である義村にとって、国守は上がりポストであったから、他国に転任することなく、以後は「駿河前司」と称され続けた(『吾妻鏡』は承久三年からすでに「駿河前司」と表記している)。

この年の五月十四日、院政を主宰した治天の君である後高倉院が四十五歳で亡くなった(『百錬抄』)。後高倉院崩御の知らせを受けた幕府では、政子邸に義村らが集まって協議を行い、政子の勝長寿院御堂御所の工事一時中断と弔問使節の発遣を決めた(『吾妻鏡』五月十九日条)。朝廷の政治は十二歳の後堀河天皇による天皇親政の形をとり、幕府の要請によって摂政藤原(近衛)家実が政治を主導した(『武家年代記』裏書)。この申し入れは十九日の政子・義村たちの会議で決められたことだろう。

三寅の近習番編成

十月十三日には、三寅御所に祗候する近習の番が定められた。近習御家人十八名のうち、四名が北条義時の子息、三名が三浦義村の子息、義時外戚のいわゆる伊賀氏が二名、在京活動も多い佐々木氏が二名、結城・宇佐美・二階堂・加藤・後藤・島津・伊東氏各一名である(『吾妻鏡』)。駿河守重時のほか、衛府の尉に任官している若者が九名いるが、重時を除く義時の子息三名と義村の子息三名、佐々木氏の二名は無官である。しかも、無官であるにもかかわらず、義時子弟と泰村は六番に編成された各番の筆頭に位置づけられている（『吾妻鏡』）。

実朝時代の学問所番は、十八名中、北条氏が泰時のみ、義村の子息は入っていなかった（『吾妻鏡』建保元年〈一二一三〉二月二日条）。これと比べると、義時の子・義村の子あわせて七名が三寅の近習となっているのは群を抜く。三寅は義時と義村の子息たちに囲まれて育ったといっても過言ではない。もちろん、これは義時と義村の意向によるものだろう。

元仁元年の二所詣代参

元仁元年（一二二四）年始の二所詣は、鎌倉殿が幼少だったために奉幣使が立てられた。奉幣使は三浦義村である（『吾妻鏡』正月十八日・二十三日条）。この奉幣使はたんなる使者ではなく、鎌倉殿の代参という性格であったから、実朝時代初期には北条義時がつとめていた。三寅（頼経）時代の元仁元年・安貞二年（一二二八）には義村、安貞元年・寛喜元年（一二二九）には北条重時、寛喜二年には北条有時、寛喜三年には北条政村がつとめている。重時・有時・政村は義時の子、泰時の弟である。ここからも、北条氏と三浦氏が三寅を支える重要な存在だったことがわかる。

三寅・義時・義村の立ち位置

四月二十七日、三寅の父藤原（九条）道家の使者が鎌倉に参着した（『吾妻鏡』）。子どもの教育環境を整えるのは父の役割だったから、手習いのための手本と硯を道家がもたせたのだった。この年、三寅は七歳で、学び始めるのにふさわしい年齢になっていた。使者土佐守源国基と三寅が対面する場に同席した御家人は北条義時ひとりで、重時や義村以下の人びとは侍所での椀飯に参加した。三寅に対する立場は、義時と義村との間で対等ではなく、義時がもっとも身近で支える存在、義村はそのひとつ外側で支える存在ということなのだろう。使者の帰洛に際して、賜物の馬は義村の子光村が三寅の使いとして遣わされた。義時からも別途馬などが贈られている。義時と義村が三寅を支えているが、義時は別格な存在であったことがやはり示されている。

北条義時の死

こうした三者の関係が大きく変化するのは、この年の夏である。義時が病に倒れ、六月十三日に六十二歳で亡くなった。すぐに京都に使者が立てられ、妻（伊賀朝光の娘）は出家した。『吾妻鏡』は、仏道に導くための教えである善知識を僧侶から受け、手印を結び、阿弥陀の宝号を唱えながらの死だったので、往生しただろうと記している。京都の貴族日記を原史料とする『百錬抄』は、急な病で翌日に亡くなったと伝えている（六月十七日条）。義時の急死はさまざまな憶測を呼んだ。義時の死から三年後に承久の乱の張本法印尊長が捕らえられたとき、六波羅で、「義時の妻が義時に飲ませた薬を俺に飲ませて、早く死なせてくれ」とわめき、周囲を驚かせているし（『明月記』安貞元年〈一二二七〉六月十一日条）、南北朝期成立の歴史書『保暦間記』は、近習に殺されたと記している。

これらは、苦し紛れの一方的な主張であったり、承久の乱で上皇らを配流した義時が、いい死に方をしたわけがないという後世の人の思いが創りだした説であるから、そのまま信じるわけにはいかない。

義時の葬送

六月十八日の義時の葬送に喪服を着て参列したのは、子息五人（朝時・重時・政村・実泰(さねやす)・有時）と三浦泰村(やすむら)、義時の宿老の祗候人のみだった（『吾妻鏡』）。義時の養子になっていたことから、泰村は参列しているのだろう。七日ごとに追善仏事が行われたが、それとは別に義村が主催する臨時の仏事も行われた（『吾妻鏡』六月二十二日条）。これも義時と義村の関係の深さを物語っている。

北条時房・泰時の下向

二十六日、在京していた義時の弟時房(ときふさ)、長子泰時、足利義氏（義時の甥）が鎌倉に戻った。二十八日に泰時が政子邸を訪れ、政子から、時房と泰時とが「軍営の御後見」として「武家の事」を執行するようにと命じられたという（『吾妻鏡』）。これをもって時房・泰時の両執権体制（泰時を執権、時房を連署と区別することも多い）の始まりとすることもあるが、時房はまもなく京都に戻っており、幕府文書も嘉禄(かろく)元年（一二二五）五月までは泰時の単独署判で発給されていて、時房・泰時の連署となるのは同年十一月からであるから、両執権体制の成立はもう少し先のことになる（上横手雅敬『日本中世政治史研究』、北条氏研究会編『北

料金受取人払郵便

本郷局承認

5788

差出有効期間
2025年1月
31日まで

郵便はがき

113-8790

東京都文京区本郷7丁目2番8号

吉川弘文館 行

愛読者カード

本書をお買い上げいただきまして、まことにありがとうございました。このハガキを、小社へのご意見またはご注文にご利用下さい。

お買上**書名**

＊本書に関するご感想、ご批判をお聞かせ下さい。

＊出版を希望するテーマ・執筆者名をお聞かせ下さい。

お買上書店名　　区市町　　書店

◆新刊情報はホームページで　http://www.yoshikawa-k.co.jp/

◆ご注文、ご意見については　E-mail:sales@yoshikawa-k.co.jp

ふりがな ご氏名		年齢　　歳　男・女
〒 □□□-□□□□	電話	
ご住所		
ご職業	所属学会等	
ご購読 新聞名	ご購読 雑誌名	

今後、吉川弘文館の「新刊案内」等をお送りいたします(年に数回を予定)。
ご承諾いただける方は右の□の中に✓をご記入ください。　□

注文書

月　　日

書　名	定　価	部　数
	円	部
	円	部
	円	部
	円	部
	円	部

配本は、○印を付けた方法にして下さい。

イ. 下記書店へ配本して下さい。
（直接書店にお渡し下さい）

（書店・取次帖合印）

書店様へ＝書店帖合印を捺印下さい。

ロ. 直接送本して下さい。

代金（書籍代＋送料・代引手数料）は、お届けの際に現品と引換えにお支払下さい。送料・代引手数料は、1回のお届けごとに500円です（いずれも税込）。

＊お急ぎのご注文には電話、FAXをご利用ください。
電話 03−3813−9151（代）
FAX 03−3812−3544

（ご注意）

・この用紙は、機械で処理しますので、金額を記入する際は、枠内にはっきりと記入してください。また、本票を汚したり、折り曲げたりしないでください。

・この用紙は、ゆうちょ銀行又は郵便局の払込機能付きＡＴＭでもご利用いただけます。

・この払込書を、ゆうちょ銀行又は郵便局の渉外員にお預けになるときは、引換えに預り証を必ずお受け取りください。

・ご依頼人様からご提出いただきました払込書に記載されたおところ、おなまえ等は、加入者様に通知されます。

・この受領証は、払込みの証拠となるものですから大切に保管してください。

収入印紙
課税相当額以上
貼　　付

印

この用紙で「本郷」年間購読のお申し込みができます。

◆この申込票に必要事項をご記入の上、記載金額を添えて郵便局でお払込み下さい。

◆「本郷」のご送金は、４年分までとさせて頂きます。

※お客様のご都合で解約される場合は、ご返金いたしかねます。ご了承下さい。

この用紙で書籍のご注文ができます。

◆この申込票の通信欄にご注文の書籍をご記入の上、書籍代金（本体価格＋消費税）に荷造送料を加えた金額をお払込み下さい。

◆荷造送料は、ご注文１回の配送につき500円です。

◆キャンセルやご入金が重複した際のご返金は、送料・手数料を差し引かせて頂く場合があります。

◆入金確認まで約７日かかります。ご諒承下さい。

※現金でお支払いの場合、手数料が加算されます。通帳またはキャッシュカードを利用し口座からお支払いの場合、料金に変更はございません。

※領収証は改めてお送りいたしませんので、予めご諒承下さい。

お問い合わせ　〒113-0033・東京都文京区本郷７―２―８
吉川弘文館　営業部
電話03-3813-9151　FAX03-3812-3544

この場所には、何も記載しないでください。

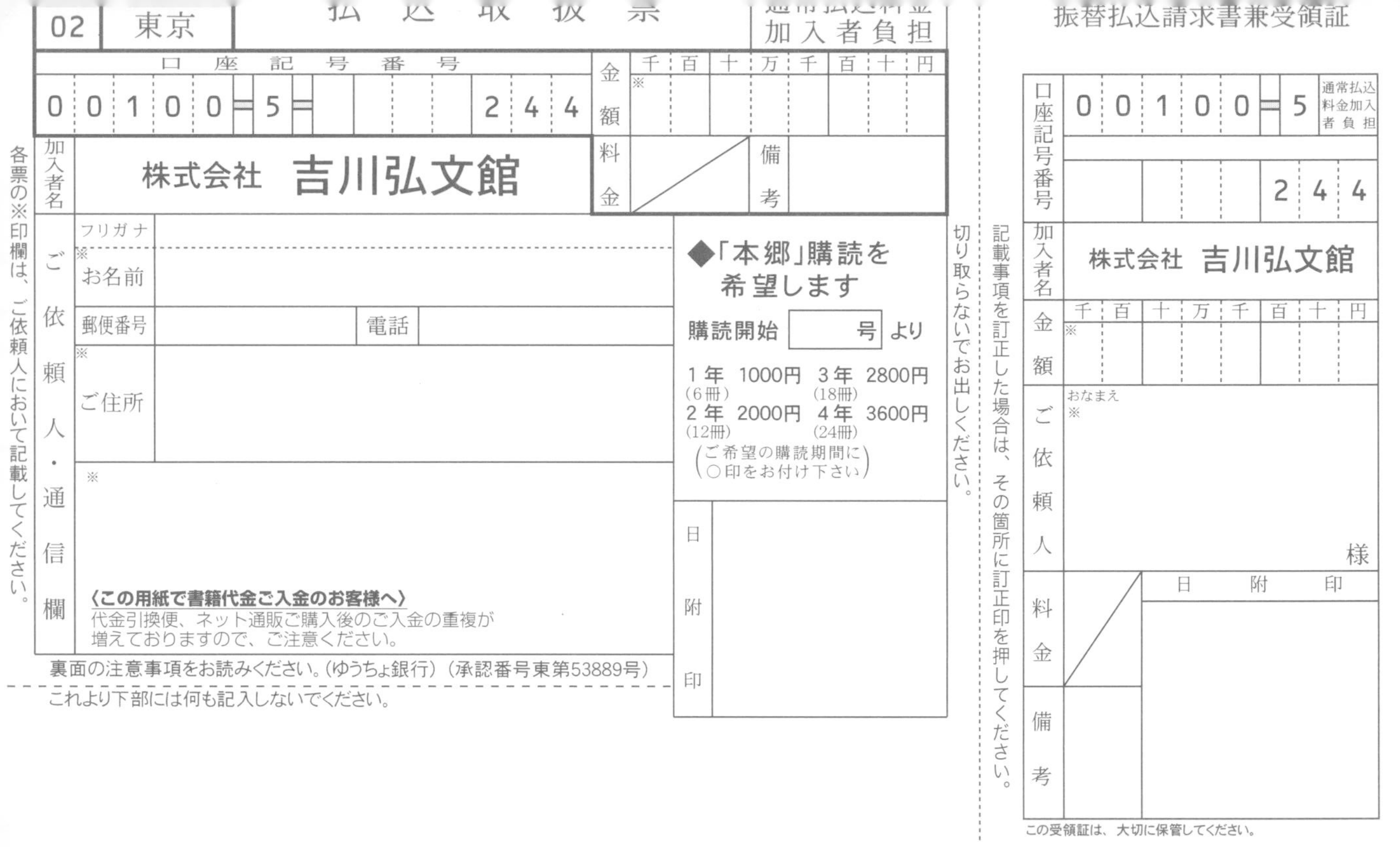

02 東京 払込取扱票 通常払込料金 加入者負担

口座記号番号		金額	千 百 十 万 千 百 十 円
00100-5-244			※
加入者名	株式会社 吉川弘文館	料金	備考

ご依頼人・通信欄

フリガナ

※ お名前

郵便番号　電話

※ ご住所

※

〈この用紙で書籍代金ご入金のお客様へ〉
代金引換便、ネット通販ご購入後のご入金の重複が増えておりますので、ご注意ください。

◆「本郷」購読を希望します

購読開始　　号より

1年 1000円（6冊）　3年 2800円（18冊）
2年 2000円（12冊）　4年 3600円（24冊）
（ご希望の購読期間に○印をお付け下さい）

日附印

各票の※印欄は、ご依頼人において記載してください。

裏面の注意事項をお読みください。（ゆうちょ銀行）（承認番号東第53889号）

これより下部には何も記入しないでください。

切り取らないでお出しください。

記載事項を訂正した場合は、その箇所に訂正印を押してください。

振替払込請求書兼受領証

口座記号番号	00100-5-244（通常払込料金加入者負担）
加入者名	株式会社 吉川弘文館
金額	千 百 十 万 千 百 十 円 ※
ご依頼人	おなまえ ※　様
料金	日附印
備考	

この受領証は、大切に保管してください。

条氏発給文書の研究』)。その点からすると、『吾妻鏡』の記事は実態と異なっており、「軍営の御後見」の語にみられるような文飾もある。

このあと、『吾妻鏡』は、義時から泰時への代替わりに際して起きた事件を記す。まずは『吾妻鏡』が記すところにそって事件の概要を示そう。

吾妻鏡が記す伊賀氏事件

六月二十八日、義時の死後、世間では噂が飛び交っている。泰時が弟を討つために京都から下向したという噂が先日来あり、政村の周辺は慌ただしくなっていた。政村の外戚である伊賀光宗(いがみつむね)兄弟が泰時の執権就任に内心では憤り、その姉妹に当たる義時後家も婿の参議中将藤原(一条)実雅を将軍に立て、実子政村を執権として、実質的には光宗兄弟が政治を担う構想を描いて、兄弟と相談していた。これに同意する勢力もあったために、人びとの思いは泰時方と政村方とに分かれていた。泰時方の者がこの話を泰時に告げたところ、泰時は事実ではなかろうといって騒ぎ立てず、自邸への人びとの参入を止め、六人の家人が警固に当たったために静まりかえっていたという。

政村外戚伊賀氏兄弟の思惑

伊賀氏兄弟の動き

七月五日、鎌倉中が騒がしくなった。光宗兄弟がしきりに三浦義村邸に出入りしていて、何やら相談しているのではないかと人びとは怪しんだ。夜になり、光宗兄弟が義時後家のもとに集まって、誓い合っているのを女房が密かに聞いて泰時に告げたが、泰時

政子の義村邸訪問

は動揺しなかった。

十七日、近隣の御家人が鎌倉に集まってくるなか、夜中に政子が女房一人を伴ってひそかに義村邸に渡御した。「義時が死去して、泰時が下向してから、人びとが集まり、世のなかが不穏になっている。政村と伊賀光宗がしきりに義村邸に出入りして密談しているとの噂がある。これはいったいどうしたことか。その意図がわからない。あるいは泰時を手にかけ、抜け駆けしようというのか。承久の乱の時に幕府の命運がつながったのは、天命ではあるが、半分は泰時の功績であろう。義時は何度も争いを鎮めてきた。その跡を継いで幕府の棟梁となるのは泰時である。泰時がいなかったら、人びとはどうして幸運を保つことができよう。政村と義村とは親子のようであるから、談合の疑いが生じるのだ。泰時と政村の二人が無事に済むように諫めているのだ」と語る政子に対して、義村は「知りません」と答えたが、政子は聞く耳をもたず、「政村を援助して世を乱す企(くわだ)てを実行するのかどうか、和平の工作に努めるのか、早くはっきりと答えなさい」と迫った。政子に押された義村は、「政村に逆心はまったくないでしょう。光宗たちには企んでいることがあります」と答えざるをえなかった。「間違いなく取り締まりましょう」との義村の誓いを聞いて、政子は義村邸をあとにした。

義村と泰時の面談

十八日、義村は泰時と会い、「義時殿の時代、義村が義時殿に忠を尽くしたので、義時殿がお気持ちを表すために、政村殿の元服に際して、義村を加冠役になさいました。また愚息泰村を養子になさいました。そのお気持ちを思うと、あなたと政村殿と、お二人について好き嫌いがありましょうか。ただ望んでいるのは世のなかの平和です。光宗には謀があったようです。私が言葉を尽くして諫め、ようやく説き伏せました」と説明した。泰時は喜びも驚きもせず、「私は政村を殺そうとは思っていない。どうして敵対することがあろうか」と答えた。

三十日、夜になると、鎌倉では騒ぎが起こった。御家人たちが旗を揚げ、甲冑を着て動き回っていたが、何事もなく、明け方には静まった。

政子による事件収拾

閏七月一日、泰時邸にいる三寅と政子から何度も使者を遣わされた義村は、泰時邸に参上した。義村は、政子から「私はいま若君を抱いて、時房・泰時とともに一つ所にいる。義村は別行動してはならない。同じくこの場にいなさい」と命じられた。義村は辞退することができず、政子に従った。義村のほかにも、葛西清重・中条家長・小山朝政・結城朝光以下の宿老が呼ばれ、心を一つとするようにとの政子の言葉が時房を通じて伝えられた。

実雅の送還と伊賀氏の配流

『吾妻鏡』第24　元仁元年閏7月1日条（吉川本，吉川史料館所蔵）

三日、泰時邸にいる政子の御前に、時房はもちろん、病気療養中の大江広元も呼ばれて、事件の処断が行われた。光宗たちが藤原（一条）実雅を将軍に擁立しようとしたことが明らかになったとして、実雅の京都送還と朝廷への処分要請が行われることになり、義時後家と光宗の流刑が決まった。実雅は伊賀朝行（ともゆき）らを従えて、二十三日に鎌倉を出発した。そして、二十八日に三寅と時房が自邸に戻った。さらに翌二十九日、伊賀光宗が政所執事を解任され、所領没収の上、叔父行西（ぎょうさい）（二階堂行村）に身柄を預けられた。一時は光宗が殺されるという噂も流れたが、殺されることはなく、八月末に信濃国に流罪となった。実雅に従って在京していた弟朝行・光重も九州に流された。その姉妹に当たる北条義時後家尼は政子の命で伊豆国北条に下り、籠居した（八月二十九日条）。京都に送還された実雅を朝廷は越前国への配流とした（十月十日条）。

事件の評価

この事件については、『吾妻鏡』のほか、『鎌倉年代記』『保暦間記』などの編纂物に若干の記事があるが、『吾妻鏡』の情報と大きく異なる点はない。ここに挙げた『吾妻鏡』記事の大半に天候記載があり、何らかの日記類を原史料としていることが明らかである。女房の密告という『吾妻鏡』創作記事の常套手段が使われている部分や、泰時の冷静沈着ぶりを強調している部分、文章表現などには、手が加わっているとみられるが、事件の大まかな流れは、信頼してもよさそうである。この事件は、義時の突然の死による不安定な状況のなかで、動揺した義時後家やその兄弟に何らかの動きがあり、それを逆手にとった政子が、今後、北条の家に大きな影響力を及ぼすことになる義時後家の力を削ごうとした事件だった（永井晋『鎌倉幕府の転換点』）。義時後家の影響力を排して、政子と時房・泰時が中心になって三寅を支え、義村を筆頭とする御家人・実務官人がサポートする体制をつくろうとしたのであろう。政村と伊賀氏一族は、ある種の生け贄にされたものの、政村が罪に問われることはなく、伊賀氏も政子の没後に召還されて幕府を支える事務方に復帰することになる。

未処分だった義時遺領は、男子・女子に配分された。その配分は、泰時が考え、政子の承認を得て、政子の計らいという形で公表された（九月五日条）。十月一日に、泰時が三浦義村・小山朝政・中条家長らの宿老を招いて酒宴を行ったのは、義時没後の混乱終結を宣言するものだったのだろう。

義村にとっての伊賀氏事件

義村にとって、泰時は外孫時氏の父に当たる人物で、娘と泰時との婚姻関係が破綻（はたん）した後も、泰時との緊密な関係は変わっていなかった。一方の後継者候補とされた政村とも義村は烏帽子親子関係を結んでいた。『吾妻鏡』七月十八日条に載せられる義村のことばが実際の発言なのか、『吾妻鏡』の作文なのかは定かではないが、北条氏の後継者争いに関わりたくはないというのが本音だったろう。大人の対応として、義村邸に来た伊賀氏等を拒むことなく、政子の急な来臨にもきちんと対応しているが、この件に関しては義村から積極的に何かを働きかけることはなかった。政子らに呼び出されたときも、早急には重い腰を持ち上げなかった。義時在世中から泰時が後継者となることは自明であったろうし、政子の強い意向でもあったから、義村も、その結果については納得していたに違いない。

二 政子没後の幕府新体制を支える

嘉禄元年の椀飯

年が明けた嘉禄（かろく）元年（一二二五）の正月椀飯は、一日が北条時房の費用負担で行われ、三浦義村が御剣を進上する役をつとめた。この年の『吾妻鏡』は抄出本（しょうしゅっぽん）しか現存していないようで、二日以降の椀飯記事がなく、義時死去後の幕府内での力関係がはっきりとわからない。

政子の死

五月一日、義村は、二階堂行村、僧の定豪（じょうごう）・良信（りょうしん）、陰陽師の安倍国通（あべのくにみち）とともに、政子に呼ばれた。政子は世上の厄災（やくさい）をはらうために般若心経（はんにゃしんぎょう）と尊勝陀羅尼（そんしょうだらに）各一万巻の書写供養を思い立ち、その相談のために五人を呼んだのだった。二人の僧は嵯峨（さが）天皇の先例を示して般若心経書写を勧め、国通が供養の日時を勘申した（『吾妻鏡』）。義村は御家人の代表、行村は事務官僚の代表として、相談にあずかっている。泰時ら義時の子息は服喪中であったから、必然的に義村が政子の相談相手となった。

政子は五月末に体調を崩した。その最中の六月十日、幕府草創以来、政務を牽引（けんいん）してきた大江広元が七十八歳で亡くなった（『吾妻鏡』）。一週間後には政子も危篤状態となり、七月十一日に六十九歳で亡くなった。『吾妻鏡』は、政子による政治を中国前漢の呂后（劉邦の皇后呂雉）になぞらえ、神功皇后（仲哀天皇妃で、伝説化された為政者）の再生と讃えている。政子の死を受けて、二階堂行盛以下、多くの男女が出家した。死去の翌日、遺体は勝長寿院の御堂御所で荼毘に付された（『吾妻鏡』）。頼朝の政治を支えた広元と頼朝の後家政子の死は、頼朝時代の完全なる終焉を意味した。

政子危急の知らせを受けた京都の時房は、六月十四日に藤原（西園寺）公経邸を訪れ、具合が悪いとの政子自筆書状をみせ、鎌倉下向を止める公経に対して、どうしてももう一度お目にかかりたいと述べた。往復二十日で戻ってくること、京都には時氏と子息朝直を残していくことを約束して、翌朝京都を出発した（『明月記』）。

政子が危篤状態にあった七月一日から四日にかけての『明月記』断簡が最近紹介された（谷昇「北条政子危急をめぐる朝幕の対応とその背景」、遠藤珠紀「北条政子危急の報と公家社会」）。それによると、政子に万一のことがあれば遁世したいと願った泰時に対して、政子はただ天下を守って恩に報いるようにと命じたという。この情報は、定家の男為家の妻の母に当たる女性の書状によるとみられている。彼女は北条時政の娘、すなわち政子の妹だった。話にそれなりの信憑性はあろう。

両執権体制の成立

鎌倉に戻った北条時房が、七月二十三日に義時の旧宅に移った。この邸宅は晩年の政子の居所でもあった（『吾妻鏡』）。幕府政治を主導する人物が住んできた邸宅であったから、そこへの時房の引っ越しは、時房が執権として政務を主導する立場にあることを示している。義時の家継承者は泰時であるが、幕府政治は時房主導だったのである。義時の死没直後に政子の命によって始まったと『吾妻鏡』元仁元年（一二二四）六月二十八日条が記していた両執権体制は、実際にはこの時に始まった。文書史料をみても、この年の五月までは泰時単独署判で幕府文書が出されており、十一月の文書は上位者である時房と泰時の連署になっている（北条氏研究会編『北条氏発給文書の研究』）。その間の七月に両執権体制が成立したことは間違いないだろう。

竹御所による政子家の継承

八月二十七日に行われた政子のための仏事の主催者は、二代将軍源頼家の遺児竹御（たけのご）所（しょ）だった。この仏事に三寅は関わっていない。これも鎌倉殿は三寅であるが、政子の家の継承者は孫の竹御所であることを示すものだった。またこの日、一年前の伊賀氏の事件で配流された伊賀朝行・光重の二人が政子の追福（ついふく）を名目に許されて鎌倉に戻った（『吾妻鏡』）。十二月には光宗も許されて鎌倉に帰還した（『吾妻鏡』十二月二十二日条）。政子の死によって、彼女が主導した事件は白紙に戻されたのだろう。

鎌倉地図（『北条氏と三浦氏』より）

覚園寺
天台山
北条義時法華堂
薬師堂谷
永福寺
法華堂
瑞泉寺
荏柄社
東御門
大倉薬師堂
大倉御所
二階堂大路
南御門
大御堂谷
大倉観音堂
浄妙寺
大倉
東勝寺
勝長寿院
六浦道
明王院
大慈寺
光触寺
報国寺
釈迦堂谷
犬懸谷
釈迦堂切通し
宅間ヶ谷
衣張山
名越
名越切通し

【凡例】

葛西谷 ＝ 『吾妻鏡』に登場する地名・寺社名
安養院 ＝ 『吾妻鏡』に登場しない地名・寺社名
大倉 ＝ 『吾妻鏡』に登場する広域地名

0 500 1000m

吉川弘文館

新刊ご案内　2023年9月

〒113-0033・東京都文京区本郷7丁目2番8号　振替 00100-5-244（表示価格は10％税込）
電話 03-3813-9151（代表）　ＦＡＸ 03-3812-3544　http://www.yoshikawa-k.co.jp/

源氏・北条氏から鎌倉府・上杉氏をへて、小田原北条氏とつながる四〇〇年！

対決の東国史　全7巻

四六判・平均二〇〇頁
各二二〇〇円　『内容案内』送呈

①源頼朝と木曾義仲

長村祥知著

鎌倉に残った頼朝と上洛した義仲。ともに反平家の兵を挙げた両雄は異なる路線を進み、対決に至る。彼らは何を重視していたのか。京都との関係を視野に入れ、彼らをとりまく諸勢力の動向をその父親世代から描く。（第5回）

既刊5冊
＊は2刷

②北条氏と三浦氏＊　高橋秀樹著
③足利氏と新田氏＊　田中大喜著
④鎌倉公方と関東管領　植田真平著
⑤山内上杉氏と扇谷上杉氏　木下　聡著
⑦小田原北条氏と越後上杉氏＊　簗瀬大輔著
〈続刊〉⑥古河公方と小田原北条氏…石橋一展著

戦国の城攻めと忍び

北条・上杉・豊臣の攻防

戦国の忍びを考える実行委員会
埼玉県立嵐山史跡の博物館　編

忍びの学術的検討は近世中心だったが、戦国期も深まりつつある。八王子城・岩付城・葛西城・羽生城などの攻防戦で行われた忍びの戦術を探り、独自の「忍器」を復元。新視点から戦の実像に迫り、謎多き忍びの世界へ誘う。

A5判・二五六頁
二二〇〇円

『内容案内』送呈

豊かで多様な〈近世〉のすがた。

最新の研究成果から、その全体像をわかりやすく描く！

日本近世史を見通す

全7巻
刊行開始

各三〇八〇円
A5判・平均二二四頁

近世とはいかなる時代だったのか。多様で豊かな研究成果を、各分野の第一線で活躍する気鋭の研究者が結集して、その到達点を分かりやすく描き出す。国際交流の視点も交え織豊期〜幕末まで歴史の流れに迫る通史編、地域・身分・宗教・思想・文化を論じたテーマ編、そして各巻の編者たちによる討論巻からなる充実の編成で、新たな近世史像へ誘う。

●第1回配本

1 列島の平和と統合 近世前期

牧原成征・村 和明編　二三二頁

戦国乱世から太平の世へ、いかにして平和が実現され、列島が統合されたのか。国際交易とキリスト教政策、幕府と藩、武家と朝廷の関係、北方や琉球などを視野に収め、徳川四代家綱期までをグローバルな視点で描き出す。

●続刊

※書名は仮題のものもあります

6 宗教・思想・文化

上野大輔・小林准士編　＊9月発売

江戸時代の多彩な文化は、人びとの生活や思想にいかに反映されたのか。寺社・学問・医療・旅・文芸・出版物などをめぐる新たな潮流を生み出し、受けいれた社会に光をあて、身分と地域を超えた人びとの営みを描く。

二〇〇頁

2 伝統と改革の時代 近世中期

村　和明・吉村雅美編

3 体制危機の到来 近世後期

荒木裕行・小野　将編

4 地域からみる近世社会

岩淵令治・志村　洋編

5 身分社会の生き方

多和田雅保・牧原成征編

7 近世史の課題 討論

小野　将ほか編

推薦します

高埜利彦
（学習院大学名誉教授）

松本幸四郎
（歌舞伎俳優）

※敬称略、50音順

《本シリーズの特色》

◎時代や対象ごとに個別に深められていた学界の成果を紡ぎ直し、近世という時代をみる視角の総合化を目指すシリーズ

◎1～3巻は前期・中期・後期からなる「通史編」、4～6巻は地域社会・身分論・文化史全般からなる「テーマ編」として、近世史の流れと各分野の研究の最先端を整理したうえで、7巻でまとめの討論を行うラインナップ

◎第一線で活躍する気鋭の研究者を執筆陣に揃え、近世史研究の過去、現在、そして新たな視角と今後の展望を描き出す

◎近世のなかでも各時代の違いと特徴に着目し、かつそれぞれの時期における政治・経済・文化の展開にも目配り。タテ（時間軸）・ヨコ（社会の様相）双方向を意識した叙述

◎学校・公共図書館、博物館、研究機関はもちろん、織豊政権・江戸時代・幕末を知りたい、学びたい方には座右必携。わかりやすい記述で歴史の学び直しにも最適

大名家はいかに時代の苦難を乗り越えて存続したのか！

「家」をキーワードに地域からの視点で近世日本を描く画期的シリーズ！

家からみる江戸大名 全7冊

A5判・平均二〇八頁／各二四二〇円
『内容案内』送呈

刊行中！

〈企画編集委員〉野口朋隆・兼平賢治

江戸時代の大名家とは家長（藩主）を頂点に、その永続を図る世代を超えた組織であり、家臣や奉公人をも包み込んだ社会集団だった。太平の世、藩主となった大名は、いかに「家」を築き領地を支配したのか。代表的な大名家を取り上げ、歴代藩主の個性と地域独自の文化・産業にも着目。「大名家」から豊かな江戸時代を描き出す。

●最新刊の3冊

前田家 加賀藩

宮下和幸著
二一四頁

利家を祖に「百万石」を領有した前田家。本分家の創出や、婚姻・殿席・官位などによる「徳川大名化」で「御家」が確立する過程を辿り、相続問題、御家騒動を経て、混迷する幕末維新期の藩是決断のプロセスを描く。

井伊家 彦根藩

野田浩子著
二〇〇頁

戦国期にかずかずの武功をあげ、「御家人の長」と謳われた井伊家。溜詰大名としての政務の実態、「家」の意識とその継承の危機、幕末の徳川との主従関係の変化などを軸に、譜代筆頭として背負った使命とその変遷を描く。

毛利家　萩藩

幕末に倒幕の中心となった萩藩毛利家。関ヶ原の敗戦で領地を失いながら、いかに家を存続させたのか。一大名としての役割、将軍家との縁組や分家統制、藩祖元就への崇拝など、〝太平の世〟を生き抜いた実像に迫る。

根本みなみ著　二〇八頁

●既刊

徳川将軍家　総論編

野口朋隆著

家康以来、十五代二六〇年にわたり将軍を継いだ徳川家。列島の領主はいかに「家」内支配を行ったのか？

二二四頁

南部家　盛岡藩　＊2刷

兼平賢治著

社会の変化の中で「家」のあり方を模索し続けた北奥の藩主。初代信直から廃藩置県までの二九〇年を描き出す。

二一六頁

●続刊

伊達家　仙台藩

J・F・モリス著

島津家　薩摩藩

佐藤宏之著

本シリーズの特色

❖地域支配の代表的存在であった「大名家」をキーワードに新たな江戸時代像の構築を目指す画期的シリーズ

❖徳川将軍家を総論巻とし、幕藩体制とその特質について概説。各巻で代表的な大名家・藩を取り上げ、「家」の組織経営の実態に迫り豊かな近世社会像を描く全巻構成

❖各大名家の研究を専門とする最適な執筆者が、地域を形づくった文化や産業にも注目しながら、時代の流れとともに各大名家をわかりやすく解説

❖中世からの連続面（庶家の分離独立・本分家の創出・系図・武家儀礼・先祖崇拝など）と、幕藩体制のなかでの新しい側面（殿中儀礼・御目見・参勤交代・留守居など）にも着目

❖学校・公共図書館、博物館、研究機関はもちろん、江戸時代の社会や地域の歴史を知りたい、学びたい方から、教員、郷土史研究家まで幅広くおすすめ

❖本文の理解を深める図版・系図などを多数掲載。大名家に因んだコラムも充実。巻末には藩主一覧・年表を付す

推薦します

門井慶喜（作家）

高野信治（九州大学名誉教授）

※敬称略 50音順

古城ファン必備！ 好評のシリーズ待望の九州編

九州の名城を歩く 全4冊

A5判・原色口絵各四頁／各二七五〇円 『内容案内』送呈

【新刊の2冊】

熊本・大分編 本文二八四頁

岡寺 良・中山 圭・浦井直幸編

熊本城・田中城・中津城・大友氏館…。各県から精選した名城六七を、豊富な図版を交えて平易に紹介。

宮崎・鹿児島編 本文三〇四頁

岡寺 良・竹中克繁・吉本明弘編

飫肥城・都於郡城・鹿児島城・知覧城…。各県から精選した名城六四を、豊富な図版を交えて平易に紹介。

【既刊】福岡編 岡寺 良編 【続刊】佐賀・長崎編 岡寺 良・渕ノ上隆介・林 隆広編（10月刊）

種明かししない柳田国男 日本民俗学のために

福田アジオ著

柳田国男は何を憂い、何を考えて日本民俗学を創出したのか。列島内で暮らす人々の歴史を、生活事象とそれを表す言葉によって解き明かそうとした学問の根本に立ち返り、その問題点を検討。今後のすすむべき道を探る。 四六判・二七二頁／三五二〇円

中田 薫 【人物叢書319】

北 康宏著

四六判・三六八頁 二六四〇円

日本の法制史学の創始者。従来の支配者目線の日本歴史を個人の権利意識から私法史として捉え直した。その学問形成とともに、学問愛にもとづく「大学の自治」「学問の自由」のための闘争など、その知られざる生涯を描く。

歴史文化ライブラリー

全冊書下ろし

●23年5月〜8月発売の6冊　四六判・平均二二〇頁

人類誕生から現代まで／忘れられた歴史の発掘／常識への挑戦／学問の成果を誰にもわかりやすく／ハンディな造本と読みやすい活字／個性あふれる装幀

571 源頼家とその時代 二代目鎌倉殿と宿老たち

藤本頼人著

源頼朝の後を継いだ二代目鎌倉殿頼家。北条氏に実権を握られ、遊興に耽る「暗君」像が見直されつつある。近習と宿老、十三人の合議制、訴訟対応、蹴鞠など、「失政」「愚行」の挿話にも触れつつ、頼家とその時代に迫る。

二八八頁／二〇九〇円

572 第一次世界大戦と日本参戦 揺らぐ日英同盟と日独の攻防

飯倉　章著

第一次世界大戦に日本はなぜ参戦したのか。同床異夢の日英同盟や日中の角逐、対独青島攻囲戦の実相、南洋群島占領を詳述する。その後の日本の進路に影響を与えながらも、注目されてこなかった参戦の歴史を読み解く。

三二〇頁／二二〇〇円

573 疫病の古代史 天災、人災、そして

本庄総子著

古代の疫病は、単なる自然災害だったのか。天平の大流行をはじめ数々の事例を読み解くと、当時の社会が抱える問題がみえてくる。疫病対策や死者数の実態に触れつつ、ヒト社会の「隣人」ともいうべき疫病の姿に迫る。

二一六頁／一八七〇円

574 武田一族の中世

西川広平著

甲斐を拠点に全国へ展開し、信義や信玄を生んだ武田氏は、中世を通じていかに家督を継承し、清和源氏一門としての地位を確立したのか。系譜資料や楯無鎧（たてなしよろい）の伝承から家系への意識を解き明かし、五百年の軌跡をたどる。〈2刷〉三三六頁／二二〇〇円

575 賃金の日本史 仕事と暮らしの一五〇〇年

高島正憲著

奈良時代の日本最古の賃金記録から、明治時代の職人の収入まで—。史料を博捜し、昔の人びとの賃金の高さや生活水準に迫る分析手法を丹念に解説する。一五〇〇年にわたる日本の賃金史を、数字とデータで読み解く。三二〇頁／二二〇〇円

576 江戸に向かう公家たち みやこと幕府の仲介者

田中暁龍著

江戸時代の公家は、様々な事情で江戸に下り、武家や町人と多様な交流をもった。朝廷の意志を伝える者や、幕府の儀式を荘厳する「役者」、家元として技芸を指導する人々など、多彩な生き様を取り上げ、社会の諸相に迫る。二七〇頁／一九八〇円

【好評既刊】

567 **王朝貴族と外交** 国際社会のなかの平安日本
渡邊　誠著　二七二頁／一九八〇円

569 **大極殿の誕生** 古代天皇の象徴に迫る
重見　泰著　二一六頁／一八七〇円

568 **江戸のキャリアウーマン** 奥女中の仕事・出世・老後
柳谷慶子著　〈2刷〉二七二頁／一九八〇円

570 **平安貴族の仕事と昇進** どこまで出世できるのか
井上幸治著　〈2刷〉二〇八頁／一八七〇円

時に大衆を動かし、時に統制されながら、いかなる役割を果たしてきたのか。

近代日本メディア史 全2冊

有山輝雄著

A5判／各四九五〇円 『内容案内』送呈

Ⅰ 1868―1918

四〇〇頁

明治新政権のメディア政策により、報道新聞がつくられた。新聞言論が活発化し、政府は讒謗(ざんぼう)律・新聞紙条例を公布して取り締まりを行う。明治国家体制のなかのメディアの役割形成など、第一次世界大戦までの歴史を描く。

Ⅱ 1919―2018

関東大震災後、朝日・毎日両新聞社が寡占体制となる。ラジオ放送の開始、国家総動員体制とメディアの協働関係、敗戦からテレビ放送浸透へ…。活版印刷が消えてインターネットが始まった現代までの歴史を明らかにする。　四三二頁

東国の政治秩序と豊臣政権

戸谷穂高著

A5判・三九二頁／九九〇〇円

「惣無事」「洞」を主題に取り上げ、戦国期東国の政治秩序を詳細に分析し、新たな枠組みを描き出す。さらに、羽柴秀吉の全国統一における東国地域の編成過程と政策の具体像を追究し、豊臣政権の内部構造を解明する。

読み書きの民俗学【日本歴史民俗叢書】

渡部圭一著

A5判・三七四頁／九三五〇円

近世～近代の村落では、生活と一体化した読み書き実践が花開いていた。神社由緒書や石造物、真宗聖教の読誦と出版、頭役祭祀の文書や帳簿などを検討。歴史的な読み書きの特質を、初めて体系的に論じた注目の書。

浅草寺日記 第43号（補遺編3）

浅草寺日並記研究会編

A5判・七七六頁／一一〇〇〇円

江戸中期から明治期まで、浅草寺の行事・人事、門前町や見世物などに関する明細記録。本冊には、天保十五年（一八四四）・弘化三年（一八四六）の記録を収める。

日本考古学 56

日本考古学協会編集

A4判・一一八頁／四四〇〇円

●近刊

土佐派・住吉派・狩野派・琳派らの絵師たちによる百花繚乱の名品。

10月発売

東京国立博物館所蔵

近世やまと絵50選

江戸絵画の名品

東京国立博物館編

B5判・一一二頁／二六四〇円 『内容案内』呈

平安時代前期に成立し、千年近く描かれ続けてきたやまと絵。江戸期に制作の担い手となった著名な絵師の代表作など、東京国立博物館所蔵の近世やまと絵50点を精選。洗練された美意識を楽しむことができる公式図録。

【主な収録作品の絵師】
俵屋宗達・土佐光起・狩野永徳・狩野山楽
狩野探幽・住吉如慶・住吉具慶・板谷桂舟
尾形光琳・酒井抱一・田中訥言・冷泉為恭

待望の新装復刊

天寿国繡帳の研究〈新装版〉

大橋一章著

A4判・二四〇頁・原色口絵一六頁／二九七〇〇円

奈良中宮寺所蔵の国宝「天寿国繡帳（てんじゅこくしゅうちょう）」。現存する繡帳断片や鎌倉時代の文献から、初めて原形を解明し、推古朝末ごろの制作と推定するなど、飛鳥仏教美術の貴重な遺品の実態に迫った名著を新装復刊。巻末に補論を付す。

中國古玉の研究〈新装版〉

林巳奈夫著

B5判・六二四頁・別刷八頁／二七五〇〇円

古代中国で神への捧げ物、貴族の身分の証（あかし）とされ、装身具としても酷愛された半宝石製品を探究。古典中の名称との同定、精霊のよりしろや至高神の象徴としての性格、王朝の統治機構中での役割を解明した名著を新装復刊。

中国古玉器総説〈新装版〉

林巳奈夫著

B5判・五五二頁・原色口絵四頁／二七五〇〇円

古代中国の新石器時代から漢王朝末期にいたる文化の一面を雄弁に物語る玉器の総説を新装復刊。青銅器・古玉器研究の権威が、玉器の材料や加工技術、名称や用法を余すところなく記述し、各時代の玉器文化を懇切に説く。

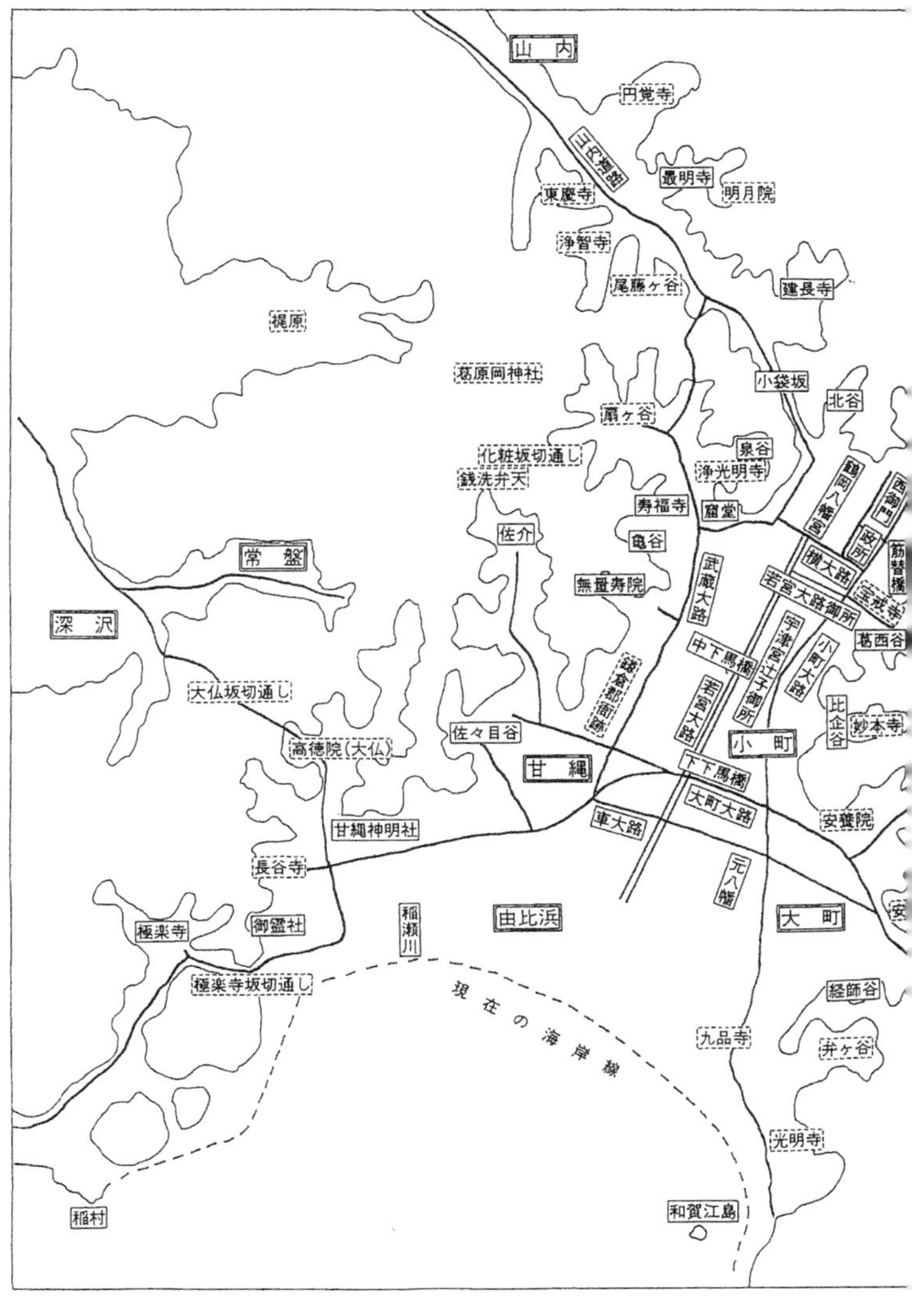
山内
円覚寺
巨福呂坂
最明寺
明月院
東慶寺
浄智寺
尾藤ヶ谷
建長寺
梶原
葛原岡神社
小袋坂
北谷
扇ヶ谷
化粧坂切通し
泉谷
浄光明寺
銭洗弁天
鶴岡八幡宮
西御門
寿福寺
窟堂
政所
佐介
亀谷
横大路
筋替橋
常盤
無量寿院
武蔵大路
若宮大路御所
宝戒寺
深沢
宇津宮辻子御所
葛西谷
中下馬橋
小町大路
鎌倉郡衙跡
大仏坂切通し
若宮大路
比企谷
妙本寺
佐々目谷
高徳院(大仏)
小町
甘縄
下下馬橋
大町大路
安養院
車大路
甘縄神明社
元八幡
長谷寺
稲瀬川
由比浜
大町
極楽寺
御霊社
極楽寺坂切通し
現在の海岸線
経師谷
九品寺
弁ヶ谷
光明寺
稲村
和賀江島

理世の沙汰の密談

九月三日、泰時は終日三寅の御所にいて、三浦義村・二階堂行村の二人と「理世の沙汰」について密談したという（『吾妻鏡』）。それが実行に移されたとみられるのが二十日である。泰時は幕府の奉行人（実務官僚）を呼び集めて対面し、その能力に応じて賞罰を加えるつもりであることを伝えた。カリスマ性のある指導者を失った幕府の政治には、事務処理の迅速化と公平性が何よりも必要だと考えたからであろう。幼い鎌倉殿三寅のもとで、北条時房・泰時が両執権体制をとり、御家人の代表としての三浦義村、実務官僚の代表者としての二階堂行村がそれを支えて、実務官僚たちを動かしていく幕府の新体制が成立した。

新御所の造営

新体制の幕府が最初に取り組んだのは、御所の新造だった。頼朝以来の大倉の地ではなく、若宮大路の裏にある宇津宮辻子に面する地に新造されることが決まった（『吾妻鏡』十月三日条）。幕府の政所や御倉も移転することになった（同十二月五日条）。それまでの三寅御所は破却されることになったので、新しい御所ができるまで、三寅は伊賀朝行の家に仮住まいした（同十月二十八日条）。新御所の造営は時房・泰時が主導し、二階堂行村が実務を取り仕切った。十二月二十日に三寅は新御所に引っ越した（『吾妻鏡』）。通常、引っ越しは夜に行われるのがこの時代の常識だったが、今回の引っ越しは泰時の意向で、昼間に行われた。引っ越しの行列を多くの人にみせることで、新御所に象徴される新しい幕府の体制を視覚的に認識させる狙いがあったのだろう。

評議始

引っ越しの翌日、御所には時房・泰時・中原師員（もろかず）・三浦義村・二階堂行村が集まって評議始（ひょうぎはじめ）が行われた。評議の内容は、神社・仏寺のことと、東西の侍に祗候する御簡（おふだ）衆（しゅう）や門の警固の割り当てについてだった（『吾妻鏡』十二月二十一日条）。このうち、神社・仏寺興行は善政を宣言する題目（だいもく）的な内容であるから、実質的な評議内容は御所や三寅の警固にあった。ここでも義村は有力御家人を代表する唯一（ゆいいつ）の存在だった。

三　義村と京都

三寅の元服問題

新御所造営と並行して、三寅の元服も幕府の政治課題となっていた。三寅は摂関家の子弟であるから、幕府の独断では決められず、父藤原（九条）道家との調整が必要だった。京都では嘉禄元年（一二二五）九月ごろから三寅元服の件が話題に上っている（『明月記』九月九日〈二十五日カ〉条）。というのも、摂関家では十一歳での元服が平安中期以来の先例だったが、若年化の傾向にあり、三寅の兄教実は八歳で元服していた（『公卿補任』）。三寅は

天皇・摂関家・源氏・北条氏関係系図（○囲み数字は天皇の践祚順）

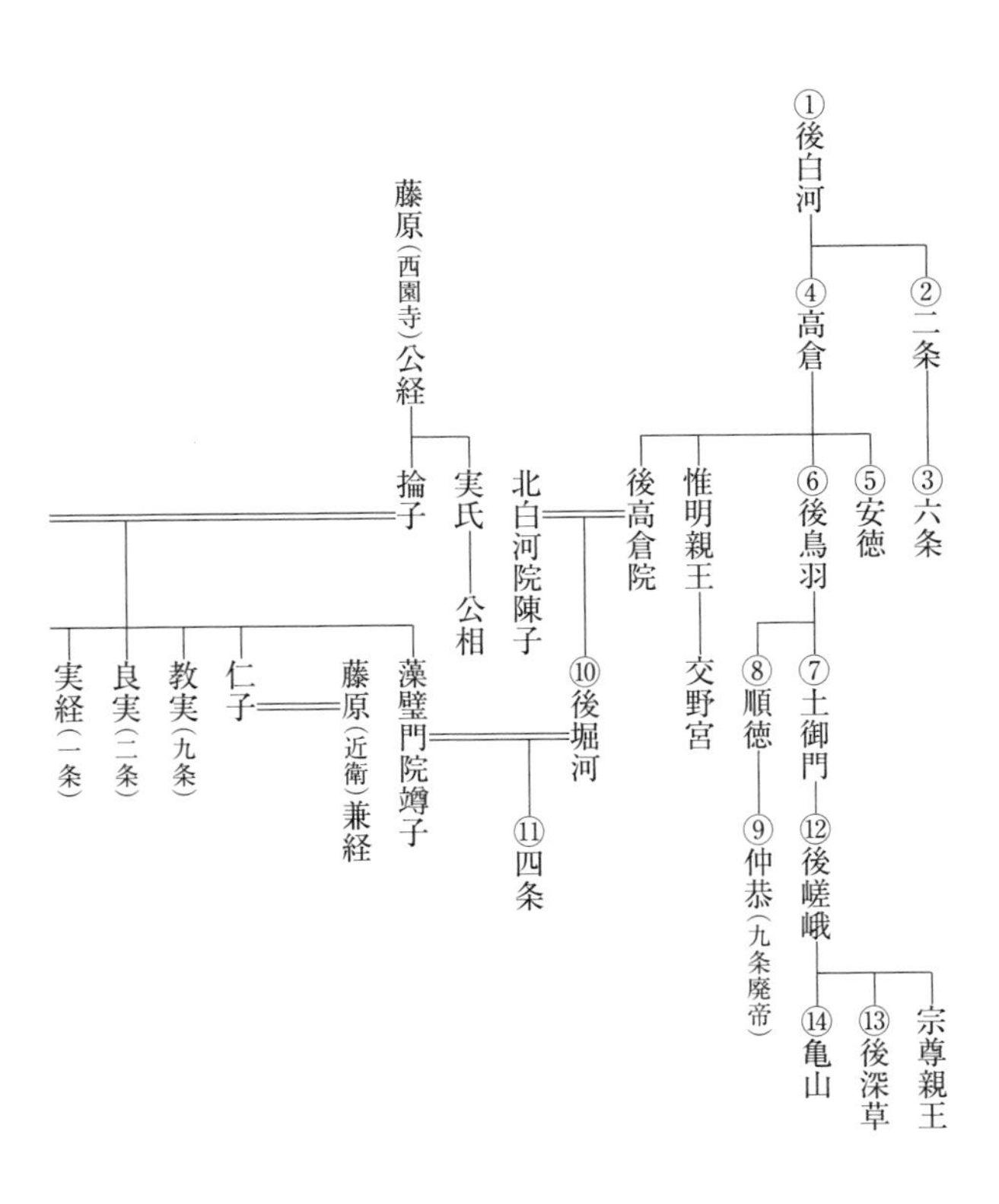

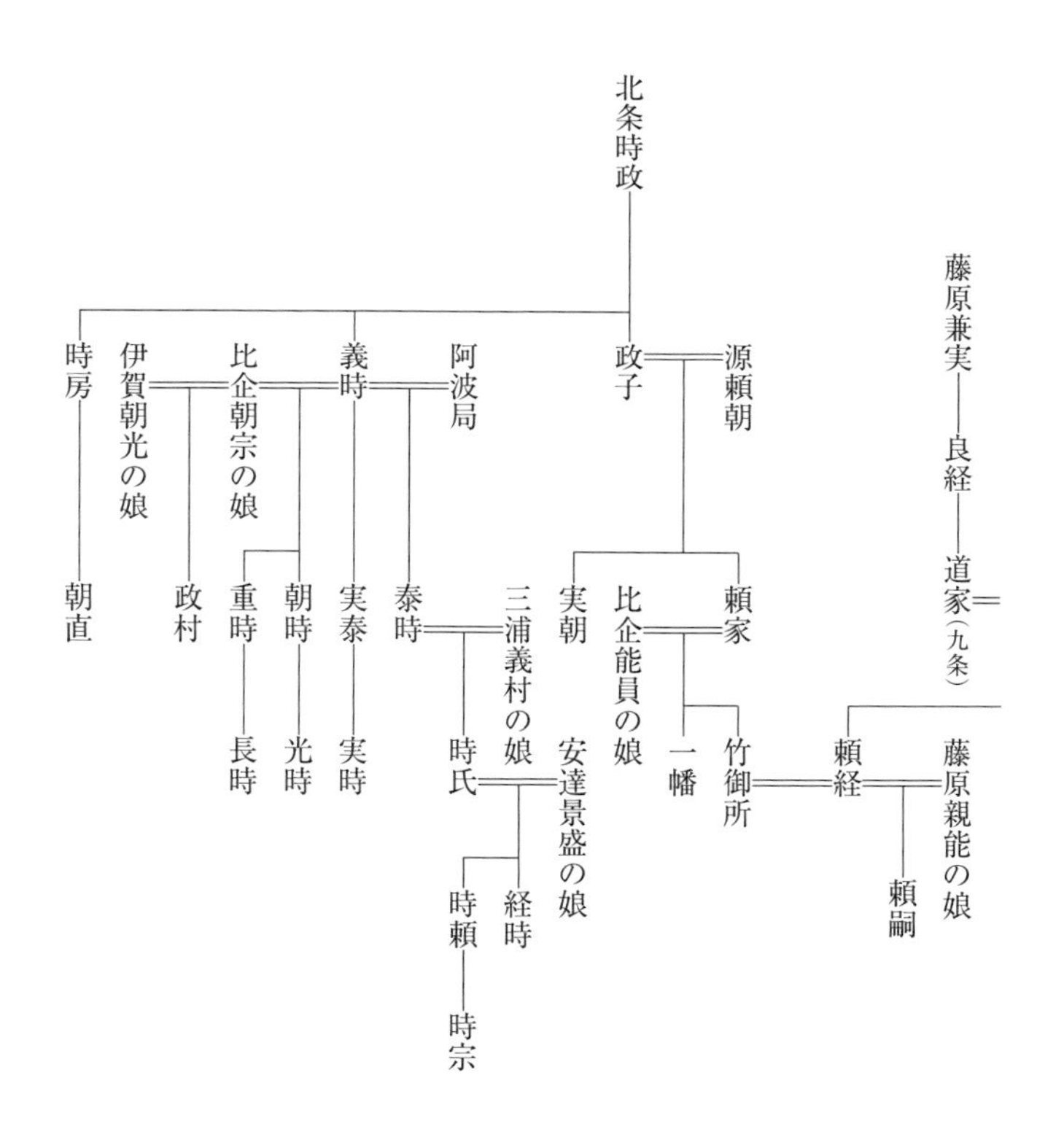

藤原兼実
良経
道家（九条）
頼経
藤原親能の娘
頼嗣
北条時政
政子
源頼朝
頼家
比企能員の娘
一幡
竹御所
実朝
阿波局
義時
比企朝宗の娘
伊賀朝光の娘
時房
朝直
政村
重時
長時
朝時
光時
実泰
実時
泰時
三浦義村の娘
時氏
安達景盛の娘
経時
時頼
時宗

この年八歳、兄と同じ八歳で元服するにはあと二ヵ月しか残っていなかった。政子が今年十二月に元服させるようにと言い置いていたという情報も京都に伝わっていた（『明月記』十月二日条）。その際、誰が鎌倉に下向して加冠や理髪の役をつとめるのかに関心が寄せられていた。三寅の母方の伯父藤原（西園寺）実氏が加冠役として下向するのではないかと思われていた（同十月六日条）。十月半ばには幕府の使者が京都に遣わされているが、この元服についての申し入れはなかったようで、京都側はやきもきしている。

『明月記』十月二十八日条で定家は、三寅の外祖父で、朝廷の実力者である藤原（西園寺）公経が「関東の御元服のことについて、義村たちがどう考えているのか、なおも推量すらできない」といっていたとの子息為家からの情報を記している。時房でも泰時でもなく、「義村等の存旨」と、義村ひとりの名を書いているのが注目される。承久の乱の戦後処理以来、京都の貴族、しかも関東申次として朝幕交渉を担ってきた公経からみて、義村が幕府の対朝廷交渉の顔であり、泰時ではなく、義村に決定権があるとみていたのである。また、この『明月記』の記事には、「姓を得給うべき由、議定の輩あり。これ深く博陸の心を引くか」とも記されている。元服に際して成人名（諱）がつけられ、その諱は生得的な氏と組み合わされることになる、三寅の場合、生得的な氏は藤原であ

公経・道家の考え

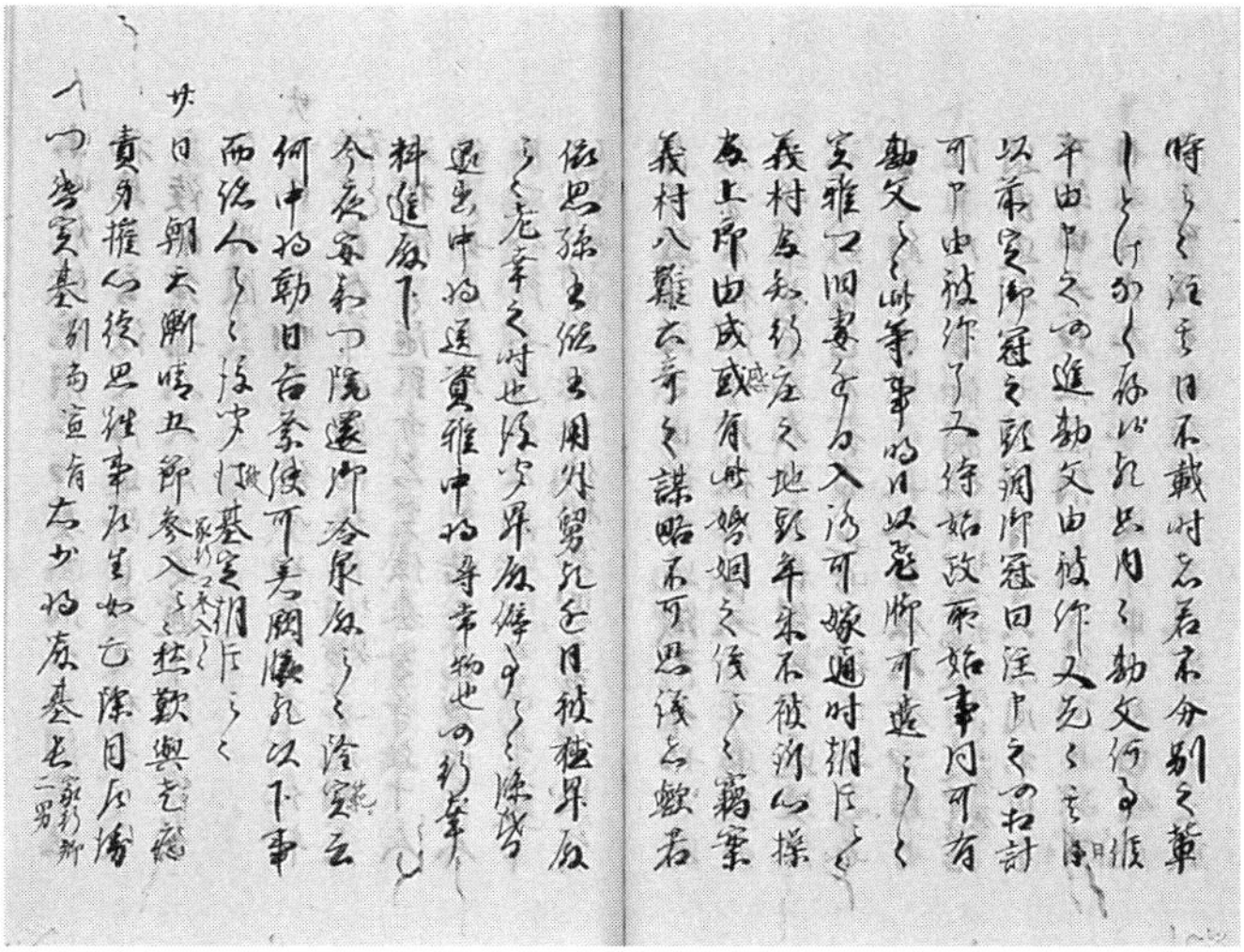

『明月記』嘉禄元年 11 月 19 日条（徳大寺本，東京大学史料編纂所所蔵）

る。ところが、鎌倉殿になったことで、源氏将軍を引き継ぐ源を名乗るのがいいと考える人がいたことに、藤原氏の氏長者でもある関白藤原（近衛）家実が強い関心を示したというのである。

十一月十九日、公経邸を訪れた定家は、三寅の元服は自ら冠を被るという新しいやり方でいいのではないかと幕府側に提案しようと思っているという公経の考えを聞いた。これは歳末・年始の季節に遠く関東まで下向する者のことを考えると忍びないという理由だった。元服後の三寅が受ける官職が頼朝の吉例がある征夷大将軍を超えてはならないと鎌倉に示し送ろうと思っていることも聞いた。このあとに寄った道家邸では、三寅の諱選びが内々に進められており、師嗣・道良・道嗣という名が候補になっていること、元服の日程も陰陽師に問い合わせていて、十二月二十九日が選ばれたことを道家から聞いている（『明月記』十一月十九日条）。

三寅の元服儀

三寅の元服は京都から届けられた日時勘文の通り、新造された御所内の二棟御所南面で十二月二十九日に行われ、道家が最終的に選んだ頼経の名がつけられた。鎌倉にいた殿上人藤原教定が三寅を介添えし、元服に用いる道具類は諸大夫らが座に置いた。侍の座には泰時や足利義氏以下の御家人が控えた。紆余曲折があった加冠役は、結局北条泰時がつとめ、理髪役も兼ねた（『吾妻鏡』）。泰時よりも上首の時房が数日前から病に伏せ、この儀式を欠席したからであろう。前将軍源実朝の元服では、源氏一門の源義信が加冠役をつとめ、北条時政が理髪役だったから（『吾妻鏡』建仁三年〈一二〇三〉十月八日条）、同じように源氏一門の足利義氏が加冠役でもよさそうだが、そうならなかったのは北条氏の地位が侍身分から源氏一門同等の諸大夫身分に上昇していたからだろう。

頼経の改姓をめぐって

嘉禄二年の一連の正月行事が終わった八日、頼経の官職について朝廷に申し入れる使者の派遣が決まった（『吾妻鏡』）。京都に到着した使者佐々木信綱は関白藤原（近衛）家実に将軍宣旨のことを申し入れた。また信綱は公経の家司中原行兼をともなって春日社に行き、改姓すべきかどうか籤を使って神意を尋ねたという。藤原氏の一員である定家は、藤原氏が源氏になることはいまだに聞いたことがないと憤慨している。「改姓は凶人が勧めたのだろう。長年、氏社・氏寺が頼経のために御祈を修してきたのに、この行為は神慮に背くことだろう。義村の推挙で両国司（時房・泰時）の手先となった藤原俊親がきっと悪巧みをして追従の言葉を吐いたに違いない。悲しい世の中だ」とも述べている（『明月記』正月二十六日条）。定家は時房・泰時・義村らの幕府首脳が頼経を頼朝の家の後継者とするために改姓させようとしたとみているのである。翌日、春日大明神が「藤氏を改めてはならない」という神意を表したことを聞いて定家はひと安心している（『明月記』正月二十七日条）。

頼経の叙爵と将軍宣下

正月二十七日に征夷大将軍の宣下があり、正五位下に叙されて、右近衛少将に任じられた（『吾妻鏡』二月十三日条）。叙爵は従五位下が普通であり、正五位下の叙爵は摂関家嫡妻子の特権だったから、頼経の叙爵と近衛次将ルートでのスタートは摂関家の子弟としての待遇だった。それに武家棟梁の象徴としての征夷大将軍が加わっていた。

義時娘と源通時の結婚を仲介

頼経の加冠の方法が議論になっていた嘉禄元年十一月十九日、定家は公経から、藤原

（一条）実雅の元妻が近日上洛し、源通時と結婚するらしいという話を聞いた（『明月記』）。公経によると、通時知行の荘園の地頭だった三浦義村が荘園領主の通時から訴えられなかったので、通時は心根の優れた人物であると感心し、この婚姻を仲介したのだという。通時は村上源氏出身の四位中将で、父通資や伯父通親はすでに没していたが、兄雅親は大納言をつとめている清華家に属する上級貴族だった。実雅の元妻とは北条義時の娘である。藤原（一条）能保の男実雅と承久元年（一二一九）に結婚したが（『吾妻鏡』十月二十日条）、元仁元年（一二二四）に義時後家が実雅を将軍に擁立しようとした事件が発覚して、実雅は越前国に配流され（同元仁元年十月十日条）、二人は離婚していた。そうした上級貴族の通時と義時の娘との婚姻を義村が取り結んだのである。

八難六奇の謀略

この話を公経から聞いた定家は、さらなる深読みをして、次のように記している。

ひそかに案ずるに、義村、八難六奇の謀略、不可思議の者か。

定家は、結婚を仲介した義村の行動を「八難六奇の謀略」と評した。「八難」とは、『漢書』にみえる漢の軍師張良の故事、「六奇」とは『史記』に書かれている漢の陳平の故事を指す。つまり義村の知略を張良や陳平に喩えているのである。また、「不可思議」とは仏教語で、凡人には思い計ることができない境地を指す。定家は中国古典や仏教についての知識を総動員して、義村を人知の及ばない存在と位置づけている。ここには批判と賛美が表裏一体となっている。なぜ、定家がそう考えたのかは、それに続く記述にある。

もしくは孫王の儲けの王を思うにより、外舅を用うるか。

定家が推察した義村の深謀

あるいは、「孫王」（天皇の孫）が「儲けの王」（皇位継承者）となることを考えて、その母方の伯父を選んだのか、という意味である。このときの天皇は、承久の乱後に義村が擁立した十四歳の後堀河天皇で、中宮藤原有子との間に子はなく、皇位継承者（春宮）は擁立されていなかった。承久の乱に深く関わった後鳥羽上皇の子孫が皇位に即くことは想定されていないから、皇位継承の可能性がある俗人の皇子・王は極めて限られていた。数少ない候補者のひとりが、高倉天皇の皇子である故惟明親王（聖円入道親王）の子息交野宮だった。交野宮の母は通資の娘だったから、通時は交野宮の母方の伯父に当たる。将来、交野宮が皇位継承者になることまで義村が見越して、伯父である通時と義時の娘との婚姻を仲介したのではないかと勘ぐったのである。もちろん、義村がそこまで考えていたかどうかは計り知れないが、定家は義村をそこまで考えている人物だとみなしていた。後に義村は通時を蔵人頭に推挙し、蔵人頭就任が決まったものの、鎌倉にいた通時にそれを伝える使者が到着する前に、通時は亡くなっていたという。大臣の孫で、大納言の息子である通時が、義時の婿となり、たびたび義村の推挙をうけながらも、ついに公卿に昇ることなく、死んでしまったことを定家は憐れんでいる（『明月記』天福元年〈一二三三〉十二月六日条）。

賀茂社司の推挙

嘉禄二年二月、賀茂社前禰宜の資綱（祐綱）が兄の禰宜資頼（祐頼）を殺害したとして六波羅探題に捕らえられ、拘禁され、陰陽師賀茂宣知までが資綱の親類だという理由で投獄された。本来、当事者が御家人ではない、賀茂社神職同士の事件は、検非違使庁の管轄であるはずだが、被害者資頼の子が義村縁者の夫だったことから、六波羅に訴え、六波羅が逮捕・拘禁に動くことになったのである（『明月記』二月二十五日条）。「縁者」とは一般的に婚姻で結びついている人を指す。さらに、三月には、その資頼の子が賀茂社の正禰宜に補任された。この補任は幕府の推挙によるものだった（『明月記』三月二十一日条）。この幕府の推挙が、実質的には縁者である義村の推挙だったのだろうと定家はみていた。義村の人脈は、京都の有力神社にまで及んでいた。

不意の上洛

『明月記』寛喜元年（一二二九）八月二十日条には、義村が数多の勢を率いて上洛したと記されている。定家は何の目的か理由がわからず、得心できないとも述べている。『吾妻鏡』に義村上洛の記事はないが、九月十日に義村の子息泰村が妻を連れて京都大番役勤仕のために鎌倉を発っているから、そのことと関連する可能性がある。『吾妻鏡』に記事はなくとも、承久の乱後に義村が何度か上洛していた可能性があることをも示していよう。

関白更迭の噂

泰村が上洛して間もない十月六日の夜、定家は藤原公経の子息、右大将実氏のもとを訪れた。そこで仕入れた情報を次のように記している（『明月記』）。

> 義村深く殿下の御事を遏絶するの由、聞こしめさる。恐惶極まりなし。関東奉公の身なんぞ然るべけんや。このこと申し披かんがため、上洛の志あるの由これを申す。将軍抑留の仰せにより、なまじいに止む。次男なお参らしむる由、内々に申す。このこと伺い問わるるのところ、右京大夫この詞あるの由、その聞こえありと云々。このことを聞こしめし、勘当あるべし。あまつさえ朝恩の条、事の憚りありと云々（親房誓状を書くと云々）。これにより親長またしばらく延引すと云々。人の宿運、自他まことに悲しむべきことか。

話の内容が転々とする定家独特の文体のためにややわかりにくいが、まず最初に、義村が深く「殿下の御事」を「遏絶」したと、お聞きになったと書いてある。「殿下」は関白藤原（九条）道家を指す。「遏絶」とは、断ち切ること、排斥することを指す。「聞こしめ」された主体は定家の主人でもある道家である。次の部分で「関東奉公の身」、すなわち、天皇からみると陪臣に当たる鎌倉御家人の分際を超えた行為であり、不適切だと述べているから、義村の行為は、天皇から与えられた道家の関白という官職にかかわる排斥行為、関白の更迭を求めた行為だと思われる。「恐惶極まりなし」はそれを聞いた定家の感想である。

義村の弁明

義村は、こうした噂が出たことで、このことを弁明するために上洛したいと考えたが、将軍頼経が上洛を止めたので、心ならずも上洛しなかった。それでもなお義村は次男泰村を京都に遣わしたことを内々に道家方に申し入れた。泰村の上洛について聞いた道家は、周囲の者になぜ上洛することになったのかを尋ねたところ、右京大夫藤原親房が、更迭の噂や鎌倉での頼経と義村のやりとりなど、上記の言葉を道家に話してしまったのである。そのことで親房は道家から不興を買い、勘当され、ましてや親房が望んでいた蔵人頭就任は今回の除目では見送られた。親房は誓状を書いて、何とか勘当は免れたようであるが、そのとばっちりで平親長の昇進も延期されたのだった。

この義村による関白更迭はあくまでも噂であり、義村自身が否定しているように実際に義村がそうした動きをみせたとは思えない。しかし、関白の地位をも左右できる力を幕府内でもっていると道家からもみられていたことが重要である。

中山家の家庭問題への関与

義村は公家の家内部の問題にも関与したようである。『明月記』天福元年（一二三三）三月十七日条には、宇都宮頼綱（よりつな）が義村の書状をもって定家男為家のもとにやって来たと記されている。頼綱は為家の舅に当たる人物である。義村の書状は、藤原忠定（ただざだ）父子の不和に関して、定家（七十二歳）と為家（三十六歳）に取りなしを依頼するものだった。扱いに困った定家は、義村書状を当事者である前参議忠定（四十六歳）の父前大納言兼宗（かねむね）（七十一歳）のもとに送ったが、兼宗からの返事はなかった。この件に関わりたくなかった定家は、夜になってやってきた兼宗の使者に対して、この三ヵ月間病に伏せていて世のなかのことは何もわからないと、とぼけている。後に中山の家名を称する兼宗・忠定の家は、清華家の傍流に当たる中級貴族である。義村と姻戚関係がある家ではないが、兼宗の子親慶（しんけい）が鎌倉勝長寿院の別当だった関係で、交流があったのだろう。いずれにしても、義村が貴族社会に深く食い込み、貴族たちからも頼られる存在だったことは間違いない。

四　将軍頼経と義村

嘉禄二年の椀飯

嘉禄二年（一二二六）正月一日の椀飯は、泰時が費用を負担し、三浦義村が御剣役をつとめた。前年まで一日の椀飯は時房が担当し、二日が泰時だったから、この年から泰時と時房の立場は入れ替わり、泰時が御家人筆頭の地位に就いたとみられる。ただし、その後、時房が一日の椀飯をつとめている年もあるので、二人の間に甲乙はつけられていなかったのだろう。

束帯を着る義村

『吾妻鏡』はこの時の義村の装束を束帯と記している。『吾妻鏡』の正月椀飯の記事で御剣役の装束が記されるのは、この記事が最初である。寛喜元年（一二二九）の御剣役北条重時は狩衣姿だったと記されているから、義村の束帯姿は特別だったのかもしれない。五位の緋色（ひいろ）の位袍（いほう）を着て、石帯（せきたい）・平緒（ひらお）を着けて、裾を引き、冠を被って、笏を懐に指して、御剣を捧げる義村の姿は、我々の武士に対するイメージを大きく覆すものだろう。束帯を着す義村の姿は、京都の下級貴族と比べても遜色（そんしょく）なかったはずである。この年、義村は椀飯三日目の費用負担も行っている。正月九日には義村らが泰時邸を訪れ、酒宴が行われている（『吾妻鏡』）。

草鹿勝負の念人

九月二十二日、頼経御所の南庭で、鹿を模した的を射る草鹿勝負が行われた。北条朝直・三浦泰村ら六人の射手による勝負で、時房・泰時・義村・中条家長・小山朝政の五人が「念人」と呼ばれる審判役をつとめた（『吾妻鏡』）。

義村書状

嘉禄二年九月二十二日に義村は一通の書状を発給している（東京国立博物館所蔵文書）。現在、ただ一通残されている義村の花押が据えられた文書である（口絵参照）。宛所はないが、内容からすると、京都にいる人物、おそらくは六波羅探題の外孫北条時氏に宛てたのではないかと思われる。土佐国香宗我部郷（高知県香南市）の地頭宗通が盛房との裁判の過程で、「駿州」（北条重時）から権利放棄の去文を発給してもらい、父の譲状通りに再度将軍家政所下文を賜った。そこで宗通を上洛させるので、詳しいことは宗通から聞いてほしいという内容の文書である。この文書のなかに登場する重時は、盛房から権益の一部を受け取る代わりに、その後ろ盾となっていたのだろう。

一方で、義村と時氏は宗通に強く肩入れしている。時氏や義村は、六波羅探題・土佐国守護という中立的な立場でこの文書をやりとりしているのではない。義村は土佐国守護時代に宗通やその父と関わりをもち、土佐国守護を退いた後には宗通の庇護者となっていたのだろう。

十月九日に行われた幕府の評定は、義村以下の評定衆が皆参しているなかで、訴訟の裁許を行った。そのひとつに、尾張国の御家人中原泰貞が、義村の郎従となっていた同族の大屋家重を訴えた所領裁判があった。泰貞は密かに評定所の後ろにまわって評議の様子を覗っていた。「駿州」が家重の主張が理を得ていると述べたことに、泰貞は不満をもち、その場で訴え出た。一方の当事者である家重もその場に来ていて、もとより「駿州」に助けてもらっていないと反論し、評定の場は大騒ぎになったので、泰貞と家重の二人はそこから追い出された。その三日後、幕府は裁判の当事者が評定所近くに祗候することを禁じ、それにもかかわらずやって来た者がいた場合には、処罰することを決めた。泰貞と家重の裁判は、主張に理がある家重の勝訴となった（『吾妻鏡』）。

被官大屋氏の裁判

尾張国の大屋氏は、治承・寿永内乱のころから和田義盛と姻戚関係にあり、いち早く頼朝に味方していた（『吾妻鏡』元暦元年〈一一八四〉四月三日条）。おそらくは和田合戦を契機に三浦義村の被官となっていたか、被官とみなされるような存在になっていたのだろう。

吾妻鏡の「駿州」

ここでは記事のなかの「駿州」が誰を指すのかが問題となる。国守を「○州」と表現するのは、官職を中国風に表現する唐名同様の表現であり、『吾妻鏡』では源氏一門、北条氏と大江広元に対して使われるのが通例であり、それ以外の御家人に対してはほとんど使われていない。その慣例に従えば、この「駿州」は駿河守北条重時を指すことになる。たとえば、嘉禄元年九月八日条には「武州・駿州・三浦駿河前司以下」という表現があり、「駿州」（重時）と「三浦駿河前司」（義村）とが書き分けられている。

ところが、この「駿州」が重時だとすると、この評定の場に出席しているのが「駿河前司」義村以下で、「駿河前司の郎従」の立場にある家重が「もとより駿州の扶持（ふち）なし」と、「駿州」からの援助、あるいは「駿州」との被官関係そのものを否定していることが理解できなくなってしまう。ここは、『吾妻鏡』の通常の用法ではなく、家重が敬意を込めて義村を「駿州」と表現したことがそのまま記事に取り入れられ、結果として義村を「駿州」と表現することになってしまったか、『吾妻鏡』の編者が特例的に義村に敬意を込めた「駿州」の称を用いていると考えざるをえない。『吾妻鏡』は嘉禎三年（一二三七）八月十五日条でも義村を「駿州」と表現しているから、後者なのかもしれない。そうなると、『吾妻鏡』編者がこの時期の義村を源氏一門や北条氏、大江広元同様の諸大夫身分として扱うようになったことになる。

安貞元年の椀飯

安貞元年（一二二七）正月も、義村は第三日の椀飯を負担している（『吾妻鏡』正月三日条）。泰時・時房に次ぐ、第三位の御家人の地位は確立されていたといえよう。二月十四日には頼経が急遽義村邸を訪問し、義村はあとからその礼物としての馬と剣を献上している（『吾妻鏡』）。『吾妻鏡』のこの年の記事で、頼経が御家人宅を訪れているのは、年始の御行始としての泰時邸訪問と、この義村邸訪問のみである。頼経にとって義村が特別な存在だったとみることができよう。頼経が訪れるだけでなく、十二月八日には義村が酒をもって御所を訪れ、女房たちにも酒を振る舞っている。頼経のために経済的負担も行っていて、三月二十四日には、三万六千神祭の小山朝政、地震祭の中原季時と並んで、天地災変祭の費用を負担している（『吾妻鏡』）。

評定の主導

義村は、幕府の評定においても存在感を示した。泰時は父義時追善のために建てた大倉御堂を別の場所に移し、その跡地に政子を追善する堂舎を建てようと考え、二月十九日の評定に諮った。実務官僚の二階堂行村・三善康連が反対意見を述べると、義村もこの反対意見を支持した。四月二十二日、新御堂供養の日時について、陰陽師の間で意見が分かれると、評定を主導して日にちを決定づけた（『吾妻鏡』）。

翌安貞二年正月十三日、義村は頼経から二所奉幣使を命じられ、二月十三日に進発した（『吾妻鏡』）。この将軍代参が、北条義時とその子弟、三浦義村に限定された重要な役

田村別荘での頼経饗応

割であることはすでに述べた。

頼経は、四月二十二日には江の島（神奈川県藤沢市）の帰路、義村の大庭館に立ち寄り、六月には相模川に出かけるついでに義村の田村の別荘に一泊することを望んだ（『吾妻鏡』六月二十二日条）。義村の軽服によって田村泊は延期されたが（同二十五日条）、七月二十三日に実現した。義村は頼経の渡御に先立って家に修理を加え、御所一宇を新造して、門田から御所までの渡廊を造って庭にはたくさんの山花を植えて、頼経を迎えた。北条時房・泰時をはじめとする有力御家人や義村の子孫以下の三浦一族も頼経に供奉し、供奉人に漏れた宿老御家人たちも田村に駆けつけた。田村別荘の馬場では、遠笠懸・小笠懸が行われた。その際、射手の泰村と審判役の佐々木重綱とが口論となり、泰村が乗馬して弓を構え、重綱が埒外で太刀を抜くところまで諍いが発展したが、宿老御家人が割って入り、事なきを得た。頼経の還御に際して、義村は剣・甲冑・弓矢・行縢・砂金・三疋の馬を引出物として献上した。さらに翌日には御所に参上し、感謝の言葉を述べ、盃酒・椀飯を献上した。その場には泰村以下が同席した（『吾妻鏡』）。緊密な頼経と義村との関係は、義村が頼経に奉仕する形が基本だった。

第五　最期の輝き

一　差し込む影

義村と泰時の蜜月

寛喜元年（一二二九）正月三日、大雪が積もった日に、将軍頼経は北条泰時邸を訪れた。これは年中行事として行われる御行始ではなく、雪の興のために急遽決められた御出だった。義村の勧めで実現したという（『吾妻鏡』）。十三日にはこの年初めて泰時が御所に宿直する宿侍始が行われた。泰時が宿侍する小侍には義村と藤原定員の二人も詰めて、世の中のことについて雑談して時を過ごした（『吾妻鏡』）。義村と北条義時との親しい関係は、義時の子息泰時に引き継がれていた。義村の娘と泰時が離婚した後も、その関係に大きな変化はなかった。時房・泰時と義村が協力し合い、実務官僚を率いて頼経を支えていく体制は、政子の死没以来変わらなかった。

そうしたなか、北条氏と三浦氏との間の紐帯が断ち切られる事態が発生する。三浦泰村に嫁した北条泰時の娘は懐妊し、三浦氏と北条氏との関係をさらに強固とする鎹の誕生が期待されていたが、難産の末、寛喜元年正月二十七日に生まれた子は胎内ですでに亡くなっていた（『吾妻鏡』）。

来迎講

約ひと月後の二月二十一日、彼岸の初日に当たって義村は三浦三崎の海で来迎講を行った。来迎講とは、臨終に際して西方より阿弥陀如来が迎えに来て、極楽浄土へと連れ帰る様子を模して儀式化した法会である。夕陽が映えるなか、海上に十数艘の船を浮かべ、その上に会場がしつらえられた。波の音と雅楽の調べが荘厳な雰囲気を醸し出していた。会場には、頼家の娘である竹御所や泰時の後妻も招かれ、義村の要請で走湯山の浄蓮坊源延が導師をつとめた。竹御所と泰村の妻は前日から三崎に二泊し、二十二日に鎌倉に戻った。義村は子息家村を遣わして杜戸で昼食を振る舞うなど、贅を尽くした歓待を行った（以上、『吾妻鏡』）。義村が造営した寺院・仏像などの遺物がないなか、この来迎講の記事は、義村の浄土信仰を知るための貴重なものとなっている（納富常天「三浦義村の迎講」）。

三崎での頼経饗応

四月十七日には頼経が三崎を訪れた。義村は船を用意し、船中で管絃・詠歌を催した。一族の佐原家連は一艘の小舟に遊女を乗せ、自ら棹を取って参上した。山の景色といい、海上の眺望といい、これに勝る地はないほどで、頼経を楽しませた（『吾妻鏡』）。寛喜二年三月の桜の季節にも頼経は三崎の磯を遊覧し、この地の領主である義村が案内している（『吾妻鏡』三月十九日条）。翌寛喜三年の頼経御台所（竹御所）の新車始として義村宅へ渡御が行われ、頼経もこれより先に渡っていて、二人は義村の善を尽くし美を尽くした歓待を受けている（『吾妻鏡』七月九日条）。義村は御台所にも心を砕いており、北条朝時邸に賊が入ったときに兄泰時が駆けつけた話を聞いた義村は、兄弟思いの泰時の行動に感涙を浮かべ、すぐに御所に赴くと、御台所のところで、祗候の男女にこのことを語った（寛喜三年九月二十七日条）。

外孫北条時氏の死

寛喜二年四月十一日、北条時氏が、北条重時と交替する形で京都六波羅から鎌倉に戻ったものの、まもなく病に伏し、六月十八日に二十八歳で亡くなってしまった（『吾妻鏡』）。時氏は泰時の嫡子で、義村の外孫に当たる。時氏自身が北条氏と三浦氏との深い結びつきを示す象徴だった。四年前の次男に続いて長男をも失った泰時の落胆は大きく、歎く泰時を義村が頻りになだめ、また諫めたという（『明月記』七月一日条）。義村は、泰時との絆を象徴する外孫を失ってしまった。

時氏の死に続いて、泰時の娘である泰村の妻が八月四日に二十五歳で死去したことを

御成敗式目起請への署判

北条実時の元服

『御成敗式目』（小槻伊治奥書本，国立公文書館所蔵）

『吾妻鏡』が記している。ただし、この泰時の娘について、『明月記』は時房子息の妻としている（八月十二日条）。『吾妻鏡』は嘉禎二年（一二三六）十二月二十三日条にも泰村の妻（泰時の娘）の死去を記しているから、この寛喜二年の記事は『明月記』が記すように別の泰時娘の間違いなのかもしれない（野口実『増補改訂　中世東国武士団の研究』）。

貞永元年（一二三二）七月、北条泰時が御成敗式目（貞永式目）を定めると、義村は評定衆十一名の一人として、起請への連署を行った（『吾妻鏡』七月十日条）。義村の署判の位置は、北条時房・泰時、実務官人代表の中原師員に次ぐ四番目、評定衆のなかでは第二位、有力御家人としては最上位の位置であった。

天福元年（一二三三）十二月二十九日、北条義時五男実泰の十歳の子の元服が北条泰時邸で行われた。三浦義村らが列席するなかで泰時が加冠を行った（『吾妻鏡』）。この男子が後に小侍所別当となる実時である。

北条経時の元服

翌文暦元年（一二三四）三月五日には北条時氏の遺児が将軍頼経御所で元服した。泰時の孫、義村の曽孫に当たる。北条時房・同泰時以下、義村を含む十名の御家人が西侍に控えるなか、寝殿で頼経による加冠儀が行われた。泰時も介添え役として簾中に入り、時房が理髪をつとめた。十一歳の男子には経時の名がつけられた（『吾妻鏡』）。泰時の後継者と目される男子であったから、頼経以下、そうそうたる顔ぶれで儀式が行われているが、経時の母方である安達氏は、この時期に評定衆など幕府中枢に人材を送り込んでいないこともあって、この儀礼に関与していない。

御台所竹御所の死

将軍頼経は、二代将軍頼家の娘竹御所と寛喜二年（一二三〇）十二月九日に結婚していた（『吾妻鏡』）。そのとき頼経は十三歳、竹御所は二十八歳だった。文暦元年、御台所（竹御所）は懐妊したが、産所に移った夜中に産気づき、翌朝早産で生まれた子は死産だった。しかも御台所も亡くなってしまった（『吾妻鏡』七月二十七日条）。若君が誕生していれば、源頼朝の家と鎌倉殿の家が再び一体化することになるから、御家人たちの期待は高かったろうが、ついにそれが実現されることはなかった。御台所の葬送は時房・泰時・義村以下の人びとによって行われた（『明月記』八月二十六日条）。

五大堂造営の実検

嘉禎元年（一二三五）頼経の発願による五大堂の造営が始まり、義村は評定衆としてその地を実検するため、あるいは頼経に供奉して、何度もその地を訪れている（『吾妻鏡』二月四日・十日、六月二十九日条）。工事に当たる職人に与えられた五疋の馬は、時房・泰時・義村・小山朝政・千葉時胤が進めた馬だった（二月十日条）。ここにも最有力御家人として頼経に経済的奉仕を行う義村の姿がみえる。

被官の勲功申請

長尾光景はたびたびの勲功がありながらも、いまだ恩賞にあずかっていないとして、義村と泰村が恩沢奉行後藤基綱にねじ込み、この年の九月十日に勧賞が決まった。義村が申請の際に、九州で発生した強盗事件の犯人の所領が召し放たれたならば、それを与えてほしいと申し入れていたことから、未断闕所の所望は近年制定された幕府法に背くので、評定衆の行為として適切でないとの非難を浴びた（『吾妻鏡』）。長尾氏は御家人身分をもちながらも三浦氏の被官となっていた。このあたりから、身内を厚遇しようとする義村の行為を『吾妻鏡』が批判的に記すようになる。

嘉禎二年は、二月二日に北条時房が将軍御所で行った酒宴に泰時とともに義村が参加したり、翌三日には義村が御所に酒を持参して、時房・泰時が酒宴に参加するなど、頼経・時房・泰時・義村の一体感を示す記事があり、頼経と義村の結びつきの強さは、新御所の工事に当たって義村の田村別荘への方違えが予定されたこと（三月十四日条）にもみられる。

北条時頼元服の理髪役

嘉禎三年四月二十二日、頼経は泰時邸内に新造された御所に渡御し、その夜、泰時の孫（時氏の二男）の元服が行われた。兄経時の元服では、北条時房が理髪役をつとめたが、今回の時頼の元服で、理髪役をつとめたのは曾祖父に当たる義村だった（『吾妻鏡』）。

娘矢部禅尼

六月一日、元服したばかりの時頼は、三浦の矢部の別荘に住む祖母矢部禅尼（法名禅阿）のもとに亡夫佐原盛連跡の和泉国吉井郷を安堵する下文を持参している（『吾妻鏡』）。矢部禅尼は、泰時に嫁いで時氏を産んだ後、離婚して盛連に再嫁した義村の娘である。彼女は吉井郷のほか、同国山直郷の地頭でもあった（久米田寺文書、『鎌倉遺文』七〇一五号）。

弓馬故実の談義

この年の鶴岡八幡宮放生会の流鏑馬に、初めて時頼が射手をつとめるというので、七月十九日に予行練習が行われた。五十五歳の祖父泰時が十一歳の時頼をともなって馬場に出た。弓の名手海野幸氏が招かれ、指南役となった。歌人として知られる西行の弓の故実に頼朝時代の弓の名手たちが感心した話など、幸氏が語る故実談義を聞いて、予行練習に参会していた義村も、当時のことを思い出して、その談義に加わった。義村は使者を自宅に遣わして、子息たちを招き寄せ、この談義を聞かせた（『吾妻鏡』）。有力御家人となっても、三浦氏は弓馬の家であるという自負と、子孫への伝承を義村は強く意識していたのだろう。

子息に帯剣供奉を命じる

八月十五日の放生会への頼経御出（ごしゅつ）の際、頼経の護衛に当たる直垂（ひたたれ）帯剣の輩に有能な武士が少なかったことから、狩衣（かりぎぬ）の供奉人をつとめることになっていた子息泰村・家村・資村（すけむら）・胤村（たねむら）に急遽直垂を着せて、帯剣衆に替えた。『吾妻鏡』はこの義村の行為を「駿州傍若無人の沙汰、人耳目（じもく）を驚かす」と評している。すでに述べたとおり、「○州」は北条氏などの諸大夫層に対して用いられる特別な称であった。義村はこの護衛について、「承久元年正月、宮寺において事あるにより、この儀を始めらる。これ近々に候して守護し奉（たてまつ）るべきの故なり」と、実朝（さねとも）暗殺事件への反省から設けられたことを述べ、その目的にしては警備の顔ぶれが脆弱（ぜいじゃく）だと指摘しているのである。御出直前であり、正式な手続きを踏んで供奉人を改めることは困難だったから、手近な子息を動員したのだった。それが見方によっては傍若無人に映ったということである。義村にとって実朝をみすみす討たれてしまったことは、二十年近く経っても後悔しきれない出来事だった。

嘉禎三年十月十九日には、子息泰村が頼経御所に盃酒を献じ、時房・泰時以下との酒宴が行われ、十一月十七日には泰村が奥州産の馬五疋を頼経に献じている(『吾妻鏡』)。前年には義村が盃酒を献じていたから(『吾妻鏡』嘉禎二年二月三日条)、義村の役割が徐々に泰村へと引き継がれていったということだろう。

二 子息の処遇

長男朝村の兵衛尉任官

義村は右兵衛尉から左衛門尉に転じ、五位の叙爵と駿河守への転任を同日に実現させるという侍層のなかでは最上級の昇進を果たした。その義村は次世代の子息たちにどのような処遇を与えたのであろうか。

『吾妻鏡』貞応(じょうおう)元年(一二二二)正月一日に「駿河小太郎兵衛尉朝村(ともむら)」という表記が登場するので、それまでに長子朝村を兵衛尉に任官させたらしい。朝村は前年に起きた承久の乱に従軍していないので、その勲功ではなく、朝廷の費用調達に応じて銭貨を支払い、その代償として官職を得る成功(じょうごう)によったのだろう。兵衛尉の対価は七千疋(銭七万枚)だった(陽明文庫本『勘例』、『鎌倉遺文』五二九六号)。それは義村の経済力によっていたはずである。

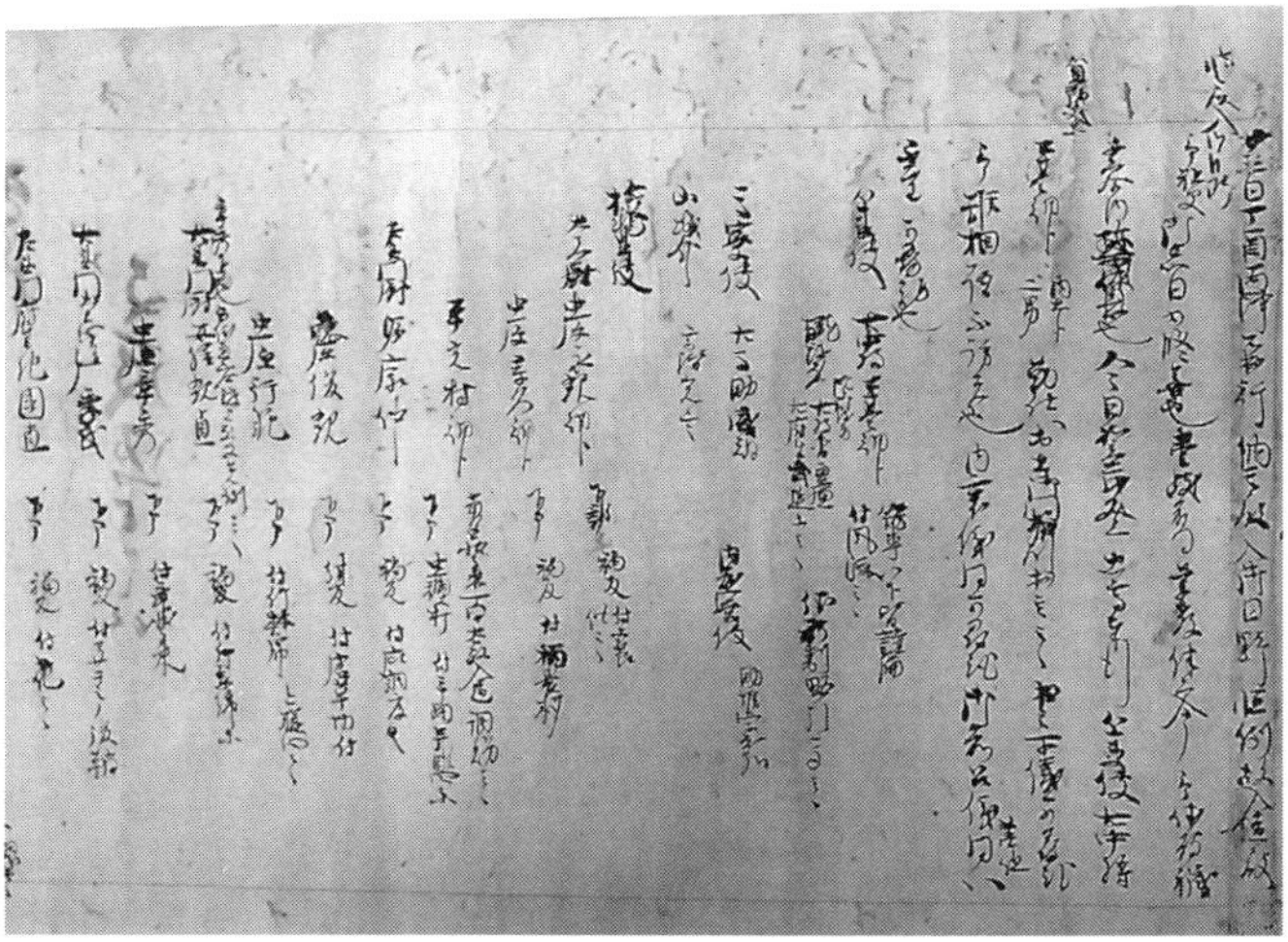

三男光村の在京活動と公経の援助

『民経記』天福元年 4 月 23 日条（国立歴史民俗博物館所蔵）

三男光村は、寛喜三年（一二三一）に皇子誕生を祝う幕府の使節として上洛した際に二十七歳で検非違使宣旨を賜り、左衛門尉に任官した（『吾妻鏡』『関東評定伝』）。使節の賞としての任官で、まもなく鎌倉に帰参した（『吾妻鏡』四月二十九日条）。以後、光村は父義村の極官である駿河守の「駿河」と検非違使の尉の通称「判官」とを組み合わせた「駿河判官」と呼ばれる。その後、光村は再び上洛し、天福元年（一二三三）四月八日に従五位下に叙爵して、五位に叙爵してもなお検非違使に留まる叙留の宣旨を受けた（『民経記』）。光村は四月二十三日の賀茂祭に検非違使として参列している。賀茂祭では検非違使が華やかな装束を着た下部を連れて行列するのが祭のひとつの興だったが、『民経記』の記主藤原経光は十人の検非違使のうちの光村のみに、五位相当の装束であったことと、光村の装束はすべて太政入道藤原（西園寺）公経が用意して与えたことを注記している。光村の装束は、見物する貴族たちの目を驚かせたのだろう。

さらに五月二十六日には、藤原公経の別荘にも招かれている。京都の郊外の日野付近にあった河崎泉邸は、かつて天皇も臨幸したことがあるほどの風光明媚な邸宅だった。さすがに雲の上の存在である公経自身の来臨はなかったが、西園寺家家司の三善長衡が子息たちを動員して準備にあたり、光村を厚くもてなしたのであった。十三人の舞女が見事な舞を披露し、饗宴は昼間から夜通し行われた。夕方には光村に対して賜物もあったという（『明月記』五月二十七日条）。前太政大臣の公経は四条天皇の曾祖父、摂政藤原（九条）教実や将軍藤原頼経の祖父に当たる人物で、出家後も隠然たる実力をもつ朝廷方の中心人物だった。そんな人物から、光村は特別な厚遇を受けているのである。公経や藤原（九条）道家と親しい藤原定家の『明月記』をみてもこれほどの待遇を受けている御家人はほかにいない。朝廷に対する鎌倉幕府側の顔になっていた父義村の存在抜きにこの厚遇はなかったろう。

光村と琵琶

鎌倉の芸能を担っていた鶴岡八幡宮の稚児出身の光村は、西園寺家が家業のようにしていた琵琶をたしなんでいた。『琵琶血脈』(『伏見宮旧蔵楽書集成二』)によれば、光村は、後高倉院の琵琶の師藤原孝道の一男孝時の弟子となって琵琶を修め、「灌頂」と呼ばれる秘曲伝授も受けており、公経の孫公相とは兄弟弟子の関係にある。こうした環境も、父義村と西園寺家との関係のなかで築かれたとみていい。宇治木幡の僧侶だった播磨房という僧侶が光村に仕え、鎌倉で琵琶の師をしており、宝治合戦後は信濃善光寺に隠れ住んだという(『文机談』)。また義村の右筆だった「大学の民部」という元久我家の侍も琵琶をたしなんでいる(『文机談』)。

光村はしばしば鎌倉と京都を往還したようで、嘉禎元年(一二三五)四月九日には幕府の使者として藤原(九条)道家邸を訪れている(『玉蘂』)。

光村の国司任官と遷任

嘉禎三年正月二十九日、下名という除目の追加人事で、光村は壱岐守に任じられた(『関東評定伝』『玉蘂』)。検非違使の尉から国守への昇進は「検非違使受領」と呼ばれる(『職原抄』)、侍身分最上の昇進コースである。このコースでの任官には、壱岐・対馬・佐渡など、等級が低い下国が当てられることが多かった。この昇進コースは、承久の乱後になってから有力御家人に開かれ、佐々木信綱・後藤基綱など在京活動が顕著な御家人が五位の検非違使尉から国守になっていた。通常は他国に遷任することなく、以後は壱岐前司・佐渡前司などと呼ばれることになる。ところが、光村は義村在世中の暦仁（りゃくにん）元年（一二三八）に等級が最も高い大国、河内国の守に転任した。鎌倉御家人のなかで遷任している国守は、諸大夫身分に当たる源氏一門と北条氏のみであり、侍受領の転任は極めて異例である。この河内守遷任は、光村が侍層の最上から諸大夫層に準じる身分に引き上げられたことを示す。さらに義村没後の仁治（にんじ）二年（一二四一）には能登（のと）守に遷任している。

家村らの左衛門尉任官

義村は、三男光村に続き、四男家村を貞永元年（一二三二）までに左衛門尉に任官させ、五男資村も文暦元年（一二三四）までに、八男胤村を嘉禎三年（一二三七）までに、それぞれ左衛門尉に任官させた。いずれも侍身分であることを示す衛門府の尉への任官だった。

嫡子泰村の任官

弟たちが次々と衛府（えふ）の尉に任官するなかで、嫡子である二男泰村は三十三歳の嘉禎三年まで無官で、義村の二男を意味する「駿河次郎」と呼ばれ続けていた。泰村を任官させなかったのには、義村の意図があったとみるべきだろう。嘉禎三年九月十五日に泰村が最初に任じられた官職は掃部権助（かもんのごんのすけ）だった（『関東評定伝』）。権官を含む掃部助は叙爵されていない諸大夫身分の者が任じられる官職で（『職原抄』）、式部丞（しきぶのじょう）に任じられるための待機ポストであった（『官職秘抄』）。掃部権助任官のひと月後に光村は式部少丞に任じられている（『関東評定伝』）。式部丞は然るべき諸大夫身分の者が任じられる官職で、五位への叙爵が予定されている者が任じられることになっていた（『職原抄』）。

義村は庶子たちを自分と同じ侍身分の衛府の尉に任官させつつ、嫡子泰村には源氏一門や北条氏同等の諸大夫身分の官職を与えることに成功したのである（青山幹哉「王朝官職からみる鎌倉幕府の秩序」）。長い間泰村を任官させなかったのは、侍の身分ではなく、諸大夫身分の官職に就けることを狙っていたからだろう。泰村は式部少丞任官のひと月後には叙爵し、さらにひと月後の十二月に若狭守に任じられた（『関東評定伝』）。最初の任官からわずか三ヵ月で国守になる異例の昇進である。泰村の任官と、光村の遷任は、三浦氏が北条氏同等の諸大夫身分を獲得したことを御家人たちに示すことになった。

こうした任官は父義村の独断で進む話ではないし、義村と頼経との相談だけで実現することでもない。将軍頼経や執権北条時房・泰時が認めて初めて可能になるから、三浦氏が北条氏同等の諸大夫身分になることを、北条氏も拒んでいなかったことになる。北条氏と三浦氏との一体感はここにも表れている。

泰村の再婚

嘉禎二年（一二三六）に妻を亡くした泰村が再婚したのは、鶴岡八幡宮別当定親の妹、すなわち清華家の上級貴族、源通親の娘だった。かつて通親の久我家に仕えていた「大学の民部」という下級官人が、義村に右筆として仕えていたこと（『文机談』）も、泰村と通親の娘とを結びつけるきっかけになったのだろう。

家村の身分上昇

義村の没後のことにはなるが、侍身分で官歴をスタートさせた四男家村が泰村と同じく掃部助を経て式部丞となる（『吾妻鏡』仁治二年〈一二四一〉八月十一日条）。泰村・光村だけでなく、家村も侍身分から諸大夫身分へ上昇するのである。

青蓮院の上童箱熊丸

義村は中央の寺社にも子息を送り込んだ。寛喜元年（一二二九）七月一日、天台座主に就任した良快（藤原兼実の男）が初めて比叡山をめぐる拝堂の儀式を行った。良快の牛車のすぐ後ろには、上童と呼ばれる最も地位の高い稚児一人と、地位のやや低い中童子二人・大童子十人が従った。その上童は義村の男箱熊丸だった。銀をまとっているかのようなきらびやかな装束は藤原（西園寺）公経が調えてくれたものだった（『明月記』『華頂要略』）。光村・箱熊丸など、義村子息の在京活動は、公経の援助によって支えられていた。

上童は最上級僧侶に近侍する特別な稚児で、寵童の役割ももっていた。坊官と呼ばれる奉仕者の子弟が多かったが、院の北面の子息たちがいることも注目されている（土谷恵『中世寺院の社会と芸能』）。義村は院の北面ではなかったが、承久の乱後には院の北面同様に上童を提供する役割を担ったのである。義村の三男光村や九男重時が鶴岡八幡宮の稚児だったことを考え合わせると、義村の子息たちは当時の美意識に適う美しい容貌をもち、義村もそれを巧みに利用して政治的地位の上昇につなげたのだろう。天台座主となった良快は青蓮院門跡で、慈円の後継者である。その良快のもとに入室し、次の門跡・天台座主になるのは道家の子息で、公経の外孫に当たる慈源である。この時期の朝廷を動かし、頼経を幕府の首長として鎌倉に送り込んでいる道家・公経が作り上げた寺院社会の人脈のなかにも義村は入り込んでいた。

箱熊丸、良賢となる

その後、箱熊丸は出家・得度し、良賢を名乗った。寛喜三年二月二日に道家の娘中宮藤原竴子御産のために鴨川で行われた河臨法に参列している（『門葉記』）。僧侶でありながら、在京武士を動員する力があり、この河臨法では、良賢と宇都宮頼綱の子賢快の郎従百余騎が陸地で守護に当たった。嘉禎元年（一二三五）までに、良賢は律師の僧官を得て、「大夫律師」と称され、鎌倉で活動している（『吾妻鏡』六月二十九日条）。

僧侶の公名は、出身の家格によって決められていた。五位を意味する「大夫」の公名が良賢につけられているのは、その出身である三浦の家が諸大夫クラスの家であると認識されていたことを物語っている。

嘉禎三年、青蓮院門主慈恵が三条白河に熾盛光堂を造営した時には、良賢が透中門の造営を請け負っている（『門葉記』）。これも義村の経済力によるものだろう。美しい容姿に、強力な武力、僧侶としての法力、顕密僧としての正統性を示す律師の僧官、堂舎の造営を請け負うだけの経済力、これらすべてをもち合わせていたのが義村の子息良賢だった。

三　上洛のパフォーマンス

暦仁元年の椀飯と義村邸・泰村邸の焼失

暦仁元年（一二三八）正月三が日の椀飯は、両執権北条時房・北条泰時と北条朝時の三人が費用負担したが、初日の調度（弓矢）役を三浦泰村、第二日の御剣役を三浦義村、第三日の御行縢役を三浦光村がつとめており、有力御家人としての三浦氏の存在感は示されていた。年が明けて早々の十日、義村・泰村・後藤基綱の家が失火で焼亡した。『吾妻鏡』は「三浦駿河前司・玄番頭・若狭守等の家」と表現している。これは、近隣ながらも駿河前司義村の家と若狭守泰村の家が別に存在していたことを示している。この時代、結婚した子息は親夫婦とは別居するのが社会規範であったから、結婚後の泰村は父の家の近くに別の邸宅を構えていたのである。

この年の御弓始(おゆみはじめ)は、頼経の物忌(ものいみ)のために行われないことになっていたが、急遽開催された。前日夜に頼経と義村たちが相談して決めた射手十人のなかには義村の孫氏村(うじむら)も含まれていた（『吾妻鏡』正月二十日条）。

頼経の上洛

承久元年（一二一九）に鎌倉に下向してから、将軍藤原頼経は二十年近く京都を訪れていなかった。里帰りの上洛は、嘉禎三年（一二三七）秋から計画され、六波羅御所の新造などの準備が整えられた上で、暦仁元年（一二三八）正月にようやく実現した。御弓始が行われた二十日に頼経は、まず安達義景(よしかげ)の甘縄(あまなわ)の家に入り、そこを出立所(しゅったつしょ)として二十八日に輿に乗って鎌倉を発った。頼経には護持僧・御験者(ごげんじゃ)などの僧侶、医師、陰陽師たちがつき添い、多くの随兵・供奉人が扈従した。行列は長く連なり、北条政村が出発したのは頼経の進発から八時間後のことだった。そのころ頼経は最初の宿泊地酒匂宿（神奈川県小田原市）に到着している。一行は足柄峠(あしがらとうげ)を越え、車返(くるまがえし)（静岡県沼津市）を経て駿河路を西行した。二月七日、頼経が浜名湖畔(はまなこはん)の橋本宿(はしもと)（静岡県湖西市）に到着し、扈従の人びとも宿をとったが、小侍所別当北条実時は舞沢松原（静岡県浜松市舞阪町か）に野宿した。これを聞いた政村は、御所近くに控えるべき重職の実時に宿がなくて野宿するのに、自身が民家で暖をとるのは畏(おそ)れ多いとして、実時とともに野宿した。すると、三浦義村以下の人びとも宿所を出て松原に到り、かえって諸人の煩いになると懇願したので、政村・実時ともに宿をとったという（『吾妻鏡』）。

頼経一行の入京

一行は二月十七日の午後に近江国野路宿（滋賀県草津市）を出て、夜中に入京し、六波羅に入った。その間、何人かの公卿が関寺（滋賀県大津市）で行列を見物していたという（『吾妻鏡』）。鎌倉の実力を京都の人びとにみせつける意味もあった源頼朝の初度入洛は申の刻（午後三〜五時）、二度目の入洛は夕方だった。その時には見物の牛車が道に溢れ、車を廻せないほどだったというから、今回の真夜中の入洛には、そうした混乱を避ける意味もあったのだろう。それでも『五代帝王物語』が「京中ゆゆしき見物なり」と記すほどの人出だった。

入京の先陣

行列の先陣は、郎従二人を従えた甲冑姿の三浦義村だった。騎馬する義村の前を家の子三十六人が義村の随兵として三列で騎馬していた。義村の随兵には、子息光村をはじめとする三浦一族のほか、安西・丸・金摩利を苗字とする安房国の武士、千葉系の大須賀氏、長尾氏や三浦半島内の地名を苗字とする三浦氏被官の御家人が含まれている。

次に頼経の随兵百九十二騎、このなかにも三浦泰村や佐原氏などの三浦一族が列していた。輿に乗った頼経の後には、水干を着て野矢を帯びた国司級の有力御家人十六名が三列で騎馬した。三列目には佐原家連がおり、最終列には北条泰時が単独で進み、泰時には三十人の随兵が従っていた。行列の最末は甲冑を着した北条時房で、彼にも二十人の随兵が従っていた（『吾妻鏡』）。独自の随兵を従えているのは、両執権時房・泰時と三浦義村の三人だけであり、この三人が幕府のなかで特別な存在であることは見物する誰の目からみても明らかだった。三人のなかでは義村の随兵の数が最も多い。奈良で作成された『興福寺略年代記』という史料も「頼経将軍が泰時・時房・義村を率いて上洛した」と、三人の名を挙げてこの出来事を記している。頼経の外祖父藤原（西園寺）公経は白河に十二間の桟敷（さじき）を造り、婿の藤原（九条）道家と前摂政藤原（近衛）家実（いえざね）を招いて一緒に行列を見物した。道家の子良実（よしざね）・実経（さねつね）・仁子（じんし）、家実の子兼平（かねひら）など、摂関家以下の貴族たちはほぼ総出で見物した。道家と家実は建久年間（一一九〇〜九九）の頼朝上洛について雑談した（『玉蘂』）。頼朝上洛は道家の生まれる前後の出来事であるから、家実が語る思い出話を道家はもっぱら聞いたのだろう。

入京の五日後、頼経は公経・道家を訪問し、その次の日には参内している（『吾妻鏡』二月二十二日・二十三日条）。京都での移動には入洛時のような随兵は従わず、前駈の諸大夫の後ろに、頼経が乗った牛車、その左右を直垂着で帯剣した八〜十人が歩行し、牛車の後ろに狩衣を着て帯剣した衛府の官人八〜十人、最末に殿上人の牛車が連なった。左衛門尉の官職をもつ義村の子家村、孫氏村は衛府の官人として行列に加わっている。

公経に馬を贈る

二十四日、公経が道家のもとを訪れ、前日に北条泰時と面談したことを語った。泰時からの引出物の馬二疋と三浦義村から贈られた馬を連れてきて、道家にみせた（『玉蘂』）。義村が公経に贈った馬は、道家にみせたくなるほど良質な馬だったのだろう。幕府から朝廷に対しても百疋の馬が献上されたようで、それらの馬は公経・道家・家実以下の貴族や天皇の近臣、馬寮（めりよう）・鳥羽の御厩などに預けられた。頼経から道家にも三疋、良実・実経に対しても二疋ずつ贈られている（『玉蘂』二月三十日条）。幕府が朝廷や貴族に対する馬の供給源になっていたことを示す記事である。

頼経の大納言昇進

頼経は在京中に権中納言に再任され、右衛門督、検非違使別当を兼ねた。頼経は他の摂関家の子弟同様に、近衛次将を経て非参議三位となり、まもなく権中納言に直任（じきにん）するコースで昇進したが、十七歳の時に権中納言を辞していた（『公卿補任』）。この権中納言再任は大納言昇進のための布石である。検非違使別当になったことに意義を見出す説もあるが、わずかひと月で辞しているから、検非違使別当は在任することに意義があったポストではない。すでに京都の警察権は六波羅探題が担っていたから、検非違使別当に平安時代末期のような重要な権能はなくなっていた。大納言昇進の近道となる通過ポストとしての検非違使別当就任であった。三月七日、頼経は権大納言に昇進し、右衛門督・検非違使別当を辞任した（『吾妻鏡』）。

頼経の任大納言拝賀

四月七日には任大納言拝賀の儀式が行われている。行列する殿上人や地下(じげ)の諸大夫には九条家に奉仕する人びとが動員された。参内した頼経は、弓場(ゆば)で蔵人頭の藤原親季(ちかすえ)を通じて天皇に慶(よろこ)びを申し上げた（『玉蘂』）。この親季は義村の婿である。内裏を退出した後、道家やその妻のもとでも拝礼を行った。頼経が大納言に任じられた翌日に対面した道家は、頼経がこの権大納言を「大略前途の官」、すなわちおそらくは極官だと述べたことを記している（『玉蘂』三月八日条）。摂関家の子弟にとっては大納言から大臣になるのが適切な昇進であり、父道家は、大臣になれなかった者を「凡庶(ぼんしょ)に混じる」と表現している（九条家文書、『鎌倉遺文』七二五〇号）。大納言止まりは家格相応の昇進ではなかった。一方、鎌倉幕府にとって、大納言は頼朝の佳例がある官職だから、鎌倉殿が大納言になることは望ましかったが、大臣は源実朝の凶例があったから、望ましくない官職だった。頼経もそのことを承知しており、自身の極官を大納言と決めていたのだろう。四月十八日、頼経は就任からひと月余りの権大納言を辞職した（『吾妻鏡』）。この大納言辞職は、頼経が摂関家子弟としての立場を捨て、頼朝をよき先例とする鎌倉殿としての立場を宣言するものでもあった。

九条家の重要行事

頼経の在京中に、実家の九条家では弟天台座主慈源の延暦寺拝堂、同じく弟で頼経の猶子になっていた福王の仁和寺御室入室（代々親王が御室に就任していて、臣下としては異例の入室）、甥忠家の元服などの儀礼、父道家の出家など、家にとっての重要な行事が頼経も参加して立て続けに行われた（『吾妻鏡』『玉蘂』）。

春日社参詣の先陣

今回の頼経上洛の大きな目的のひとつは、氏社である春日社への参詣だった。ひと月ほど前の三月末に四条天皇の春日行幸が行われていて、その行列を頼経や武士たちも見物している（『玉蘂』三月二十八日条）。天皇の行幸の行列と、鎌倉殿の参詣の行列は、当然ながら京都と奈良の人びとに両者の力の大きさ、あるいはその差をみせつけることになる。日付が六月五日に変わる前の夜中に行列は京都を出発した（『玉蘂』）。出発時の行列でも先陣は三浦義村で、義村の前を子息・孫・被官六人が随兵として騎馬した。義村の後ろを行く頼経の随兵三十騎の第一列には三浦光村、第二列には三浦氏村、第六列に佐原光盛、第八列に三浦泰村・佐原家連が供奉した。後陣は北条時房・泰時の二人だったが、その後ろに数百人が雲霞のように列したという（『吾妻鏡』）。この行列を道家・良実・

実経らも見物した。頼経が乗る輿の輿舁は公経が送り込んだ人たちだった。泰時・泰村は奈良までは下向せず、明け方ごろに行列から離れて、京都の留守をつとめた（『玉蘂』）。鳳輦に乗った天皇の行幸には大納言以下の公卿たちが従い、天皇の威厳を示したが、頼経の行列は公卿の扈従はないものの、随兵の数は行幸を圧倒した。

春日山を囲む私勢

『玉蘂』は「河内国守護」が仮設の建物を熱沼池（所在地不明）の辺りに建てて、昼食の用意をしたと記している。守護が河内国内の御家人に御家人役を賦課して設営に当たったのだろう。これまで河内国の守護は承久の乱後に守護の徴証のある三浦義村だと考えられてきた。このときは子息光村が河内守でもあり、三浦氏が河内国に対して絶大な力をもっていたので、こうした巨額の賦課が可能だったと考えられたのであった（高橋秀樹『北条氏と三浦氏』）。ところが、最近発見された『青山文庫本貞永式目追加』所収の「国々守護の事」という諸国守護一覧により、この暦仁元年の河内国守護が北条朝直であると明らかとなった。朝直は執権時房の子である。大和国・山城国には守護が設置されていないから、隣接する河内国の御家人に会場の設営と食事の用意が賦課されたということなのだろう。

頼経一行は昼頃奈良に到着し、頼経は未の刻（午後一〜三時）に社参した。その間、「淡路守護義村」が私勢で春日山を守り囲んだという（『玉蘂』）。先の諸国守護一覧によれば、淡路国守護は長沼宗政であって、義村ではない（『青山文庫本貞永式目追加』）。道家も義村のことは十分に認識しているから、義村と宗政を間違えたとみるよりは、淡路国と讃岐国とを勘違いしたという方が妥当だろう。守護として国内の御家人を動員したということだろうから、「私勢」とするのは適切ではないが、貴族たちには私的な従者たちのように認識されたのだろう。

義村の存在感

頼経の上洛と春日社参詣は、京都・奈良の人びとに幕府の経済力・軍事力をみせつけるものであるとともに、承久の乱以来、京都に対する鎌倉幕府の顔となっていた三浦義村の存在感を改めてみせつけるものになっていた。

泰村の評定衆就任

また、この在京中の四月二日に三浦泰村が評定衆の一員となった（『吾妻鏡』）。暦仁元年に親子で評定衆となっているのは、北条時房・真昭（資時）のみである。ただし、資時は出家の身で、時房の後継者ではなかった。時房の後継者と目される時盛や朝直はまだ評定衆にはなっていない。義村・泰村が父子で評定衆に加わったことは、この家が代々評定衆を輩出する家であることを示した。この点でも、三浦氏は北条氏と並ぶ特別な御家人の家になっていた。

四　義村の死とその後

頼経一行の帰還

暦仁元年（一二三八）十月二十九日、藤原頼経一行は京都から鎌倉に戻った（『吾妻鏡』）。この年の冬は比較的雪が多く、北条の家の若き後継者経時は、雪が降った明け方に相模国大庭野（神奈川県藤沢市）や山内（神奈川県鎌倉市・横浜市）で狩りを行った（同十二月三日・同十二日条）。狩りには義村の子泰村・家村・資村らも射手として参加した。年末恒例になっていた北条時房・泰時らによる、頼朝・政子・義時の法華堂参詣には、義村・毛利季光・安達義景らも参会した（同十二月二十八日条）。

相次ぐ要人の死

この年の十月に後堀河天皇生母の北白河院藤原陳子と前摂政藤原師家、十二月に後鳥羽天皇皇后の宜秋門院藤原任子が相次いで亡くなった（『百錬抄』『公卿補任』、『吾妻鏡』延応元年〈一二三九〉正月十九日条）。そこで朝廷は前年十一月の暦仁改元から三ヵ月にも満たない二月に延応改元を行った（『百錬抄』二月七日条）。それでもなお、悪天候や天変地異が頻発し、改元からほどない延応元年二月二十二日、隠岐に流されていた後鳥羽法皇が亡くなった（『百錬抄』）。配流から十八年、享年六十だった。五月には顕徳院の諡がつけられた（『百鍊抄』五月二十九日条)。崇徳院の先例によるもので、怨霊を慰撫するために「徳」の字がつけられた。京都では藤原(九条)道家が病に陥り、この年も長雨と天変が続いて、人びとの不安をあおった。鎌倉では、十一月二十一日に将軍藤原頼経の若君(のちの頼嗣)が誕生したのが(『吾妻鏡』)、数少ない明るい話題だった。

義村の死

そうした状況のなか、延応元年十二月、義村が突然死去した。死因は「大中風」、すなわち脳出血であったという(『吾妻鏡』)。暦仁元年の上洛で華々しい姿をみせつけた一年半後の急死だった。義村の没年齢を記す史料はないが、仁安三年(一一六八)生まれだとすれば、七十二歳だったことになる。その夜、政治運営のパートナーを失った北条泰時は自ら義村邸に遺族を弔問した。邸宅には多くの御家人が集まり、将軍頼経も弔問使を派遣した。

死去の日付

義村死去の日付を、『吾妻鏡』は五日、『関東評定伝』は十五日とする。平経高の『平戸記』仁治元年(一二四〇)正月二十八日条は「去年の歳暮に義村頓死す」と記しているから、月初めの五日ではなく、十五日だったのかもしれない。

義村に続いて、年が明けた仁治元年正月二十四日には、彗星の変異が続くなかで、北条泰時を支えたもう一人の人物、北条時房も突然に亡くなった。やはり死因は「大中

前武蔵守平泰時朝臣
評定衆
相摸三郎平資時法師　法名真昭
前摂津守中原師員朝臣
前駿河守平義村　十二月卒
三浦介義澄男
建久元年十二月十四日任右兵衛尉　勲功賞
建暦元年十月十二日任左衛門尉
承久元年十一月十三日任駿河守　同日叙爵
貞応二年四月十日［illegible］　同十二月十七日叙従五位上
嘉禎二年十二月十八日叙正五位下

延応元年十二月十五日卒
蔵人大夫大江李光法師　法名西阿
民部大夫藤原行盛法師　法名行然　政所執事
若狭守平泰村
前佐渡守藤原基綱
二階堂　出羽守藤原行義
肥後守藤原為佐　九月九日任大宰少弐
対馬守三善倫重
加賀　民部大夫三善康持　問注所執事

『関東評定伝』三浦義村の経歴（国立公文書館所蔵）

風」だった（『吾妻鏡』）。この二人の突然の死は、後鳥羽院の怨霊の仕業(しわざ)ではないかと噂された（『平戸記』正月二十八日条）。

義村遺領の配分

義村の遺領は、子息泰村・光村・家村・資村・胤村・重時の六人に分割され、四月十二日に安堵の下文が発給された。泰村兄弟は頼経御所と泰時邸に列参し、礼物を贈った（『吾妻鏡』）。

義村の評価

三浦義村は、源実朝・尼御台所政子・藤原頼経という鎌倉の首長から絶大な信頼を寄せられ、北条義時・泰時親子と協調して、有力御家人の筆頭として幕府政治を支えた。時政から義時への北条氏の代替わりと将軍実朝の安全確保は、政子の信頼を得ていた義村の知恵によって実現した。また、藤原道家子息の鎌倉殿推戴を提案し、承久の乱後は自ら後堀河天皇を擁立したわけであるから、承久の乱後の中世国家の枠組みは義村によってつくられたともいえよう。幕府の有力者というだけではなく、朝廷や貴族たちからも頼られる、朝幕関係における幕府側の顔だった。さらには九州の所領での日宋貿易を通じて、その目は海外にまで及んでいた可能性も高い。私たちは、三浦義村に対するかつての低評価やダーティーなイメージを捨てないといけない。

義村は権門だったのか

近年、野口実氏は、義村が一有力御家人としての範疇（はんちゅう）を逸脱していて、北条氏と対等に近い「権門（けんもん）」であると評価している（「承久の乱における三浦義村」）。「権門」を権力者・権勢家の意味で使うならば大きな問題とはならないが、これまでの中世史研究のなかで、「権門」とは、院や天皇を頂点とする中央国家のもとで国家権力を分掌する権力体と定義されて用いられてきたことからすれば、直接的に国家権力を分掌していない北条氏や三浦氏を「権門」と称することは、概念の混乱を招くだけである。確かに私たちがもつ有力御家人のイメージを上回る存在ではあるが、御家人としての分際や範疇を超えているわけではない。そこには注意が必要だろう。

義村死後の三浦氏と鎌倉幕府

義村の死後は、子息泰村が評定衆として活動し、北条氏と並ぶ高い家格の御家人として、将軍藤原頼経と執権北条泰時を支えた。北条泰時が亡くなるのは二年後の仁治三年（一二四二）六月十五日である（『百錬抄』六月十九日条）。泰時の死も後鳥羽天皇や長厳（ちょうげん）僧正の怨霊の仕業と噂された（『平戸記』六月二十日・二十三日条）。義村の外孫に当たる嫡子時氏は早世（そうせい）していたから、泰時の孫経時が十八歳で執権を襲（おそ）った。前年に評定衆に加わったばかりで（『関東評定伝』）、政治経験は浅かった。泰時時代初期のように北条一門の長老格との両執権体制をとることなく、経験豊富な実務官僚と有力御家人三浦泰村らに支えられた政権だった。寛元（かんげん）二年（一二四四）、評定衆に三浦光村が加わった（『関東評定伝』）。一門から複数の評定衆を出しているのは、北条氏と実務官僚の二階堂氏のみだったから、これも三浦氏が特別な御家人の家だったことを意味する。翌寛元三年正月十三日、頼経の子頼嗣が六歳で将軍となり、七月五日に前将軍頼経は二十六歳で出家するという代替わりが行われた（『吾妻鏡』正月二十日条・七月五日条）。出家は頼経の意向によるもので、頼経は出家後も「大殿（おおとの）」（家長）として政治を執っている。大きな混乱もなく、執権と将軍の代替わりが行われたが、寛元三年の秋ごろから体調を崩しがちだった経時は、翌四年三月重態に陥った（『吾妻鏡』三月二十一日条）。経時邸での「深秘（じんぴ）の沙汰」によって二十歳の弟時頼への執権職譲与が決まった。時頼への譲与は経時の意向だったという（同二十三日条）。経時は閏四月一日に二十三歳で亡くなった（『吾妻鏡』）。

経時から弟時頼への不測の代替わりは鎌倉に大きな混乱をもたらした。五月末から七月にかけての騒動、古くは宮騒動（みやそうどう）、近年では寛元の政変と呼ばれている事件の勃発（ぼっぱつ）である。『吾妻鏡』寛元四年（一二四六）五月から六月にかけての記事と、前関白太政大臣藤原（近衛）兼経（かねつね）の日記『岡屋関白記』六月九日〜十六日条、参議藤原（葉室）定嗣（さだつぐ）の『葉黄記』六月一日〜十五日条などを勘案すると、寛元の政変とは、大殿藤原頼経とその側近が執権就任間もない時頼を除こうとした事件で、時頼の後釜（あとがま）として擁立されかけたのが名越流北条氏の光時（みつとき）だった。三浦氏も事件への関与が疑われたが、泰村が弟家村を時頼側近のもとに遣わして関与を否定し、頼経らにも確認をとって、無実が証明された。再び信頼を得た泰村も加わった「深秘の沙汰」で、頼経の京都送還を含む事件の事後処理が行われた。頼経の父道家も事件への関与が疑われて失脚した。しかし、この寛元の政変によって、北条時頼と三浦泰村との関係が破綻することはなかった。

最近、寛元の政変は藤原道家が三浦泰村を執権に擁立しようとした事件であるという説が提起された（鈴木かほる『幻の鎌倉執権三浦氏』）。政変に際して、道家から三浦光村を誘引する動きがあったことは事実であろうが（『吾妻鏡』宝治元年六月八日条）、それ以上の動きは史料からうかがえない。院政期に天皇の外戚と摂政・関白の地位が分離し、鎌倉時代には藤原忠通の子孫以外が摂政・関白になれなくなっていたのと同様に、執権が鎌倉殿の外戚から分離して、鎌倉殿が源頼朝子孫から摂関家子弟へと代わっても北条氏が執権を輩出する体制が五十年続くと、それを他氏に交替させるのは容易ではないし、三浦氏が執権に就く大義名分もない。承久三年（一二二一）に後鳥羽上皇が北条義時に替えて三浦義村を擁立しようとしたときとは状況が変わっていた。執権時頼を廃そうとした頼経らが新たな執権に擁立しようとしたのは、『吾妻鏡』の記事通りに、名越流北条氏の光時（義時の孫）だったと考えるべきだろう。

宝治合戦

寛元の政変から一年後の宝治元年（一二四七）六月五日に宝治合戦が起き、三浦氏は滅びることになる。『吾妻鏡』は、かつての北条氏の外戚三浦氏を倒して時頼の外戚としての権力を確立しようとする安達氏が主導した戦乱として描いており、それが通説のようになっているが、安達景盛父子の密談（宝治元年四月十一日条）、安達邸から出現した白旗の記事（五月十八日条）など、情報としての信憑性が低い『吾妻鏡』の記事を排除する史料批判を行い、幕府が京都に伝えた公式見解などを踏まえて事件を再検討してはじめて宝治合戦の実像がみえてくる。

寛元の政変の余波で幕府中枢が動揺するなか、三浦氏の一部にも不穏な動きをみせる者がいたので、時頼と泰村との間では衝突を避ける交渉が重ねられた。北条氏との和平を望む泰村の意に反して、一族内部の好戦派に引きずられる形で三浦氏は挙兵せざるをえなくなり、起きてしまった謀反事件が宝治合戦だった。わずか六時間の合戦ののち、泰村・光村以下の三浦一族は源頼朝の法華堂に立て籠もって約五百名が自害して果てることになった（高橋秀樹『北条氏と三浦氏』）。和田合戦が泉親平謀反事件に与同する相模国を中心とする若手御家人を抑えきれずに起きてしまった事件であるのと同様に、宝治合戦も寛元の政変を支持する勢力を抑えきれずに起きてしまった事件だった。

義村の死から八年後に起きた宝治合戦で、頼朝法華堂に籠もった子息泰村は「数代の勲功を思い、この罪は許されるだろう。義明以来四代の家長として、また北条殿の外戚として、内外のことを補佐してきたのに、一度の讒言によって、多年の親しみを忘れ、たちまちに誅伐の恥辱を与えられることになった。恨みと悲しみが入り混じっている。後日、時頼はあれこれと考えることがおありだろう。これは、父義村が一族や他氏を多く滅ぼした罪科の結果であろうか。今、冥途に赴く身として、北条殿を恨んではいけない」と語ったという（『吾妻鏡』宝治元年六月八日条）。義村の偉大さは、息子にも理解されていなかったのかもしれない。

三浦介家の終焉

宝治合戦によって義村の男系子孫の大半は滅んだが、義村の娘矢部禅尼（法名禅阿）を母とする佐原光盛（みつもり）・盛時（もりとき）・時連（ときつら）の三兄弟は、同母兄北条時氏の遺児時頼に味方し、一族の命脈（めいみゃく）を保った。宝治合戦後、彼らはそれまでの盛連の子であることを示す「遠江」の称（たとえば「遠江五郎左衛門尉」）を改め、「三浦」の苗字を称した。なかでも盛時は、義明・義澄・義村と続いた三浦の家の継承者としての立場を鮮明にし、「三浦介」を名乗った。義村の外孫盛時にはじまる新しい三浦介の家は、北条早雲（ほうじょうそううん）によって滅ぼされる十六世紀初めまで続き、その後も義村の外孫光盛の系譜を引く葦名氏が三浦介を称し、伊達政宗（だてまさむね）に倒される天正（てんしょう）十七年（一五八九）まで三浦介の家は続いた（高橋秀樹『三浦一族の中世』）。三浦介家の滅亡は、三浦義村の死から三百五十年後のことである。

第六　義村の妻子と所領・邸宅・所職、関係文化財

これまでの叙述において、義村の子や所領・邸宅・所職に言及したが、それらに関する情報、義村にかかわる文書・日記・典籍・絵画・彫刻などの文化財について、本章にまとめて記し、読者の便宜に供したい。

一　妻

三浦の尼公

三浦義村の妻については明証がない。『鶴岡八幡宮寺供僧次第』文恵坊範祐の項目に「入道大納言家の御時、三浦の尼公申すにより、海野藤四郎をもって仰せらる」とある、この入道大納言家（藤原頼経）時代の「三浦の尼公」が義村後家である可能性はあるが、出自などは不明である。ほかには、後世に作成されたいくつかの系図が義村の妻とする人物を載せる程度である。

系図史料が載せる妻

①小早川遠平の娘
水戸藩が『大日本史』編纂のために収集・編纂した『佐野本系図』の「三浦系図」における義村男朝村の注記に「母土肥弥太郎遠平の女」とあるだけで、他の系図にはみえない。これが正しければ、義村母の妹が遠平の妻だったから、義村は従姉妹と結婚したということになる。

②河越宗重の娘
続群書類従本「千葉上総系図」では、河越宗重の女子（重頼から五世代後の子孫）に「三浦義村の室」の注記を付すが、世代がまったく合わない。

③大友経秀の娘、相模局
『利根文書』所収「大友能直略系図」の経秀女子の注に「三浦平六兵衛尉義村の妻。相模局と号す」とみえるのみである。「秀郷流系図波多野」では経家の子実秀（母は三浦庄司義継の女）の女子に「右大将家女房、相模号、信清の女房」と注記していて、同じ大友氏出身の相模という女房のことながら、配偶者の記述が異なっている。「信清」については不明。

二　子

太郎朝村

①朝村

義村の一男。太郎を称する。中条家本「平氏諸流系図」には「太郎、早死しおわんぬ」の注記がある。朝村は、『吾妻鏡』では承久元年（一二一九）から貞応元年（一二二二）までみえ、貞応元年までに兵衛尉に任官している（正月一日条）。同年三月八日条を最後に記事がみえないので、早世したものと思われる。なお、『吾妻鏡人名索引』は、嘉禎三年（一二三七）の「駿河太郎」を朝村に比定しているが、「兵衛尉」を称していないから、この「駿河太郎」は駿河守北条重時の一男為時であって、朝村ではない。

朝村の子

続群書類従本「三浦系図」が朝村の子として載せる氏村・朝氏・員村の三人は、『吾妻鏡』の宝治合戦の自殺・討死交名に「三浦又太郎式部大夫氏村」「同次郎」「三浦三郎員村」と掲載されている（宝治元年〈一二四七〉六月二十二日条）。このうち、氏村は元仁元年（一二二四）以降『吾妻鏡』に散見する。嘉禎元年以前に左衛門尉に任官しているが、宝治元年二月二十三日条に「三浦式部大夫」とあることからすれば、諸大夫身分が任じられる式部丞に転任し、叙爵していることになる。長子朝村の遺児には義村の嫡子泰村同等の待遇が与えられたといっていいだろう。また、員村は、『吾妻鏡』宝治元年六月十四日条で「三浦駿河三郎員村」と称されている。義村の駿河守に由来する「駿河」を称していることからすると、祖父義村の養子になっていたようである。これも朝村遺児に対する優遇だろう。なお、島津家文書の「信濃太田荘相伝系図」（『鎌倉遺文』三三八七号）によれば、氏村の妻は島津忠久の娘だった。

②泰村

次郎泰村

義村の二男。次郎を称する。

泰村の生年

群書類従本および新校群書類従本の『関東評定伝』は、没年齢を六十四歳としており、これに従えば元暦元年（一一八四）生まれということになるが、すぐ下の弟光村との年齢差が十九歳になってしまうという難がある。国立公文書館所蔵紅葉山文庫本の『関東評定伝』は、没年齢を四十四歳と記していて、元久元年（一二〇四）生まれだとすると、泰村と光村とは年子となり、先の難点は解消する。これは、古活字本『承久記』の「生年十八歳」という記述とも整合するから、元久元年生まれとみるのが妥当なところだろう。

泰村の任官

『吾妻鏡』では承久元年（一二一九）七月十九日の三寅下向記事に「三浦次郎」とあるのが

初出で、父義村の駿河守任官後は「駿河次郎」の称で射手や頼経の供奉人として頻出する。弟たちが衛府の尉に任官するなか、泰村は三十三歳まで任官していなかったが、嘉禎三年（一二三七）九月に掃部権助に任官し、翌十月式部少丞となった。十一月には叙爵して式部丞を辞し、十二月に若狭守となっている。その後、従五位上、正五位下に昇叙した（『関東評定伝』）。暦仁元年（一二三八）四月二日、評定衆に加えられた（『吾妻鏡』）。

泰村の最初の妻は北条泰時の娘だった。『吾妻鏡』は、寛喜二年（一二三〇）八月四日条と嘉禎二年十二月二十三日条の二ヵ所にこの女性の死没記事を載せている。寛喜二年に亡くなった泰時の娘は『明月記』には時房子息の妻とあるから、こちらが誤った記事なのかもしれない。宝治合戦後の記事に泰村の後家として記述があるのは鶴岡八幡宮別当定親の妹、すなわち内大臣源通親の娘である（宝治元年六月十四日条）。続群書類従本「三浦系図」は、子とし

貞永元年閏九月廿七日叙正五位下
仁治元年八月十四日任刑部権少輔
寛元二年四月五日叙従四位下
文永二年於京都卒
伊賀
式部大夫藤原光宗法師　法名光西
民部大夫藤原行盛法師　法名行然　政所執事
前甲斐守大江泰秀
前若狭守平泰村　六月誅
駿河前司義村男
嘉禎三年九月十五日任掃部権助
同十月廿七日任式部少丞　同十一月廿九日叙爵

同十二月廿五日任若狭守
延應元年四月十三日叙従五位上
寛元二年三月六日叙正五位下
寶治元年六月五日誅　年四十四
前出羽守藤原行義
前下野守藤原泰綱
秋田城介藤原義景
前能登守平光村　六月誅
駿河前司義村男
寛喜三年四月十四日蒙使　宣旨左衛門尉
天福元年四月廿五日　叙爵

嘉禎二年七月廿日叙従五位上
同三年正月廿九日任壹岐守
暦仁元年三月七日任河内守
仁治二年六月七日任能登守
寛元三年四月八日叙正五位下
寶治元年六月五日誅　年四十三
民部大夫三善康連　問注所執事
外記大夫三善倫長
左衛門尉清原満定
前尾張守平時章　七月加
寶治二年　戊申

『関東評定伝』三浦泰村・光村の経歴（国立公文書館所蔵）

て、景村（かげむら）・景泰（かげやす）（十三歳）・駒孫丸（こままごまる）（十二歳）・駒鶴丸（こまつるまる）（十一歳）・駒石丸（こまいしまる）（九歳）・有駒丸（ありこままる）（八歳）・駒若丸（こまわかまる）（七歳）・駒増丸（こまますまる）（六歳）・皆駒丸（みなこままる）（四歳）と女子（小田奥太郎左衛門妻）を載せる。このうち、『吾妻鏡』に記載があるのは景村と駒石丸のみで、定親の妹との間にも二歳の子がいたという。

③光村

義村の三男。三郎を称する。『関東評定伝』が没年齢を四十三歳としていることによれば、元久（げんきゅう）二年（一二〇五）生まれとなる。幼名は駒若丸で、鶴岡八幡宮別当公暁（こうぎょう・くぎょう）の稚児だった（『吾妻鏡』建保（けんぽう）六年〈一二一八〉九月十四日条）。

承久二年十二月一日条には「光村」とあるから、承久元年から二年にかけての時期に十五、六歳で元服したとみられる。寛喜二年三月に使節として上洛した時に、左衛門尉に任官し、検非違使の宣旨を蒙った（『民経記』四月十四日条）。天福元年（一二三三）叙爵して、検非違使に留まる叙留宣下を受け、三年後に従五位上に昇叙、嘉禎三年に壱岐守となった（『関東評定伝』）。検非違使から叙爵して国守となるコースは、侍受領としては典型的な昇進だが、壱岐守にとどまらず、河内守、さらに能登守へと遷任している（『関東評定伝』）。

光村と京都

京都とのつながりが深く、妻は後鳥羽上皇の寵童出身で北面に控えた医王左衛門尉能茂の娘だった（『吾妻鏡』宝治元年六月十四日条）。光村は琵琶や延年などの芸能に通じていた（『吾妻鏡』寛元元年〈一二四三〉九月五日・同二年七月十六日条）。鶴岡八幡宮の稚児は鎌倉における芸能の担い手だったから、その時に手ほどきを受け、在京時代に腕を上げたのだろう。『古今著聞集』には、足利義氏が藤原頼経に猿を献上した際、光村が鼓を打って猿を舞わせた話がみえる。琵琶の秘曲伝授を受けた者を記している『琵琶血脈』に藤原孝時の弟子として名を載せており、兄弟弟子には太政大臣藤原（西園寺）公相（実氏男）・関白藤原（一条）実経（藤原〈九条〉道家男）や、『古今著聞集』の著者橘成季がいる。

頼経の側近

光村は頼経の側近であった。書札礼の制約から主人の頼経に直接書状を出せない北条時頼は、光村に時頼への披露を求める文書を出している（深堀家文書、年未詳十月二十三日北条時頼書下）。頼経が京都に送り返されたときに、頼経を今一度鎌倉にお連れしたいと話した逸話が『吾妻鏡』に記されているが、この記事は『吾妻鏡』編者の作文の形跡がある（高橋秀樹『三浦一族の研究』）。

宝治合戦での光村

宝治合戦では、頼朝法華堂に立て籠もって自ら顔を削り、自害したエピソードが知られる。そうしたことから、『吾妻鏡』は、光村を宝治合戦の主戦派として描いている。また、宝治合戦の死没者交名には、子息駒王丸の名がある。続群書類従本「三浦系図」によれば、母は能茂の娘である。『吾妻鏡』によると、二人の間には赤子もいたという（宝治元年六月十四日条）。

④家村

四郎家村

義村の四男。四郎を称する。中条家本「平氏諸流系図」に「五位式部大夫」、妙本寺本「平家系図」に「四郎、式部丞」の注記がある。『吾妻鏡』には貞応元年（一二二二）以降、射手や諸役をつとめた記事が散見し、貞応二年には鎌倉殿三寅の近習として結番されている（『吾妻鏡』十月十三日条）。寛喜二年（一二三〇）二月から貞永元年（一二三二）七月までの間に左衛門尉に任官したが、父義村死後の仁治二年（一二四一）六月二十七日に式部丞に任じられ、五月二十五日に叙爵して（『吾妻鏡』八月十一日条）、以後、前式部丞の五位官人を意味する「式部大夫」と称された。

家村の妻子

宝治合戦で、子息の「駿河式部三郎」は討ち死にしたが、家村自身は逃れ、行方不明となった（『吾妻鏡』宝治元年六月二十二日条）。そのため、後には、三河国の三浦氏など、三浦氏の子孫を称する人々から伝承上の祖先と位置づけられることになる（『系図纂要』）。『吾妻鏡』宝治元年六月十四日条によれば、妻は島津忠時（ただとき）の娘で、宝治合戦後に出家している。『島津氏正統系図』は忍覚（にんかく）という彼女の法名を記している。「若狭国鎮守一二宮社務代々系図」は、第十二代社務景継（かげつぐ）の三女が家村の妻だったと記している。

⑤資村

五郎資村

義村の五男。五郎を称する。続群書類従本「三浦系図」や中条家本「平氏諸流系図」に「五郎左衛門尉」とある。妙本寺本「平家系図」は「祐村」と表記している。『吾妻鏡』文暦元年（一二三四）七月二十六日条の御台所出産関係記事に鳴弦（めいげん）役として「駿河五郎左衛門尉」とみえるのが初出。宝治合戦で一族とともに自害した。陸奥国好島荘（よしまのしょう）の預所（あずかりどころ）であったことを示す史料が残っている（飯野八幡宮文書、『鎌倉遺文』六九八六号・五一三八四号）。

六郎長村

⑥長村

続群書類従本「三浦系図」に「六郎左衛門尉」とある。中条家本「平氏諸流系図」に「長村」とは記されているが「九郎、宝治元誅せらる」とあり、九郎重時との混乱がある。『吾妻鏡』に「駿河六郎」を称する人物は登場せず、実在が確認できない。

七郎重村

⑦重村

続群書類従本「三浦系図」に「七郎左衛門尉」とあるが、中世成立の系図のなかで義村子弟を比較的多く掲載している中条家本「平氏諸流系図」や妙本寺本「平家系図」にはみえない。『吾妻鏡』に「駿河七郎」は登場せず、実在が確認できない。『吾妻鏡』の北条本・島津本・毛利本は、宝治元年六月二十日条に「駿河九郎重村」と記しているが、この部分の吉川本は「駿河九郎重時」であり、七郎重村の記事ではない。

八郎胤村

⑧胤村

義村の八男。八郎を称する。『吾妻鏡』嘉禎三年（一二三七）八月十五日条には「六男」とあるが、通称からすると八男の誤記だろう。嘉禎二年に左衛門尉に任官している。宝治合戦勃発時には陸奥国におり、一族滅亡を聞いて出家した（『吾妻鏡』六月二十日条）。生け捕りになったが、北条時頼の計らいにより、亡父義村の勲功に免じて許された（同六月二

明空法師像（奈良国立博物館所蔵）

十八日条）。後に京都で親鸞の弟子となって明空と名乗り、常陸国下妻に光明寺を創建したという（『大谷本願寺通紀』）。胤村がこの明空であるという説の真偽はわからない。宝治合戦より十四年後の弘長元年（一二六一）に兄弟の良賢（後述）が企てたとされる謀叛事件の張本のひとりとされた（『吾妻鏡』六月二十二日条）。『大谷本願寺通紀』は、永仁五年（一二九七）二月十三日に七十三歳で亡くなったとするが、『佐野本系図』は、良賢謀反事件の際に亀谷の石切場で捕らえられ、由比ヶ浜で梟首されたとする。『大谷本願寺通紀』の没年齢によれば嘉禄元年（一二二五）生まれ、『佐野本系図』の没年齢によれば、建保四年（一二一六）生まれということになる。奈良国立博物館に肖像画「明空法師像」（重要文化財）が所蔵されている。

⑨重時

九郎重時

義村の九男。九郎を称する。続群書類従本「三浦系図」は「重時」とするが、妙本寺本「平家系図」は「重村」と記す。『吾妻鏡』仁治元年（一二四〇）四月十二日条の義村遺領配分記事において、現存する諸本はいずれも胤村の次に「重村」と記しているが、兄弟順を考慮すると、九郎重時の誤記だろう。『吾妻鏡』宝治元年（一二四七）六月二十日条によれば、幼少期は鶴岡別当定豪（じょうごう）の稚児であったが、僧侶にはならず、元服して「駿河九郎」を称した。宝治合戦で一族とともに自害している。

⑩良賢　大夫律師良賢

続群書類従本「三浦系図」に「良賢大夫律師」とある。生年や出生順は不明である。天台座主に就任した良快（藤原兼実の男）が寛喜元年（一二二九）七月一日に延暦寺を拝堂した際に扈従した上童について、『華頂要略』門主伝は「駿河前司義村男箱熊丸」と注記する。その「義村の子」の装束は前太政大臣藤原（西園寺）公経が調えたものだった（『明月記』）。箱熊丸は門主の稚児から出家・得度し、良賢となった。寛喜三年に鴨川で行われた河臨法に参列している（『門葉記』）。その後、鎌倉に下り、嘉禎元年（一二三五）六月二十九日の明王院（みょうおういん）供養では職衆（しきしゅう）をつとめ、仁治元年七月四日には祈雨法（きうほう）を修している（『吾妻鏡』）。嘉禎三年青蓮院門主慈恵（じえ）が三条白河に熾盛光堂（しじょうこうどう）を造営した時には、透中門（すきちゅうもん）の造営を請け負った（『門葉記』）。宝治合戦後、京都で捕らえられたが（『葉黄記』宝治元年六月十五日条）、許されたらしく、伊豆山に隠れ住んだという（『弘長記』）。弘長元年（一二六一）六月二十二日、三浦胤村・野本尼（泰村の娘）とともに謀叛を企てたとして、鎌倉亀谷で捕らえられた（『吾妻鏡』）。なお、建長年間（一二四九〜五六）の史料にみえる山門僧侶良賢僧都は別人である。

⑪北条泰時・佐原盛連の妻

矢部禅尼
前夫北条泰時
後夫佐原盛連

中条家本「平氏諸流系図」では、義村女子の注記に「修理亮時氏の母」とある。『吾妻鏡』嘉禎三年六月一日条に「矢部禅尼法名禅阿」とあり、この記事では「これ駿河前司義村の娘なり。はじめ左京兆（泰時）の室となり、故修理亮を生む。後には盛連の室となり、光盛・盛時・時連等の母となると云々」と説明されている。

建久五年（一一九四）二月二日の北条義時嫡子頼時（のちの泰時）元服の際に、源頼朝の命で三浦義澄孫女との結婚が約束され、泰時二十一歳の建仁二年（一二〇二）八月二十三日に結婚した（『吾妻鏡』）。翌建仁三年に時氏が誕生したが（没年齢より逆算）、ほどなくして離婚した。一門の佐原盛連に再嫁し、光盛・盛時・時連の三人を産んでいる。この三人は宝治合戦に際して、甥に当たる北条時頼に味方し、三浦一族の命脈をつないだ。

後夫盛連は六波羅探題となった時氏にともなって在京しており、酒乱でしばしば暴れたことから「悪遠江」と呼ばれた（『明月記』嘉禄二年正月二十四日・寛喜二年四月十七日条）。『明月記』天福元年（一二三三）五月二十二日条は、盛連が殺されたという噂を載せるが、盛連遺領の安堵が嘉禎三年六月一日であることからすると、盛連の死去は嘉禎三年前半のことだと思われる。嘉禎三年六月一日に安堵された和泉国吉井郷地頭職のほか、和泉国山直郷四箇里内包近領の地頭職を盛連から相続し、知行していたことを記す文書が残る（久米田寺文書、『鎌倉遺文』七〇一五号）。

「矢部禅尼」の「矢部」は、相模国三浦郡矢部郷（神奈川県横須賀市）のことで、晩年は矢部郷内の別荘に居住していた。父義村の支配領域ではなく、夫佐原盛連の支配領域に住んでいたと考えるのが妥当であるから、その場所は、佐原氏が建立した満願寺がある岩戸（神奈川県横須賀市）周辺かと思われる。

⑫小笠原長経の妻　三浦系図所載の娘

続群書類従本「三浦系図」の義村女子の注記に「小笠原太郎の妻」とある。『尊卑分脈』や続群書類従本「小笠原系図」に義村の娘に関する記載はないが、阿波国内の文書を集成した『阿波国古文書』所収の「東名東村吉田孫六系図」の長経の項目に「室三浦駿河守平義村の女」とある。長経は甲斐源氏加々美長清の男で、源頼家側近の一人だった。承久の乱後には阿波国守護となっている。

⑬毛利季光の妻

続群書類従本「三浦系図」の義村女子の注記に「毛利入道西阿の妻」とある。『吾妻鏡』宝治元年(一二四七)六月五日条にも「毛利入道西阿の妻」が泰村の妹だとあり、戦場に向かおうとする夫の鎧の袖を取り、泰村に味方することを勧めた逸話が記されている。

季光は大江広元の四男で、『関東評定伝』によれば、建保四年(一二一六)に左近将監に任じられ、翌年二月蔵人に補された後、四月に五位に叙爵された。ゆえに『吾妻鏡』では左近大夫あるいは蔵人大夫の称が用いられている。承久元年(一二一九)の源実朝の死後に出家して、西阿と名乗った。貞永元年(一二三二)から宝治元年に討たれるまで、評定衆の一員だった(『関東評定伝』)。

⑭藤原親季の妻

『尊卑分脈』道綱卿孫の藤原親季の男季顕に「母駿河守平義村の女」とみえる。続群書類従本「三浦系図」が「中納言親秀の室」とするのは「親季」の誤記である。親季の実父親綱は、諸大夫の家格に属していたが、親季は藤原定能の男定季の養子となることで、建保四年(一二一六)に叙爵し、侍従から近衛次将となり、暦仁元年(一二三八)に蔵人頭から参議となる公達層の昇進コースを獲得している。仁治二年（一二四一）権中納言に昇ったが、翌年権中納言を辞している（『公卿補任』）。定能の姉妹が藤原兼実の正妻であり、定季の娘が藤原教実の妾であるように、九条家との結びつきは強く、親季も九条家の家人、道家の娘藻壁門院の院司となっていた。建長四年（一二五二）二月二日に五十二歳で出家（『公卿補任』）。義村の娘と親季との婚姻は、頼経の鎌倉下向以後、九条家と三浦氏とのつながりが深くなるなかで、結ばれたものである。

⑮北条時長の妻

続群書類従本「三浦系図」の義村女子の注記に「備前守の室」とある。鎌倉御家人で備前守を極官とする人物は、北条朝時の男時長であり、前田本「北条系図」の時長男長頼の注記には「母駿河守義村の女」とある。時長は、藤原頼経とともに上洛した暦仁元年六月に蔵人・左衛門少尉に任じられた。左衛門尉は侍身分の官職であるから、諸大夫身分の官職を獲得する北条氏の子弟が多い中では、格下の侍身分に位置づけられたことになる。その後、叙爵して、備前守に任じられた。寛元四年（一二四六）の寛元の政変（かつては「宮騒動」と呼ばれた）で名越北条氏が失脚する中で、時長は陳謝して許された（『吾妻鏡』寛元四年五月二十五日条）。評定衆・引付衆にはなっていない。

⑯北条時景（ときかげ）の妻

続群書類従本「三浦系図」の義村女子の注記には「掃部助時盛の室」とあるが、『吾妻鏡』宝治元年（一二四七）六月十一日条は時盛の孫信時を「泰村の外姪（がいてつ）」、すなわち姉妹の子と記しているから、野津本「北条系図」のように、信時に「母義村の女」の注記をつけ、時景の妻が義村の娘であったとするのが整合的である。時盛は北条時房の一男で、泰時男時氏とともに六波羅探題をつとめた人物であり、その子時景も父と同じ越後守になっている。

野本尼

『吾妻鏡』弘長元年（一二六一）六月二十二日条が「野本尼若狭前司泰村娘」と記す女性について、『佐野本系図』は胤村の注記のなかで「野木尼（ママ）泰村娘、北条時景妻」と記している。野本（埼玉県東松山市）はこの女性の居住地のはずである。『吾妻鏡』に野本の苗字で登場するのは、『尊卑分脈』藤原氏時長孫の野本氏であり、野津本「北条系図」によれば、北条時景の母が野本基員の孫女であるという。ただし、『佐野本系図』は⑯の義村娘との混乱があるのかもしれない。

吾妻鏡所載の娘

⑰千葉秀胤（ひでたね）の妻

続群書類従本「三浦系図」に記載はないが、『吾妻鏡』宝治元年（一二四七）六月六日条に

「秀胤は泰村の妹聟たるによるなり」との記述がある。秀胤は千葉常秀の子息で、上総権介を称し、仁治二年（一二四一）には叙爵している（『関東評定伝』）。寛元二年（一二四四）に評定衆に加えられているが、同四年のいわゆる寛元の政変に関与したとして評定衆を除かれ、上総国に追放された（『吾妻鏡』六月十三日条）。宝治合戦直後、子息とともに上総国で討たれている（『吾妻鏡』宝治元年六月七日条）。

⑱関政泰の妻

続群書類従本「三浦系図」に記載はないが、『吾妻鏡』宝治元年六月四日条に、政泰は泰村の妹と婚姻関係があると記されている。政泰は常陸国関城（茨城県筑西市）の武士で、続群書類従本「秀郷流系図結城」によれば、政綱の子息であり、大方政家の孫に当たる。政家の子息には日光山別当弁覚などもおり、関氏は小山氏とも近い、この地域の有力者だった。政泰は、嘉禎元年（一二三五）以降、左衛門尉として『吾妻鏡』に登場している。

他の系図所載の娘

⑲北条政村の室

水戸藩が収集・編纂した『浅羽本系図』は、義村の娘の一人に「北条政村の室、時村の母」の注記を付す。ただし、続群書類従本「三浦系図」は胤義の娘に「大津の尼と号す。北条政村の室、時村の母」の注記を付し、続群書類従本「北条系図」は北条時村の母を三浦（大河戸）重澄の娘としているように、混乱があって判然としない。叡尊の『関東往還記』は時村母の法名を遍如と記している。

⑳律々尼

『系図纂要』は、義村の女の一人に「律々尼」と注記するが、不明。

㉑小野光信の妻

千葉県館山市にある洲宮神社所蔵『斎部宿禰本系帳』の光信の記述に「妻三浦駿河前司義村の女」とみえる。信憑性の高い史料にみえる義村の娘の婚姻対象と比べると、かなり格下の婚姻対象であるから、事実関係は疑わしい。安房国に勢力をもっていた三浦氏と結びつけようとする在地神職家の伝承だろう。

三　所　領

①相模国三浦郡（神奈川県横須賀市・逗子市・三浦市・葉山町）

三浦氏の本領。義村による支配を直接示す史料はないが、この地を訪れた鎌倉殿を義村がしばしば歓待しているのは、義村がこの地の領主であることを示す傍証となろう。そのなかには、宝治合戦後、将軍藤原頼嗣から鶴岡八幡宮に寄進された矢部郷（鶴岡八幡宮文書）や、近衛家領三崎荘（『近衛家所領目録』）が含まれる。三浦郡内には佐原家連の「三浦館」（『泉涌寺不可棄法師伝』）など、三浦一族の所領・邸宅もあった。

奥州の所領

②陸奥国名取郡（宮城県名取市・岩沼市・仙台市）

奥州合戦後、和田義盛に与えられた所領で、和田合戦の恩賞として三浦義村の所領となった（『吾妻鏡』建保元年五月七日条）。この時、弟胤義は上総国伊北郡を与えられている。胤義が伊北の地頭であることは『民経記』紙背文書にもみえる（高橋秀樹『三浦一族の研究』）。

③陸奥国加美郡栗谷沢村（宮城県加美町）

仁治二年（一二四一）、泰村の子息景村が博奕の咎で所領陸奥国賀美郡栗谷沢村を没収されている（『吾妻鏡』五月十日条）。この所領は義村の遺領であろう。栗谷沢村の現在地は不明。

④陸奥国好島荘（福島県いわき市）

飯野八幡宮縁起注進状案に「預所　三浦左衛門尉平義村」「五郎左衛門尉資村」とあり（飯野八幡宮文書）、義村から資村に譲られたことがわかる。同文書によれば、この職は宝治合戦後に伊賀光宗に与えられた。

畿内近国の所領

⑤河内国東条（とうじょう）（大阪府富田林市）

貞和二年（一三四六）の所領文書目録（田北文書）によれば、田北氏が河内国東条中村の地頭職を有しており、その地の惣地頭三浦義村が発給した承久三年（一二二一）の下文（くだしぶみ）があったという。承久の乱後、義村は東条地域全体の地頭職を獲得し、中村（大阪府河南町）など地域内の小規模の地頭を統括したのだろう。田北氏は大友氏の一族で、三浦氏と大友氏との間には姻戚関係があった。承久の乱後の三浦氏は河内国の守護でもあった。

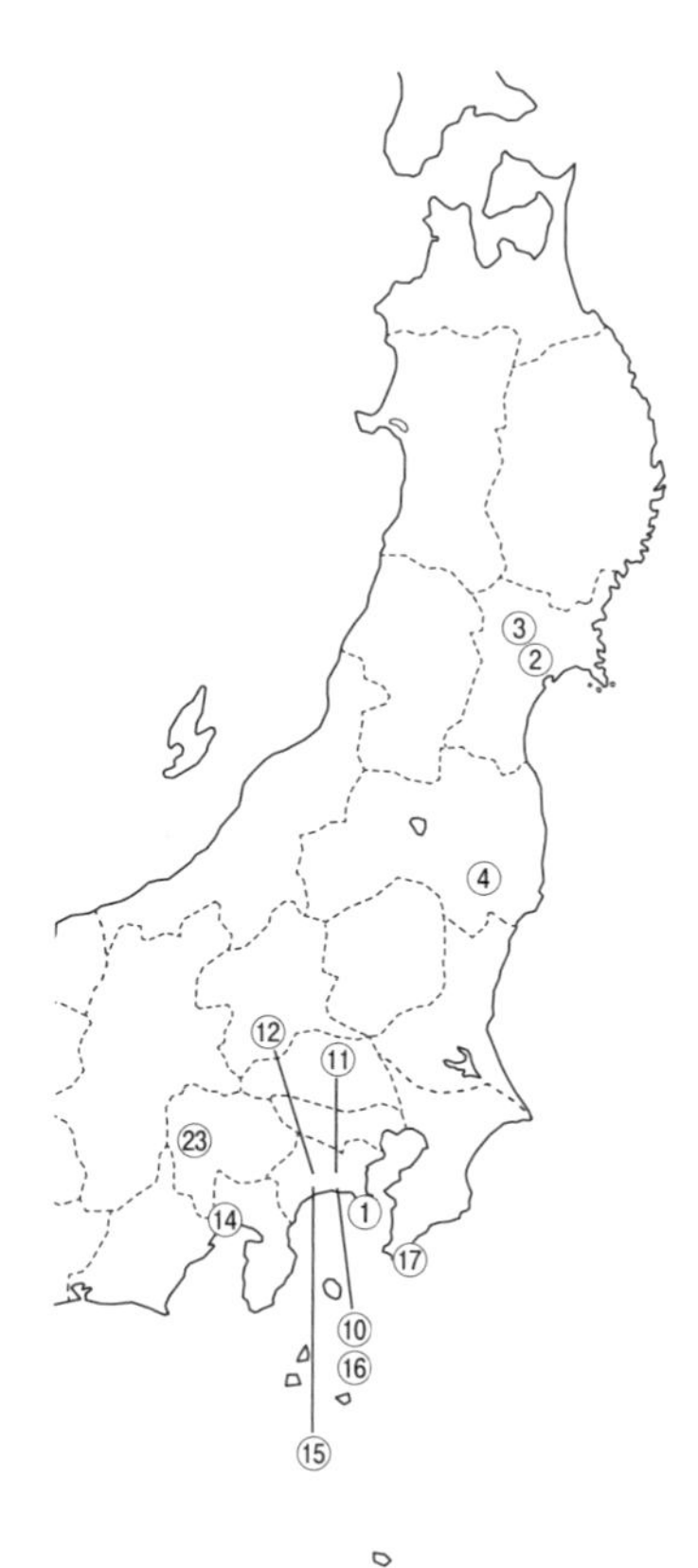

①相模国三浦郡
②陸奥国名取郡
③陸奥国加美郡栗谷沢村
④陸奥国好島荘
⑤河内国東条
⑥紀伊国石手荘
⑦紀伊国弘田荘
⑧筑前国宗像社
⑨肥前国神崎荘
⑩西御門家
⑪田村別荘
⑫大庭別荘
⑬京都宿所
⑭駿河守
⑮相模国守護職
⑯源実朝家・藤原頼経家御厩別当
⑰安房国守護職
⑱河内国守護職
⑲淡路国守護職
⑳紀伊国守護職
㉑讃岐国守護職
㉒土佐国守護職
㉓小笠原御牧奉行人

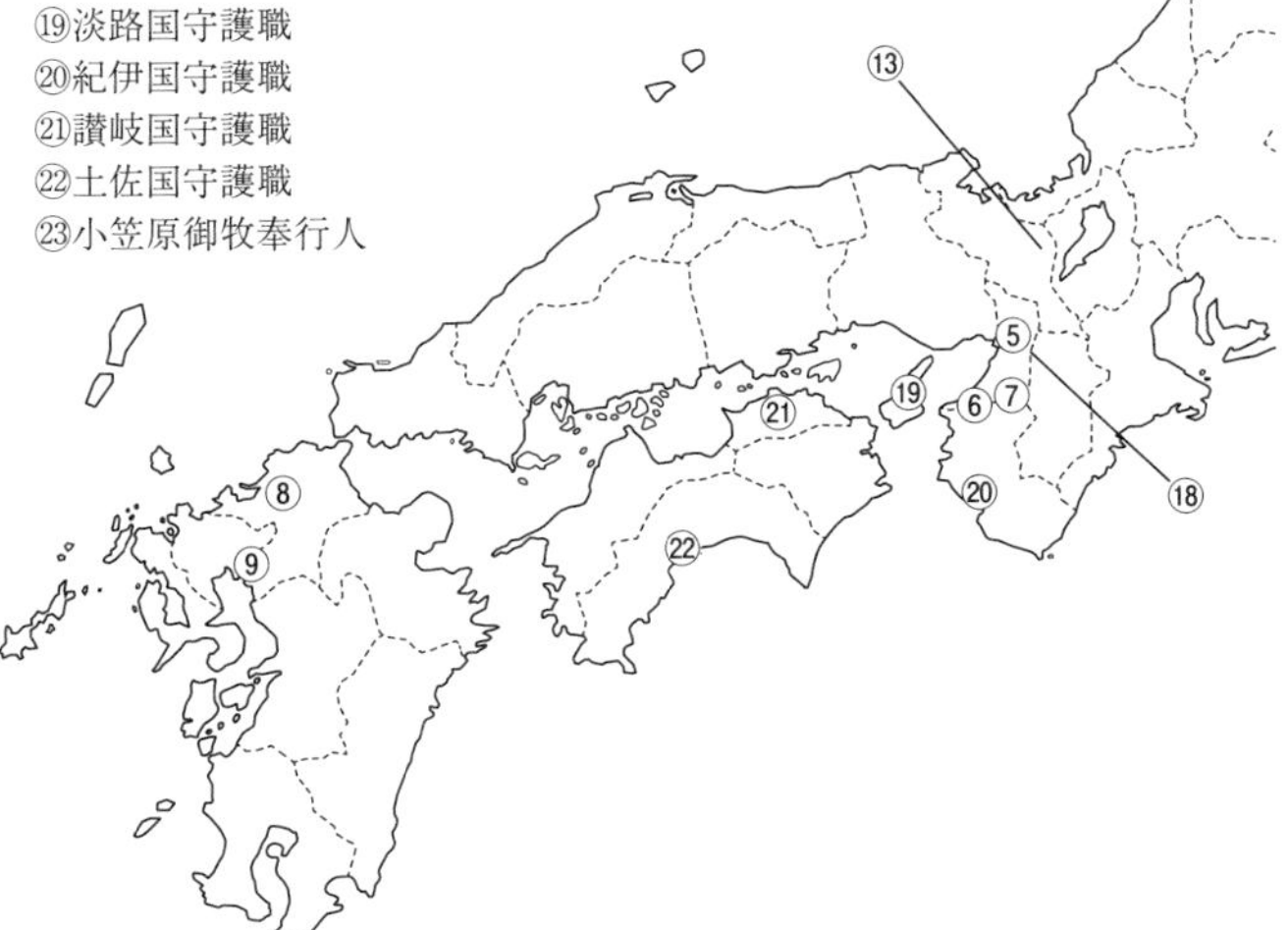

三浦義村の所領・所職の所在地

⑥紀伊国石手荘（和歌山県岩出市）

⑦紀伊国弘田荘（和歌山県岩出市）

この二つの荘園は、承久四年（一二二二）四月十日の六波羅下知状（『根来要書』、『鎌倉遺文』二九四六号）に高野山伝法院領として載せられている。山崎荘以下の五荘には地頭名が記されていて、地頭代の不法が訴えられているのに対して、この二荘には地頭名が記されておらず、本文中に「かねてまた石手・弘田両庄は、守護と号するの輩、停廃せしむべきなり」とあるから、この二荘は、紀伊国守護が地頭職をもつ荘園だったと思われる。承久の乱後の数ヵ月間、紀伊国守護義村の所領となっていたことになる。

鎮西の所領

⑧筑前国宗像社（福岡県宗像市）

宗像社およびその社領は、承久の乱の張本藤原（葉室）光親が領家だったために没収され、領家鎌倉殿のもとで、預所には三浦泰村が任命された（宗像大社文書、『鎌倉遺文』二八二六号）。嘉禄二年（一二二六）に宗像社住人が訴えた裁判の結果が幕府から義村宛てに通達されていること（同、『鎌倉遺文』三四八一号）を考えると、実質的な知行権は義村にあったのだろう。金沢正大「筑前国宗像神社大宮司職補任と荘園領主をめぐる諸問題（下）」などの研究があるが、宝治合戦後に出てきた大宮司側の主張を史料批判した上で論じている藤本頼人「九州における三浦一族の展開」が最新の成果である。

⑨肥前国神崎荘（佐賀県神埼市）

藤原（葉室）定嗣の日記『葉黄記』宝治元年（一二四七）八月十八日条に神崎荘と宗像社が三浦泰村の知行地であったと記されている。神崎荘には承久の乱後に地頭が置かれたというから、義村あるいは泰村が地頭に補されたのだろう。宝治合戦後、地頭は止められ、後嵯峨上皇の一円支配地となった。神崎荘は日宋貿易の拠点として知られる（『長秋記』長承二年〈一一三三〉八月十三日条）。

四　邸宅

鎌倉の邸宅

①西御門家（神奈川県鎌倉市）

元仁元年（一二二四）に焼亡記事がある（『吾妻鏡』九月五日条）。安貞元年（一二二七）に将軍藤原頼経が渡御している「三浦駿河前司義村休所」（同二月十四日条）も、再建されたこの邸宅を指すのだろう。義村の死後、泰村が相続した「西御門宿所」が宝治合戦における三浦方の拠点となった（『吾妻鏡』宝治元年六月四日条）。この邸宅について、『新編相模国風土記稿』は「鶴岡社の東、筋替橋の辺にあり」、『新編鎌倉志』は「八幡宮の東の山際にあり」と説明している。

相模国内の別荘

②田村別荘（神奈川県平塚市）

『吾妻鏡』貞応二年（一二二三）四月二十九日条が初見。同年十月四日には北条義時をここに招いている（『吾妻鏡』）。安貞二年には将軍藤原頼経が一泊する予定だったが、義村の軽服のためにひと月延期された（『吾妻鏡』六月二十二日・二十五日条）。頼経の来訪に際して、義村は邸宅に修理を加え、御所一宇を新造して、門田から御所まで伸びる渡廊を造り、東西の庭に山花を植えた。この別荘には遠笠懸・小笠懸ができる馬場もあった（『吾妻鏡』七月二十日・二十三日・二十四日条）。鎌倉の頼経御所からは西北西に当たる（『吾妻鏡』嘉禎二年三月十四日条）。田村は相模川の渡河地点で、交通の要衝だった（『新編相模国風土記稿』）。『新編相模国風土記稿』はこの邸宅について、「小名馬場の北、八王子往来の東側に、堀および土居の蹟とおぼしき所（村民五郎兵衛と云ふ者の宅地なり）あり」と記している。

③大庭別荘（神奈川県藤沢市）

安貞二年四月二十二日、将軍藤原頼経が江島明神からの帰路に「駿河前司義村大庭館」に立ち寄っている（『吾妻鏡』）。大庭御厨は大庭景義の没後、子孫が伝領したと思われるが、和田合戦に与同したために、景義遺領の同国懐島が没収され、二階堂氏に与えられている（『吾妻鏡』建保元年五月七日条）。おそらく、この時に義村はこの邸宅を得たのであろう。

京都の宿所

④京都宿所（京都市）

所在地は不明。承久の乱後の京都駐留とその後の上洛、子息光村・家村の在京活動、寛喜元年（一二二九）の泰村の大番役勤仕を支える宿所が京都にあったはずである。三浦氏の被官小河左衛門尉の宿所は祇園百度大路にあった（法観寺文書）。また、正安元年（一二九九）の文書によれば、佐原太郎左衛門尉後家の屋地が綾小路以北、東洞院大路以西に、三浦後家の屋地が四条大路以南、高倉小路以東の地に、それぞれ二戸主の広さで所在していた（法観寺文書）。宝治合戦から五十年以上を経た時期の史料であるから、この三浦後家は泰村世代の配偶者ではない。佐原系三浦氏の三浦頼盛の後家の可能性があるが、不明。なお、二戸主は約九二〇平方メートル、二七八坪の広さである。

五　所　職

三浦介

①三浦介

中条家本「平氏諸流系図」の義村の注記に「三浦介」とある。義村は、父義澄の在世中に右兵衛尉の官職を得ていたから、父の死後に三浦介を称することはなかったが、相模国の国衙雑事を統括する三浦介の権能は継承したものと思われる。この職が祖父義明にはじまることは、一三頁で述べた。交通路支配に関わる相模川橋の再建を提案しているのは（『吾妻鏡』建暦二年二月二十八日条）、この権能と無関係ではなかろう。

宝治合戦後に三浦介を継承した佐原盛時の子頼盛が預所職をもっていた「相模国古国府」（神奈川県平塚市。『榊葉集』、『鎌倉遺文』九一八四号）、その曾孫高継が足利尊氏から安堵された国衙所在地大磯郷（神奈川県大磯町。小田部庄右衛門氏所蔵文書）の知行が義村時代までさかのぼることも考えられよう。

東海道諸国の守護職

②相模国守護職

源実朝が近国守護に補任の下文提出を求めたところ、千葉成胤・三浦義村・小山朝政の三人は補任文書を提出せず、義村は祖父義明が相模国の雑事に関わり、頼朝時代に父義澄が検断権を付与されたことを申し立てたという（『吾妻鏡』承元三年十二月十五日条）。明確に相模国守護に補任された事実はないが、実質的には同国の検断権を有しているという主張である。『吾妻鏡』には、この三人の権限が停止された記事はなく、三人の主張は認められたものとみられる。ただし、その後、千葉氏の下総国守護職、小山氏の下野国守護職には明証があるのに対して、三浦氏の相模国守護には明証がなく、暦仁元年（一二三八）における相模国は守護不設置の国となっていた（『青山文庫本貞永式目追加』）。

③安房国守護職

これまでも安房国と三浦一族との関係は指摘されていたが、守護に関する所見はなかった（佐藤進一『増訂鎌倉幕府守護制度の研究』、伊藤邦彦『鎌倉幕府守護の基礎的研究【国別考証編】』）。『青山文庫本貞永式目追加』の出現によって、義村が安房国守護だったことが明らかとなった。

畿内の守護職

④河内国守護職

貞応元年（一二二二）守護使の乱入狼藉を禁じる下知状を三浦泰村が出している（金剛寺文書、『鎌倉遺文』二九二一号）。正守護は父三浦義村で、泰村はその代行者であったと考えられている（佐藤進一『増訂鎌倉幕府守護制度の研究』）。『青山文庫本貞永式目追加』は北条朝直を河内国守護としているから、暦仁元年までの間に三浦氏の手を離れていたのだろう。

南海道諸国の守護職

⑤淡路国守護職

藤原（九条）道家の日記『玉蘂（ぎょくずい）』暦仁元年六月五日条の頼経春日社参詣記事に「淡路守護義村」とある。ただし、『青山文庫本貞永式目追加』では、この年の淡路国の守護は長沼宗政となっている。道家が讃岐と淡路を誤認したのかもしれない（伊藤邦彦『鎌倉時代守護の基礎的研究【国別考証編】』）。

⑥紀伊国守護職

承久の乱直後に高野山伝法院領荘園への守護使入部停止を命じる六波羅御教書を受けて、承久三年（一二二一）八月に義村が伝達文書を発給していることから（『根来要書』、『鎌倉遺文』二八二〇号）、義村が守護であったと考えられる。かつては三浦一族の佐原義連が紀伊国守護で、義連の死後は守護が停廃されていたが（『吾妻鏡』承元元年六月二十四日条）、承久の乱後に守護が再度置かれた。貞応二年（一二二三）には、義村から佐原家連に守護が交替しており（高野山文書宝簡集、『鎌倉遺文』三一二二号）、『青山文庫本貞永式目追加』も家連を紀伊国守護としている。

⑦讃岐国守護職

讃岐国守護職については、『南海流浪記』という紀行文に「讃岐ノ守護所長雄二郎左衛門」とあることから、長尾氏が守護代で、その主家にあたる三浦氏が守護だろうと推定されていたが、東大寺大講堂材木引き役を讃岐国守護と国内の御家人に賦課する義村宛て関東御教書写とそれを受けた義村書下案（『東大寺大勧進文書集』）の出現によって、義村が天福元年（一二三三）に讃岐守護に在任していたことが確実になった。『青山文庫本貞永式目追加』も義村を讃岐国守護としている。その後、子息光村が守護となっている（『吾妻鏡』寛元四年三月十八日条）。

⑧土佐国守護職

『吾妻鏡』建仁三年（一二〇三）八月四日条に「平六兵衛尉義村、土佐国守護職に補すと云々」という記事がある。この記事は、土佐国の御家人に関する内容をもつ同日づけの義村宛て北条時政書状（東京国立博物館所蔵文書、『鎌倉遺文』一三七一号）を原史料として、『吾妻鏡』編者が作文したものであり、原史料である文書中には守護補任のことは記されていないが、編者が守護としての活動とみなしたのだろう。『青山文庫本貞永式目追加』は北条泰時を土佐国守護としているから、それまでには土佐守護でなくなっていた。

⑨小笠原御牧奉行人

「御牧」の表現からみて、甲斐国の小笠原牧は幕府直轄の牧だったと思われる。その牧士と奉行人義村の代官が喧嘩したことから、建暦元年（一二一一）五月十九日に奉行人を改替され、一門の佐原景連が新たな奉行人となった（『吾妻鏡』）。

⑩源実朝家・藤原頼経家御厩別当

『吾妻鏡』建保元年（一二一三）九月十二日条の義村の注記に「御厩別当」とある。義村は御厩別当の立場で、御馬御覧の奉行をつとめたり、実朝から馬を預かったりしている。頼経時代にも同様の役割を果しているので、頼経家の御厩別当も引き続きつとめていたのだろう。承久の乱後、それまで京都を軍事的に掌握してきたものが別当をつとめてきた院の御厩の別当には北条泰時が就任し、三浦泰村がそれを補佐する案主となっている（「御厩司次第」）。

国　司

⑪駿河守

駿河守を所職に含めるのは適切ではないが、ここにあわせて説明しておく。承久元年（一二一九）十一月十三日から貞応二年四月十日まで在任（『関東評定伝』）。駿河国は実朝の知行国（関東御分国）であったが、実朝の死後、実質的には、北条氏の知行国となっており、

三浦義村書状

駿河守には北条氏関係者が任命されている。義村も、北条氏の外戚の立場で国司となった。国衙は現在の静岡市にあったが、義村は遥任国司であり、任国に赴いたのは、一宮以下の神社をまわる神拝の一度くらいだったろう。

六　関係文化財

三浦義村にかかわる文化財はけっして多くない。本書の史料ガイドあるいは史蹟ガイドの役割を兼ねて、いくつか紹介しておこう。

①文書

・香宗我部家文書（こうそかべけもんじょ）

東京国立博物館所蔵。甲斐源氏の子孫を称する土佐国の香宗我部氏に伝来した文書五十九通が「香宗我部家伝証文」と題する四巻の巻子本に仕立てられている。そのなかに、建仁三年（一二〇三）八月四日づけの義村宛て北条時政書状、嘉禄二年（一二二六）九月二十二日づけの三浦義村書状が含まれている。義村書状は、義村が花押を据えている現存唯一の文書である（口絵参照）。

この義村書状について、伊藤邦彦氏は、文中の「駿州」が義村自身を指すとすれば文意不通だとして、義村宛ての北条時政書状とともに文書の信憑性に疑問を呈している（『鎌倉幕府守護の基礎的研究【国別考証編】』）。しかし、前駿河守の義村が自分自身に敬意を込めた「駿州」の称を使うことはないし、ましてや「出され候」と、その行為に尊敬の助動詞「らる」を使うことはない。「駿州」は現任の駿河守北条重時を指すと考えて問題ない。文書原本を見てもまったく問題がない文書である。

『東京国立博物館図版目録　中世文書篇』に全点の写真が掲載されており、義村関係文書の翻刻は『鎌倉遺文』や『新横須賀市史　資料編古代・中世Ⅰ』などに収められている。

・崎山文書

紀伊国在田郡の湯浅一族崎山家に伝来した文書。施無畏寺（和歌山県湯浅町）所蔵。湯浅一門の系図と源頼朝書状・同下文以下十三世紀末までの二十七通の文書案文が一巻にまとめられている。そのうちの一通が年未詳七月十二日づけの三浦義村書状案で、元仁元年（一二二四）のものと考えられている。年代順に並べられた二通前の文書と次の文書は湯浅宗良宛てであるから、この文書も宗良宛てと考えるべきだろう。

三浦義村書状案

文書の右端に書き込まれている朱筆の書き入れには、正文は宗良の男宗村が所持していて、祖父宗弘から宗村に譲られた文書だと記されている。同じく宗良宛てとみられる一通前の北条重時書状案には宗良が病で出家したことが記されているから、宗良は早世し、宗弘が預かっていた文書を宗良の子息宗村に与えたということなのだろう。個人蔵の時に作成された東京大学史料編纂所架蔵影写本を底本とした全点の翻刻が『和歌山県史　中世史料二』に収められており、『新横須賀市史　資料編古代・中世Ⅰ』も義村書状案を翻刻している。

・『根来要書』

金剛峰寺と対立した大伝法院方（根来寺）が、その正統性を主張するために流祖覚鑁（一〇九五～一一四三）の生前・没後の関係文書を集成した三冊の文書集。醍醐寺所蔵。第一冊に承久三年（一二二一）八月日づけの三浦義村書下写が収められている。六波羅探題北条時房・同泰時が出した高野山伝法院領紀伊国七箇荘に対する濫妨狼藉の禁止命令の執行を、義村が紀伊国守護として、現地の守護所に伝える内容の文書である。『根来要書―覚鑁基礎史料集成―』に文書全点の写真が掲載されており、義村書下案は『新横須賀市史　資料編古代・中世Ⅰ』が翻刻している。

三浦義村書下写

・『東大寺大勧進文書集』

重源を引き継いで東大寺再建を主導した大勧進栄西・行勇に関わる鎌倉時代の文書八十通を収録する文書集。江戸時代後期の写一冊が東大寺図書館に所蔵されている。大半はこれまで知られていなかった文書で、そのなかに一通の三浦義村発給文書と二通の三浦義村宛て文書の写が含まれている。

受給文書の一通は、讃岐国の守護および御家人に東大寺大講堂材木引人夫役の勤仕を命じた天福元年（一二三三）十二月十二日づけの関東御教書、これを受けて讃岐国守護の義村が守護所に宛てて命令を伝達したのが五月（十二月カ）二十八日づけ三浦義村書下である。もう一通の受給文書は、年未詳（貞永元年カ）十月二十日づけ関東御教書で、周防国三井村（山口県光市）の地頭だった源民部五郎行朝への代替地を斡旋した義村書状に対する返事になっている。吉川聡・遠藤基郎・小原嘉記「「東大寺大勧進文書集」の研究」で全点が翻刻紹介され、義村に関連する文書は『新横須賀市史　資料編古代・中世補遺』にも収められている。

三浦義村書下写

②日記

・『明月記』

公武関係記事

藤原定家の日記。治承四年（一一八〇）から嘉禎元年（一二三五）までの記事が残る。定家は、藤原（九条）道家に仕え、藤原（西園寺）公経の姉妹を妻としていた関係から、道家・公経から幕府関係の情報を頻繁に入手していた。また、六波羅探題にも出入りしている医師を主治医としていたので、その医師から六波羅の状況を聞くこともあった。定家が義村についての記事を残してくれたおかげで、『吾妻鏡』からはみえなかった義村像が浮かび上がることになった。

明治時代に翻刻された国書刊行会本が長く利用されてきたが、最近では冷泉家や各所に散在する自筆本を主たる底本とする『冷泉家時雨亭文庫叢書別巻　翻刻明月記』全三冊が用いられる。『新横須賀市史　資料編古代・中世Ⅰ』、『同補遺』は冷泉家時雨亭文庫所蔵の自筆本、国立公文書館所蔵の内閣文庫本を底本にした翻刻を収めている。

・『玉蘂』

頼経上洛記事

藤原（九条）道家の日記。承元三年（一二〇九）から仁治三年（一二四二）までの記事が残る。そのうちの暦仁元年（一二三八）春夏記は道家の子息に当たる将軍頼経上洛時の日記であり、『吾妻鏡』と併せることで、頼経一行の京都での活動がよくわかる。ただし、

『玉蘂』は良質の写本が少ない難点がある。今川文雄校訂『玉蘂』に翻刻があるが、『新横須賀市史　資料編古代・中世Ⅰ』は国立公文書館所蔵の内閣文庫本を底本にして、関連記事を翻刻している。

③典籍

・『吾妻鏡』(あずまかがみ)

鎌倉幕府研究の最重要史料

鎌倉幕府の歴史書。治承四年から文永三年（一二六六）までの記事がある。十四世紀に鎌倉幕府の奉行人が編纂したと考えられている。鎌倉幕府滅亡後に散逸したものを室町時代に複数の人物が収集し、そうして成立した写本の塊を入手した右田弘詮(みぎたひろあき)による追加収集を経たのが現在の吉川本(きつかわ)（吉川史料館所蔵）全四十八冊、同じく徳川家康(とくがわいえやす)による追加収集を経たのが現在の北条本（国立公文書館所蔵）全五十一冊である。鎌倉幕府研究の最重要史料であることは間違いなく、本書も『吾妻鏡』に依拠している記述が多い。しかし、そもそもは編纂物であり、日記・文書のほか家伝・縁起類などを含む雑多な原史料を用いている上に、編者の文飾や創作が加わっている記事も多いから、利用には慎重な史料批判が必要である。

従来は北条本を底本として、吉川本等で校訂した『新訂増補国史大系　吾妻鏡』

が用いられてきたが、吉川本を底本として諸本で校合する高橋秀樹編『新訂吾妻鏡』が刊行中である。本書では、実朝将軍記までは『新訂吾妻鏡』により、頼経将軍記は吉川本を底本に諸本で対校した校訂本文によっている。

慈円見聞の独自記事

・『愚管抄』

摂関家出身の高僧慈円が著した歴史書。鎌倉時代初期の記述は慈円自身の見聞が記されているから特に貴重である。比企氏事件・伊賀氏事件・和田合戦の記事には『吾妻鏡』にない独自の記述がある。実朝暗殺事件に関する記事は事件を目撃した公卿の言談に直接よっていて、信憑性が高い。

島原図書館所蔵の肥前島原松平文庫本を底本とする日本古典文学大系の翻刻が広く用いられており、本書でもこれによっている。

承久の乱の軍記物

・『承久記』

承久の乱を描く軍記物。慈光寺本（水府明徳会彰考館所蔵）、前田本（前田育徳会尊経閣文庫所蔵）、古活字本（国立国会図書館ほか所蔵）、承久軍物語（国立公文書館所蔵）の四系統に大別されており、三浦胤義の話や義村と義時との関係は諸本によって描き方が異なっている。

そのうち、もっとも成立が古いとされるのが慈光寺本で、新日本古典文学大系に収められている。同書には古活字本の翻刻も掲載されており、国史叢書『承久記』には四系統の諸本が収められている。

・『賀茂旧記』

賀茂社の年代記

上賀茂社の神主賀茂経久が記した仮名書きの年代記。建久四年（一一九三）から文永十一年（一二七四）までの賀茂社やその周辺に関わる出来事が記されている。尾上陽介「賀茂別雷神社所蔵『賀茂神主経久記』について」によって翻刻紹介された。義村による後堀河天皇擁立の記事に着目したのは、杉橋隆夫「承久の兵乱と上賀茂社」が最初で、高橋秀樹『三浦一族の研究』が史料解釈の再検討を行っている。当該記事は『新横須賀市史　資料編古代・中世補遺』にも収められている。

・『関東評定伝』

幕府首脳の経歴書

嘉禄元年（一二二五）から弘安七年（一二八四）までの鎌倉幕府執権・評定衆・引付衆の名と経歴を記す一覧。『吾妻鏡』には記されていない義村・泰村・光村の官位・官職に関する記述がある。群書類従や新校群書類従に収められた翻刻が利用されているが、これと国立公文書館所蔵紅葉山文庫本とでは、泰村の没年齢に異同がある。

幕府法令集

・『青山文庫本 貞永式目追加』

新出の鎌倉幕府法令集。兵庫県丹波篠山市立青山歴史村が所蔵する旧藩主青山家の和漢書のなかの一冊。渡邉正男「丹波篠山市教育委員会所蔵「貞永式目追加」」で紹介された。執権・六波羅探題・将軍の次第、御成敗式目（貞永式目）に加えて、約一四〇条の追加法が収録されている。うち十四条分は『中世法制史料集 第一巻 鎌倉幕府法』（岩波書店）未収の新出条文である。そのひとつに「国々守護の事」と題する条文があり、有力御家人の名と国名が記載されている。木下竜馬氏の人名分析によれば、暦仁元年（一二三八）閏二月～三月に作成されたとみられる（「新出鎌倉幕府法令集についての一考察」）。これによって、三浦義村の守護国が安房・讃岐の二国であったこと、相模国が守護不設置の国であったことが明らかになった。『新横須賀市史 資料編古代・中世Ｉ』は紅葉山文庫本による翻刻を掲載している。

私撰和歌集

・『拾遺風体和歌集』

藤原（冷泉）為相が編纂したとみられる私撰集。十四世紀初めの成立。鎌倉時代を代表する歌人の和歌を収めるほか、泰時・重時・実泰・政村・長時・宣時・時村・

『新横須賀市史 資料編』未収。

時高・貞時らの北条氏や、宇都宮景綱、笠間時朝・勝間田長清・長沼宗泰らの歌が含まれており、義村（平義村）の和歌二首もみえる。続群書類従や『新編国歌大観』に収められているが、底本の違いから、歌の収録数、字句や表記が異なっている。諸本中、近世初期の島原図書館所蔵肥前島原松平文庫本の表記が古態を残すといわれている。『新横須賀市史　資料編』未収。

④絵画

義村の姿を描いた中世成立の絵画は現存していない。三浦一族を描いた江戸時代の作品としては、兵庫県立歴史博物館所蔵『源平合戦図屛風（三浦・畠山合戦図）』、都城市立美術館所蔵『和田合戦図屛風』、國學院大學図書館所蔵『あさいな』や玉藻前関係の絵巻が伝わるが、そこに三浦義村と特定できる人物は描かれていない。役者絵のなかに「鎌倉三代記」の「三浦之助義村」を演じる役者を豊国や国貞が描いたものがある程度だった。ところが、最近になって再発見された『承久記絵巻』には三浦義村が描かれている。

・『承久記絵巻』

十七世紀に成立した六巻の絵巻物。箱書には「土佐光信画、月輪禅定御筆」とある。高野山龍光院に所蔵されていたが、長らく行方不明となっていた。二〇二一年の京都文化博物館の展覧会「よみがえる承久の乱」で個人蔵の絵巻として公開され、同年、元の所蔵者である龍光院に寄贈された。巻第二に義村が弟胤義の書状を義時に献じる場面、巻第四に義村と泰村が別れる場面（口絵参照）が描かれているほか、いくつかの場面に胤義・泰村や胤義の妻、義村・胤義の母などが登場する。最近刊行された長村祥知編著『龍光院本　承久記絵巻』に全点のカラー図版・翻刻・解説が掲載されている。

⑤彫刻

横須賀市内の文化財については『新横須賀市史　別編文化遺産』が詳しい。同書によれば、三浦一族の和田義盛が運慶に造らせた浄楽寺（横須賀市芦名）の仏像や、佐原義連が関わったとみられる満願寺（横須賀市岩戸）の仏像、父義澄が造らせたと考えられる曹源寺（横須賀市公郷町）の十二神将立像は伝わっているが、義村が造立したとされる仏像は残されていない。南宋からの渡来仏である清雲寺（横須賀市大矢部）滝見観音像（一三九頁）の請来に筑前国宗像社や肥前国神崎荘とつながりをもった三浦義村の関与が想定される程度である。義村による仏像造立の記録もない。

同書には未掲載ながら、横須賀市大矢部の近殿神社には、義村像と伝承される立烏帽

伝三浦義村像

伝三浦義村木像
（横須賀市大矢部　近殿神社所蔵，真鍋淳哉氏撮影）

子姿の木像が残っている。『新編相模国風土記稿』が神体木像と記している像である。

⑥史蹟

文化九年（一八一二）に書かれた三浦半島の地誌『三浦古尋録』と、天保十二年（一八四一）に成立した地誌『新編相模国風土記稿』三浦郡には、江戸時代の伝承として、いくつかの義村ゆかりの地が掲げられている。

・大矢部村　近殿明神社（横須賀市大矢部）

大矢部村の鎮守で、村が維持・管理していた。一尺余りの神体木像があり、三浦義村の霊を祀る（『新編相模国風土記稿』）。『三浦古尋録』は「キンテン」のルビを振り、

『新編相模国風土記稿』には万葉仮名で「ちかとのみやうしむやしろ」の読みが付されているが、現在は「ちかたじんじゃ」と呼ばれている。同じく義村を祀る次項の「千片」との共通性を考えると、「ちかた」が本来の読みなのかもしれない。

・大津村　千片明神社（ちかたみょうじんしゃ）（横須賀市根岸町）

三浦義村の霊を祀り、束帯姿の坐像を神体とする（『新編相模国風土記稿』）。『三浦古尋録』にも義村を祀る「千片明神ノ社」が掲載されている。関東大震災後、近くの諏訪神社に合祀されたため、現在、社殿はない。根岸町内会館の裏に鳥居の一部が碑となって残っている。

・鴨居村　三浦義村の隠れ穴（横須賀市鴨居）

鴨居の海岸にあった高さ二・一メートル、奥行き二・七メートルの洞窟。地元では平六兵衛義村の隠れ穴と伝えられたという（『新編相模国風土記稿』）。

三浦義村の墓

・金田村　三浦駿河守義村の墓（三浦市南下浦町金田）

碑の高さは二・一メートル。『新編相模国風土記稿』が載せるこの墓は、関東大震災で海に落ちてしまい、墓石の一部が積み上げられるとともに、新しい墓が建立された。福寿寺（ふくじゅじ）には「南向院義天良村禅定門、延応元年十一月五日」と記された位牌があ

三浦義村の墓（旧墓）（三浦市南下浦町金田）

り、江戸時代後期においても、三浦備後守・三浦長門守から隔年三月十四日に供物が到来したという（『新編相模国風土記稿』）。三浦備後守は美作勝山藩主、三浦長門守は紀州藩の家老で、ともに江戸時代において三浦氏の子孫を称した家である。福寿寺は、義村を開基とする寺で、寛政十年（一七九八）三浦長門守によって再興された。同寺の縁起によれば、義村が勇敢・福寿・延命であったことから、福寿寺と名づけられ、勇敢は陽、すなわち南方を意味することから、義村に「南向院殿義天良村大禅門」の法名がつけられたという。寺には本尊として行基彫刻の正観音菩薩像、および恵心僧都が彫った薬師如来像が安置されたという（『三浦古尋録』）。

・三崎村　海南神社（三浦市三崎町）

『三浦古尋録』は、建久三年に三浦義村が修復を加え、十一月一日に遷宮が行われたと記している。

海南神社

三浦氏略系図

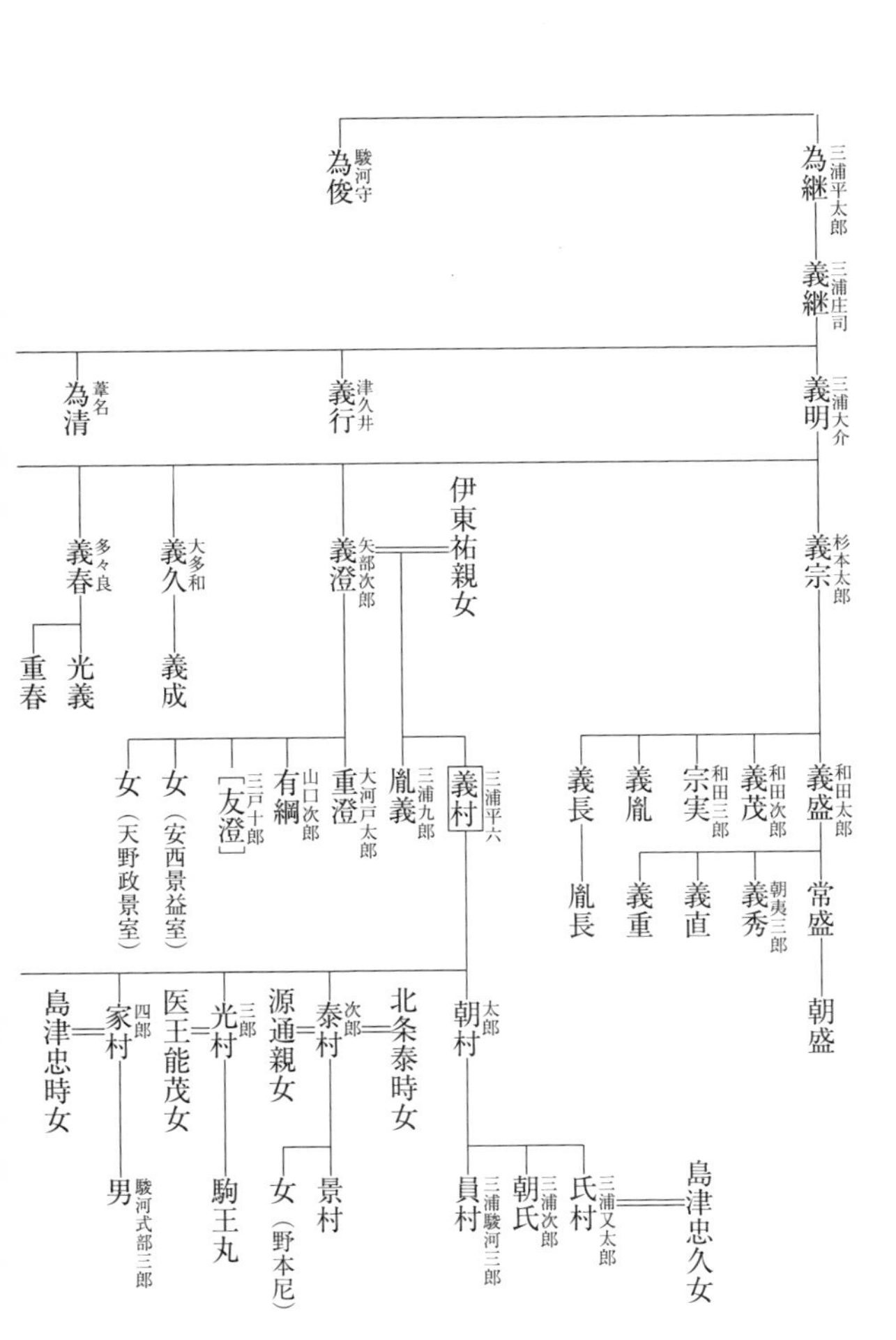

為継 三浦平太郎
為俊 駿河守
義継 三浦庄司
義明 三浦大介
義行 津久井
為清 葦名
義宗 杉本太郎
伊東祐親女
義澄 矢部次郎
義久 大多和
義春 多々良
光義
重春
義成
義盛 和田太郎
義茂 和田次郎
宗実 和田三郎
義胤
義長
常盛
義秀 朝夷三郎
義直
義重
胤長
朝盛
義村 三浦平六
胤義 三浦九郎
重澄 大河戸太郎
有綱 山口次郎
[友澄] 三戸十郎
女（安西景益室）
女（天野政景室）
朝村 太郎
北条泰時女
泰村 次郎
源通親女
光村 三郎
医王能茂女
家村 四郎
島津忠時女
氏村 三浦又太郎
島津忠久女
朝氏 三浦次郎
員村 三浦駿河三郎
景村
女（野本尼）
駒王丸
男 駿河式部三郎

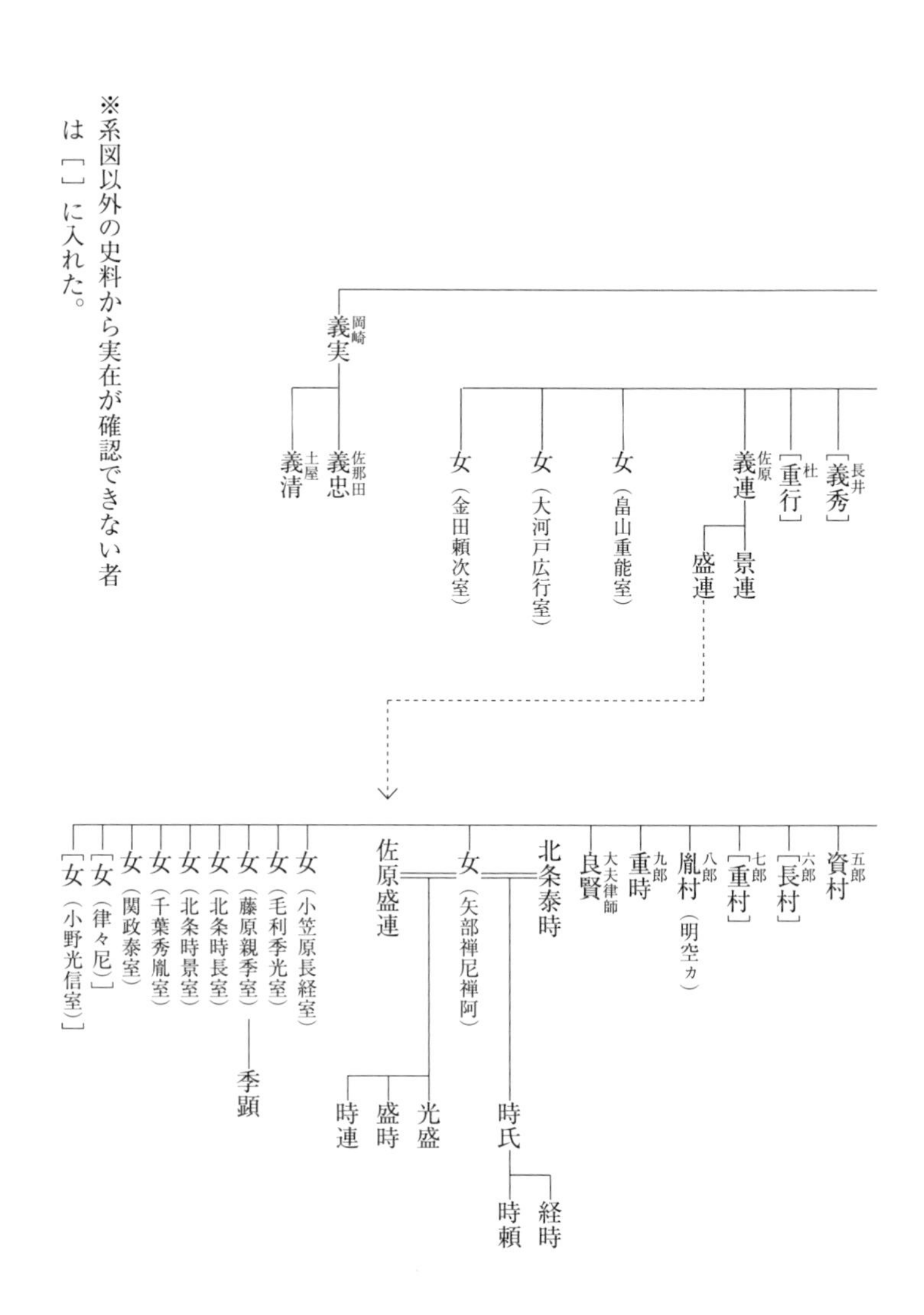

※系図以外の史料から実在が確認できない者は［］に入れた。

略年譜

年次	西暦	年齢	事蹟	参考事項
仁安三	一一六八	一	この年誕生か	
治承四	一一八〇	一三		八月二六日、衣笠合戦○一〇月二三日、頼朝、義澄の三浦介を認める
寿永元	一一八二	一五	八月一一日、政子の安産祈願のため奉幣使として安房国東条庤に赴く	二月一四日、母方の祖父伊東祐親自殺○八月一二日、頼朝一男万寿誕生
二	一一八三	一六		七月二五日、平家都落ち○八月二〇日、後鳥羽天皇践祚
元暦元	一一八四	一七	八月八日、平家追討使源範頼に従い、西国に向けて鎌倉を進発	正月二〇日、源義経入京○二月七日、一の谷合戦
文治元	一一八五	一八	正月二六日、範頼に従い周防国より豊後国に渡る○一〇月二四日、頼朝の勝長寿院御出に供奉	三月二四日、壇ノ浦で平家滅亡○一一月二九日、守護・地頭設置
二	一一八六	一九	一一月一二日、頼朝息万寿の鶴岡参詣に供奉	
三	一一八七	二〇	八月一五日、鶴岡放生会流鏑馬の射手を勤める	二月二五日、頼朝、義澄家に渡御
四	一一八八	二一	三月一五日、頼朝の鶴岡八幡宮御出に供奉○七月一〇日、万寿の御鎧着に二献の御酌役を勤める	

五	一一八九	二二	六月三日、頼朝の使者として鶴岡塔供養導師の旅宿に金花・索餅を持参○七月一九日、藤原泰衡追討のため奥州に向けて進発○八月九日、陸奥国阿津賀志山に向かう○九月四日、泰衡の残党俊衡追討のため父等とともに派遣される	四月一八日、北条時連元服、佐原義連加冠役を勤める○閏四月三〇日、義経、奥州で討たれる○九月三日、泰衡討たれる○一〇月二四日、頼朝、鎌倉に帰着
建久元	一一九〇	二三	一一月七日、頼朝に供奉して入京○一一月二九日、頼朝の院参に供奉○一二月一一日、父の勲功賞の譲りとして右兵衛尉に任じる	一一月九日、頼朝、後白河法皇・摂政藤原兼実と会談する○一一月二四日、頼朝、右近衛大将となる
二	一一九一	二四	正月二日、義澄の椀飯に御剣役を勤め馬を引く○二月四日、頼朝の二所参詣に供奉○閏一二月七日、頼朝の義澄新造宅渡御に際し相撲をとる	
三	一一九二	二五	七月四日、政子の御産所調度を奉行○八月九日、御産祈の神馬奉納を奉行○八月二〇日、草鹿勝負の射手を勤める○一〇月一九日、政子・千幡の御所入御に供奉○一一月五日、千幡の御行始に供奉	三月一三日、後白河法皇死去○七月二六日、義澄、鶴岡八幡宮で頼朝の任征夷大将軍除目聞書を受け取る○八月九日、頼朝二男千幡誕生
四	一一九三	二六	三月二一日、頼朝の那須野狩猟に従い、弓箭の二二人に選ばれる○五月八日、頼朝の富士野藍沢巻狩に供奉○五月下旬、頼朝の屋形を警固○八月一六日、鶴岡放生会流鏑馬の射手を勤める	五月、曽我兄弟三浦の伯母の屋形を出立○五月二八日、曽我兄弟、工藤祐経を討つ
五	一一九四	二七	八月八日、頼朝の相模国日向薬師参詣に供奉○閏八月一日、頼朝の三浦三崎別荘渡御に際し政子・	二月二日、北条義時の嫡男頼時元服、頼朝、義澄に義時嫡男を孫女の婿と

			若君に供奉○一一月一五日、頼朝の鶴岡一切経・両界曼荼羅供養御出に供奉○一一月二一日、御霊前浜千番小笠懸の射手を勤める○一二月二六日、頼朝の永福寺薬師堂供養御出に供奉	するように命じる○九月二九日、頼朝、義明のため三浦矢部郷内に一堂建立を思い立ち巡検を命じる
建久 六	一一九五	二八	三月一〇日、頼朝の東大寺供養参列に供奉○三月二七日、頼朝の参内に供奉○四月一日、勘解由小路京極で平氏家人富田家資父子を逮捕○四月一五日、頼朝の石清水八幡宮参詣に供奉	正月一六日、義澄、真円僧正帰洛の宿次伝馬を奉行する○九月二八日、義澄、忠快を三浦に招く○一〇月二六日、頼朝若君、栗浜大明神に参詣
八	一一九七	三〇	三月二三日、頼朝の信濃国善光寺参詣に供奉	この年、証菩提寺建立
九	一一九八	三一		正月一一日、土御門天皇践祚
正治 元	一一九九	三二	一〇月二七日、結城朝光より梶原景時の讒訴について相談される○一〇月二八日、景時を弾劾する○一二月一八日、景時の鎌倉追放を奉行	正月一三日、頼朝死去○正月二六日、頼家、頼朝の跡を継ぐ○四月一二日、一三人の合議制始まる
二	一二〇〇	三三	正月二〇日、景時追討に派遣される○二月二六日、頼家の鶴岡八幡宮参詣に供奉○一〇月二一日、頼家の浜御所酒宴に候じる	正月三日、義澄、椀飯を献じる○正月二三日、父義澄死去
建仁 元	一二〇一	三四	六月二八日、頼家の板額御覧に際し侍所に候じる○九月一五日、頼家の鶴岡放生会御出に供奉	正月二三日、越後城氏の乱
二	一二〇二	三五	一〇月二九日、御所北壺切立の松を用意する	八月二三日、義村娘、泰時と結婚
三	一二〇三	三六	八月四日、土佐国守護に補任されたという○九月二日、政子の命により比企能員一族追討に派遣さ	六月二三日、全成誅される○八月二七日、頼家危篤により国地頭職・総

年号	年	西暦	年齢	事項	一般事項
				れる○九月一〇日、千幡の時政邸渡御の御輿寄に候じる○九月一五日、政子の命により時政邸より千幡を迎え取る○一一月六日、政子の命により伊豆国修禅寺に赴き頼家の文通を禁じる○一一月一五日、永福寺奉行となる○一二月一四日、実朝の永福寺以下諸堂巡礼に供奉	守護職を千幡・一幡に分与する○九月七日、実朝征夷大将軍となる○一〇月八日、実朝、時政邸で元服
元久	元	一二〇四	三七	四月一八日、実朝を饗応○五月八日、山野河海の得分を奉行として地頭に命じたという○一一月一五日、武田信政の元服に理髪を勤めたという	七月一八日、頼家死去○この年、二男泰村誕生
	二	一二〇五	三八	正月一日、椀飯の弓箭役を勤める○六月一日、実朝御願の鶴岡八幡宮大般若経転読の布施を負担する○六月二二日、畠山重保を討つ○六月二三日、榛谷重朝父子を討つ○閏七月一九日、政子の命で時政邸に向かい実朝を義時邸に迎え取る	閏七月二〇日、北条時政、伊豆に幽閉され、北条義時執権となる○閏七月二六日、平賀朝雅京都で討たれる○この年、三男光村誕生
建永	元	一二〇六	三九	一〇月二〇日、頼家息善哉の実朝御所入御に際し実朝の乳母夫として賜物を献じる	
承元	元	一二〇七	四〇	三月三日、闘鶏会の衆に加わる	
	三	一二〇九	四二	一二月一五日、実朝の下問に対し相模国検断の由緒を申す	一二月一一日、親朝と小鹿島公業の喧嘩に際し三浦一族公業方に加わる
	四	一二一〇	四三	六月二日、実朝の命により相模国丸子河における土肥・小早川と松田・河村との喧嘩を鎮める○九	五月二一日、実朝、三崎に渡御○一一月二五日、順徳天皇践祚

年号	西暦	年齢	事項	参考事項
			月二〇日、佐々木広綱献上の馬を実朝より預かる	
建暦 元	一二一一	四四	二月四日、実朝と御台所の御祈の費用を負担○五月一九日、小笠原御牧の奉行人を改易される○七月八日、政子・御台所の日向薬師参詣に供奉○一〇月一二日、左衛門尉に任じる	九月一五日、頼家の男善哉出家（法名公暁）
二	一二一二	四五	正月一九日、実朝の鶴岡参詣に供奉○二月一九日、京都大番役懈怠について守護への通達を奉行したという○二月二八日、相模川の橋修理を提言	三月九日、実朝、三崎御所に渡御
建保 元	一二一三	四六	正月四日、椀飯の御剣役を勤める○五月二日、和田義盛の挙兵を告げ、政所前で和田軍と戦う○五月四日、波多野義綱と勲功を争う○五月七日、勲功として陸奥国名取郡を賜る○八月二〇日、実朝新御所移徙に供奉○八月二六日、実朝の御行始に供奉○九月一二日、実朝の馬御覧を御厩別当として奉行○九月二二日、実朝の氷取沢遊覧に供奉○一〇月二日、実朝の方違に供奉○一二月二八日、北条政村元服の加冠役を勤める○一二月三〇日、実朝自筆の円覚経を三浦の海底に沈める	二月、泉親平謀反事件発覚○三月八日、兵乱の噂により和田義盛実朝御所に馳せ参る○三月九日、義盛一族御所に列参して甥胤長の厚免を乞う○五月一五日、三浦の輩が京都で大友能直を警固○一一月五日、胤義、女事により闘乱を起こす
二	一二一四	四七	正月二二日、実朝の鶴岡参詣に供奉○七月二七日、実朝の大慈寺供養御出に供奉	一一月一三日、和田義盛与党、京都で頼家遺児の擁立を図る
三	一二一五	四八	三月五日、実朝の三浦横須賀遊覧をもてなす○一	正月六日、北条時政死去

年号	年次	西暦	年齢	事績	一般事項
				一月五日、御牧の馬を引き実朝の御覧に供する○一二月三〇日、天変の御祈の費用を負担	
	四	一二一六	四九	正月一五日、江の島の変異実検のために御使として赴く○正月二八日、実朝持仏堂の本尊供養に導師の布施馬を引く○四月九日、実朝の諸人愁訴聴断を奉行したという○七月二九日、実朝の相模川六字河臨法御出に供奉	閏六月一日、中原広元、大江に改姓する
	五	一二一七	五〇	九月一三日、実朝の三浦遊覧をもてなす	六月二〇日、公暁、鶴岡別当となる
	六	一二一八	五一	六月二七日、実朝の任大将拝賀に供奉○七月八日、実朝直衣始に供奉、長江明義と先頭の左右を譲り合う○七月二二日、侍所司となる	九月一四日、子息駒若丸、鶴岡八幡宮狼藉のため出仕を止められる○一二月二日、実朝、右大臣となる
承久	元	一二一九	五二	正月一日、千葉胤綱と言い争う○正月二七日、実朝を殺害した公暁を討つ○七月一九日、三寅の義時邸入御に供奉○これ以前、藤原道家息の鎌倉下向を提案する○一一月一三日、駿河守に任じ叙爵	正月二七日、実朝、甥公暁に殺害される○二月一三日、幕府、後鳥羽上皇皇子の関東下向を要請する○六月二五日、道家男三寅、鎌倉に下向
	二	一二二〇	五三	一二月一日、三寅の着袴儀で小侍に候じる	
	三	一二二一	五四	五月一九日、胤義書状を義時邸に持参○五月二二日、子息泰村と共に京都に向けて進発○五月二五日、東海道軍の大将軍の一人となる○六月五日、尾張国一宮の合戦評議により美濃国摩免戸に向かう○六月七日、野上・垂井の合戦評議で勢多・宇	四月、藤原秀康、胤義を誘引する○四月二〇日、仲恭天皇践祚○五月一五日、胤義、伊賀光季を討つ○六月七日、泰村、泰時の陣に加わる○六月一三日、泰村、宇治橋で合戦○六

年号	西暦	年齢	事績	関連事項
			治・淀への進軍を提案する○六月一三日、淀・手上の要害を破る○六月一五日、六条河原に勅使を迎え、宮中守護のため近衛将監を遣わす○六月二九日、鎌倉からの謀叛人斬罪の命により評議○七月七日、北白河殿に赴き後堀河天皇の践祚を懇願○七月、使者として後高倉院に後鳥羽院領を返付○八月、紀伊国守護として七箇荘への守護使入部を停める○一一月一四日、河内国東条中村惣地頭として下文を発給	月一四日、胤義、勢多で敗れ帰洛○六月一五日、胤義、後鳥羽上皇に敗北を奏聞、三浦一族軍と合戦後自害○六月、泰村、院御厩案主となる○七月九日、後堀河天皇践祚○七月一三日、後鳥羽上皇隠岐配流○八月一六日、後高倉院院政開始○九月四日、泰村、宗像社預所職に補任○閏一〇月、幕府、院御厩司を返上
貞応元	一二二二	五五	正月一日、椀飯の御弓箭役を勤める○正月二日、椀飯の御剣役を勤める○正月一〇日、義時の大庭野狩猟に扈従○二月六日、犬追物の検見役を勤める○二月一二日、藤原実雅室の出産に集う○四月一〇日、紀伊国石手・弘田荘地頭職の停廃を命じられる○五月二五日、義時の三浦遊覧をもてなす	正月三日、後堀河天皇元服○五月、宗像氏国、後堀河天皇に義村らの妨げを訴えるという
二	一二二三	五六	正月一日、椀飯の御剣役を勤める○正月二〇日、三寅御所拡張を評議○正月二四日、御馬分配を奉行○四月一〇日、駿河守を辞す○四月二九日、三寅に盃酒を献じる○五月五日、三寅方の酒宴で歌女に装束を与える○五月一九日、政子御所の作事	五月一四日、後高倉院死去○一〇月一三日、光村・泰村・家村、三寅の近習番に加わる

			中断を評議○一〇月四日、田村別荘に義時を迎える○一二月一七日、従五位上に叙す○一二月二〇日、三寅御所造営日時を評議	
元仁元	一二二四	五七	正月一日、椀飯の御調度役を勤める○正月二日、椀飯の御剣役を勤める○正月一八日、二所奉幣使として進発○二月二五日、土佐国香宗我部・深淵郷への守護使入部を停止される○四月二七日、道家使者下着の椀飯に出仕○六月二二日、義時追善の臨時仏事を修する○七月五日、伊賀光宗兄弟義村の許に往還○七月一七日、政子に問責される○七月一八日、泰時に対して弁明○閏七月一日、政子より泰時邸に召される○九月五日、西御門家焼亡○九月一六日、神事により鶴岡廻廊に候じる○一〇月一日、泰時に招かれ歓待される○一二月一九日、三寅の立春方違に供奉	五月一三日、相模国三崎に死魚多く漂着する○六月一三日、義時死去○六月二六日、北条時房・泰時鎌倉に到着する○六月二九日、北条時盛・時氏を六波羅に派遣する○八月二九日、義時後家、伊豆国北条に籠居する○一〇月、俊芿、三浦に赴く
嘉禄元	一二二五	五八	正月一日、椀飯の御剣役を勤める○五月一日、政子の心経書写供養儀を談合○九月三日、御所で泰時・二階堂行村と密談○九月八日、多胡江河原八万四千基石塔供養に参加○一〇月二八日、三寅の伊賀朝行家渡御に供奉○一一月、義時娘と源通時の婚姻を仲介○一二月五日、新御所上棟に参上○	六月一〇日、大江広元死去○七月一一日、尼御台所平政子死去○七月二三日、北条時房、故義時邸に移る○一〇月一〇日、鴨社禰宜祐頼殺害される○一〇月二八日、藤原公経、三寅元服につき義村の意向を図りかね

嘉禄 二	一二二六	五九	一二月二〇日、新御所移徙に供奉し御調度役を勤める○一二月二一日、新御所評定始 正月一日、椀飯の御剣役を勤める○正月三日、椀飯進上○正月九日、泰時邸で歓待される○四月二三日、幕府、宗像社住人の訴訟却下を伝える○九月二日、頼経の諸寺参詣に供奉○九月二二日、土佐国香宗我部地頭の上洛に便宜を図る○同日、草鹿勝負の念人を勤める○一〇月九日、評定に参加	るという○一二月二九日、頼経元服 正月二六日、定家、義村の藤原俊親推挙を非難○正月二七日、頼経、叙爵し征夷大将軍となる○二月二五日、鴨社禰宜祐頼の殺害犯実刑に処される○三月二一日、義村の推挙により祐頼の子正禰宜に補任
安貞 元	一二二七	六〇	正月三日、椀飯進上○二月一四日、頼経、義村邸に渡御、馬・剣を献上○二月一九日、新御堂造営に反対する○三月二四日、天地災変祭の費用を負担○四月二二日、新御堂供養日時を評議○一二月八日、御所に酒を持参	五月十四日、時氏男（時頼）誕生○六月七日、和田朝盛、京都で捕らえられる○六月一八日、泰時二男時実殺害される
二	一二二八	六一	正月一三日、二所奉幣使を承る○正月一九日、二所奉幣日時定に参加○正月二九日、再び二所奉幣使となる○二月三日、頼経の鶴岡参詣に供奉○二月一三日、二所詣に進発○三月九日、犬追物の検見を勤める○四月一六日、頼経の杜戸遊覧に扈従○四月二二日、頼経、義村の大庭館に入御○七月二三日、頼経を田村別荘に迎える○七月二四日、田村別荘で遠笠懸・小笠懸○七月二五日、頼経還	

年号	西暦	年齢	事項	関連事項
			御、引出物を献じる○七月二六日、頼経の入御に謝意を表す○一〇月一五日、頼経の方違に供奉○一〇月一八日、新御堂造営延否を評議	
寛喜元	一二二九	六二	正月三日、頼経に泰時邸での雪見を進言○正月一三日、泰時の御所宿侍に参会○二月二一日、三崎で来迎講を行う○四月一七日、頼経の三崎御出を歓待○五月二三日、評定以後御所で目勝勝負○八月一五日、頼経の放生会御出に供奉○八月二〇日、多勢を率いて上洛したという○一〇月六日、これ以前、関白を更迭しようとしたと噂される○一〇月二六日、頼経の永福寺参詣に御剣役を勤める○一二月一〇日、安房国一宮への奉幣使を勤める	正月二七日、泰村室死産○六月二五日、定親、鶴岡別当となる○七月一日、天台座主良快の拝堂に子息箱熊丸上童として従う○九月一〇日、子息泰村京都大番役勤仕のため上洛
二	一二三〇	六三	正月一〇日、頼経の鶴岡参詣に供奉○閏正月二六日、瀧口所進を命じられる○二月六日、鶴岡別当定親の御所参入に候じる○二月一九日、犬追物の検見を勤める○三月一九日、頼経の三崎遊覧を歓待○六月一四日、落雷の吉凶について評議○七月一日、時氏の死を嘆く泰時を諫める	四月一一日、北条時氏鎌倉に下着○六月一八日、外孫時氏死去○八月四日、泰村室（泰時娘）死去したという○一二月九日、頼経、頼家娘と結婚
三	一二三一	六四	正月一日、椀飯の御剣役を勤める○四月一二日、宗像氏国の所領譲与の証人となる○七月九日、御台所、義村宅に渡御○九月二三日、頼経の命によ	二月二日、子息良賢、郎従を率いて鴨川の六字河臨法を守護○四月一四日、子息光村京都で検非違使宣旨を

年号	西暦	年齢	事績	関連事項
			り射芸を施す○九月二七日、泰時の兄弟を思う言葉を聞き御台所で語る○一〇月六日、御願寺建立地を巡検○一〇月二七日、法華堂火災を評議	蒙る○七月五日、藤原教実、関白となる○一二月二二日、藤原公経出家
貞永元	一二三二	六五	四月一一日、頼経の鶴岡参詣に御剣を持つ○七月一〇日、御成敗式目に連署○七月一二日、鶴岡臨時祭を評議○閏九月八日、彗星出現を評議○閏九月二〇日、頼経の鶴岡参宮に供奉○一〇月二〇日、周防国三井村地頭職の替地を源行朝に与えると伝えられる○一〇月二二日、五大堂建立地を評議	一〇月四日、四条天皇践祚、教実摂政となる
天福元	一二三三	六六	三月一七日、藤原兼宗父子不和の仲介を定家に依頼○一一月二三日以前、源通時を蔵人頭に推挙○一二月二八日、讃岐国守護所に人夫徴発を命じる○一二月二九日、北条実時の元服に参加	四月八日、光村従五位下に叙し検非違使に留まる○四月二三日、光村、賀茂祭に参列○五月二六日、光村、藤原公経の河崎泉邸に招かれる
文暦元	一二三四	六七	三月五日、北条経時の元服に参加○七月二九日、御台所の葬送に従う	七月二七日、御台所（頼家娘）死去○八月六日、後堀河上皇死去
嘉禎元	一二三五	六八	正月一日、椀飯の御剣役を勤める○正月三日、椀飯の御剣役を勤める○二月四日、五大堂建立を評議○二月九日、頼経の後藤基綱邸入御に供奉○二月一〇日、頼経の渡御に供奉し禄の馬を献上○六月二九日、頼経の五大堂供養御出に供奉○八月二一日、加藤景朝兄弟の相論を評議○九月一〇日、	三月二八日、藤原道家、摂政となる○四月九日、光村、使者として道家邸に赴く

二	一二三六	六九	被官長尾光景への恩賞下賜を願う○二月二日、時房主催の御所饗宴に参加○二月三日、頼経に盃酒を勧める○三月一四日、頼経の命により田村別荘の方角を報告、頼経の御行始に供奉○八月四日、頼経の新造御所移徙に供奉○一二月一八日、正五位下に叙す	一二月二三日、泰村室（泰時娘）死去
三	一二三七	七〇	正月一日、椀飯の御剣役を勤める○四月七日、大倉御堂地引を沙汰○四月二二日、頼経の新造御所渡御始に供奉、時頼元服の理髪役を勤める○六月二三日、頼経の大慈寺新御堂供養御出に供奉○七月一九日、鶴岡馬場の流鏑馬に参向、子息を呼び寄せ弓馬談義を聞かせる○八月一五日、鶴岡放生会供奉の帯剣役に子息四人を押し込む	正月二九日、光村壱岐守となる○六月一日、娘矢部禅尼、和泉国吉井郷を安堵される○七月、良賢、三条白河の熾盛光堂透中門の造営を請け負う○一一月一七日、泰村、頼経に奥州馬五疋を献じる○一二月二五日、泰村若狭守となる
暦仁 元	一二三八	七一	正月二日、椀飯の御剣役を勤める○正月一〇日、邸宅焼失○二月一七日、頼経の入洛に先陣を勤める○二月、公経に馬を贈る○六月五日、頼経の春日社参詣に先陣を勤める○一二月二八日、泰時らの法華堂参拝に参会する	三月七日、頼経、大納言となる。光村河内守となる○四月二日、泰村、評定衆に加わる○四月二五日、道家出家○一〇月三日、北白河院死去
延応 元	一二三九	七二	五月二日、泰時邸で評議○一二月一五日、死去	二月二二日、後鳥羽法皇死去
仁治 元	一二四〇		四月一二日、子息ら頼経より遺跡安堵下文を賜る	正月二四日、北条時房死去

参考文献

一 主要史料

三浦義村に関連する史料は、最近の新出史料を除き、左記の『新横須賀市史 資料編』に網羅されている。同書は、既刊刊本の転載というかたちをとらず、可能な限り、原本・写真版等を用いた校合作業を行った上で史料を採録している。

横須賀市編『新横須賀市史 資料編古代・中世Ⅰ』 横須賀市 二〇〇四年
横須賀市編『新横須賀市史 資料編古代・中世Ⅱ』 横須賀市 二〇〇七年
横須賀市編『新横須賀市史 資料編古代・中世補遺』 横須賀市 二〇一一年

＊ ＊

『青山文庫本貞永式目追加』（『史学雑誌』一一八―九） 二〇一九年
『吾妻鏡』（高橋秀樹編『新訂吾妻鏡』） 和泉書院 二〇一五年〜
『吾妻鏡』（新訂増補国史大系） 吉川弘文館 一九三二・三三年
『阿波国古文書』（東京大学史料編纂所架蔵謄写本）
『飯野八幡宮文書』（史料纂集） 続群書類従完成会（八木書店） 一九八三年

『猪隈関白記』（大日本古記録）　岩波書店　一九七二〜八三年
『大谷本願寺通紀』（大日本仏教全書八三）　鈴木学術財団　一九七二年
『岡屋関白記』（大日本古記録）　岩波書店　一九八八年
「小田部庄右衛門氏所蔵文書」（東京大学史料編纂所架蔵写真帳）
『華頂要略』（大日本仏教全書六五）　鈴木学術財団　一九七二年
『鎌倉遺文』（竹内理三編）　東京堂出版　一九七一〜九七年
『賀茂旧記』（『賀茂神主経久記』）　山代印刷株式会社出版部　二〇一一年
『官職秘抄』（新校群書類従四）　内外書籍（名著普及会）　一九三一年
『関東往還記』（『西大寺叡尊伝記集成』）　法蔵館　一九七七年
『関東開闢皇代并年代記』（続国史大系五）　経済雑誌社　一九〇三年
『関東評定伝』（新校群書類従三）　内外書籍（名著普及会）　一九三〇年
「桓武平氏系図」（東京大学史料編纂所本『古系図集』）
『吉記』（高橋秀樹編『新訂吉記』）　和泉書院　二〇〇二〜八年
『玉蘂』（今川文雄校訂）　思文閣出版　一九八四年
『玉葉』（図書寮叢刊）　明治書院　一九九四〜二〇一三年
『公卿補任』（新訂増補国史大系）　吉川弘文館　一九六四〜六六年
『九条家文書』（図書寮叢刊）　明治書院　一九七一〜七七年

『久米田寺文書』（『泉州久米田寺文書』） 岸和田市 一九七三年
『系図纂要』 名著出版 一九七三～七七年
『源平盛衰記』（中世の文学） 三弥井書店 一九九一年～
『源平闘諍録』（早川厚一・弓削繁・山下宏明編） 和泉書院 一九八〇年
『弘長記』（続群書類従三〇上） 続群書類従完成会（八木書店） 一九二五年
『興福寺略年代記』（続群書類従二九下） 続群書類従完成会（八木書店） 一九〇三年
『古今著聞集』（日本古典文学大系） 岩波書店 一九六六年
『五代帝王物語』（中世の文学） 三弥井書店 二〇〇〇年
『金剛寺文書』（大日本古文書） 東京帝国大学史料編纂掛（東京大学出版会） 一九二〇年
『相良家文書』（大日本古文書） 東京帝国大学史料編纂掛（東京大学出版会） 一九一七年
『崎山文書』（『和歌山県史 中世史料二』） 和歌山県 一九八三年
『佐野本系図』（東京大学史料編纂所架蔵謄写本）
『十訓抄』（新編日本古典文学全集） 小学館 一九九七年
『執政所抄』（続群書類従一〇上） 続群書類従完成会（八木書店） 一九二三年
『島津氏正統系図』 島津家資料刊行会 一九八五年
『拾遺風体和歌集』（新編国歌大観 第六巻私撰集編Ⅱ） 角川書店 一九八八年
『承久記』（新日本古典文学大系） 岩波書店 一九九二年

『承久記』（国史叢書）　国史研究会　一九一七年
『承久記絵巻』（『龍光院本　承久記絵巻』）　思文閣出版　二〇二三年
『承久三年四年日次記』（『大日本史料』第四編・第五編）　東京大学出版会
『職原抄』（新校群書類従四）　内外書籍（名著普及会）　一九三一年
『諸家系図纂』（東京大学史料編纂所架蔵謄写本）
『新編鎌倉志』　雄山閣　一九二九年
『新編相模国風土記稿』　雄山閣　一九三二・三三年
『神明鏡』（続群書類従二九上）　続群書類従完成会（八木書店）　一九二五年
『水左記』（増補史料大成）　臨川書店　一九六五年
『泉涌寺不可棄法師伝』（大日本仏教全書七二）　鈴木学術財団　一九七二年
『雑談集』（中世の文学）　三弥井書店　一九七三年
『曽我物語』（真名本、角川源義編『妙本寺本曽我物語』）　角川書店　一九六九年
『尊卑分脈』（新訂増補国史大系）　吉川弘文館　一九五七〜六四年
『田北文書』（西国武士団関係史料集九）　文献出版　一九九三年
「千葉上総系図」（続群書類従六上）　続群書類従完成会（八木書店）　一九〇三年
『鶴岡八幡宮供僧次第』（『鶴岡八幡宮寺諸職次第』）　鶴岡八幡宮社務所　一九九一年
『鶴岡八幡宮文書』（『鎌倉市史　史料編第一』）　吉川弘文館　一九六七年

『天養記』（神宮古典籍影印叢刊『神宮神領記』）八木書店 一九八三年
『東京国立博物館所蔵文書』（『東京国立博物館図版目録　中世文書篇』）東京国立博物館 二〇一四年
『東大寺大勧進文書集』（『南都仏教』九一）二〇〇八年
『利根文書』（『大分県史料』二五）大分県史料刊行会 一九六四年
『根来要書』（『根来要書—覚鑁基礎史料集成—』）東京美術 一九九四年
『南海流浪記』（新校群書類従一五）内外書籍（名著普及会）一九七二年
「秀郷流系図波多野」（続群書類従六下）続群書類従完成会（八木書店）一九〇三年
『百錬抄』（新訂増補国史大系）吉川弘文館 一九六五年
『琵琶血脈』（図書寮叢刊『伏見宮旧蔵楽書集成』）明治書院 一九八九〜九八年
『深堀家文書』（佐賀県史料集成四）佐賀県立図書館 一九五九年
『武家年代記』（増補続史料大成）臨川書店 一九七九年
『文机談』（岩佐美代子『校注文机談』）笠間書院 一九八九年
「平家系図」（妙本寺本、『千葉県の歴史　資料編中世3』）千葉県 二〇〇一年
『平家物語』（延慶本、北原保雄・小川栄一編『延慶本平家物語』）勉誠出版 一九九〇年
『平戸記』（増補史料大成）臨川書店 一九六五年
「平氏諸流系図」（中条家本、『中条町史　資料編第一巻考古・古代・中世』）中条町 一九八二年
『平治物語』（新日本古典文学大系）岩波書店 一九九二年

『法観寺文書』（東京大学史料編纂所架蔵影写本）
『保元物語』（新日本古典文学大系）　岩波書店　一九九二年
「北条系図」（続群書類従六上）　続群書類従完成会（八木書店）　一九〇三年
「北条系図」（野津本、『福富家文書』）　皇學館大学出版部　二〇〇七年
「北条系図」（前田本、細川重男『鎌倉政権得宗専制論』）　吉川弘文館　二〇〇〇年
『保暦間記』（佐伯真一・高木浩明編『校本保暦間記』）　和泉書院　一九九九年
「三浦系図」（続群書類従六上）　続群書類従完成会（八木書店）　一九〇三年
『三浦古尋録』（『校訂三浦古尋録』）　校訂三浦古尋録刊行会　一九六七年
「御厩司次第」（『学習院大学史料館紀要』一〇）　一九九九年
『民経記』（大日本古記録）　岩波書店　一九七五～二〇〇七年
『陸奥話記』（日本思想大系『古代政治社会思想』）　岩波書店　一九七九年
『宗像大社文書』　宗像大社復興期成会　一九九二年
『明月記』（冷泉家時雨亭叢書別巻『翻刻明月記』）　朝日新聞社　二〇一二～一八年
『門葉記』（大正新修大蔵経図像部一一・一二）　大蔵出版　一九三四年
『葉黄記』（史料纂集）　続群書類従完成会・八木書店　一九七一～二〇〇四年
『吉田文書』（東京大学史料編纂所架蔵影写本）
「若狭国鎮守一二宮社務代々系図」（網野善彦『日本中世史料学の課題』）　弘文堂　一九九六年

二　著書・論文

本書が参考とした文献のほか、三浦義村について論じている主要な文献を掲げた。

青山幹哉「王朝官職からみる鎌倉幕府の秩序」(『年報中世史研究』一〇)　一九八五年
秋山喜代子「乳父について」(『史学雑誌』九九―七)　一九九〇年
石井清文『鎌倉幕府連署制の研究』　岩田書院　二〇二〇年
石井進『鎌倉幕府』(日本の歴史)　中央公論社　一九六五年
石井進『鎌倉武士の実像』(平凡社選書)　平凡社　一九八七年
石川勝義「「右大将家善光寺御参随兵日記」の成立とその背景」(『信濃』六六―四・五)　二〇一四年
石丸熙『海のもののふ三浦一族』　新人物往来社　一九九九年
石丸熙「鎌倉武士と京都―三浦一族の場合―」(大隅和雄編『文化史の諸相』)　吉川弘文館　二〇〇三年
伊藤一美「三浦義村小考―その登場と幕府職制上の義村―」(峰岸純夫編『三浦氏の研究』)　名著出版　二〇〇八年
伊藤邦彦『鎌倉幕府守護の基礎的研究【国別考証編】』　岩田書院　二〇一〇年
上杉孝良『改訂三浦一族―その興亡の歴史―』　横須賀市　二〇〇七年

上横手雅敬『日本中世政治史研究』塙書房 一九七〇年
遠藤珠紀「北条政子危急の報と公家社会」（『書物学』二〇）勉誠出版 二〇二二年
奥富敬之『相模三浦一族』新人物往来社 一九九三年
尾上陽介「賀茂別雷神社所蔵『賀茂神主経久記』について」（『東京大学史料編纂所研究紀要』一一）二〇〇一年
金沢正大「筑前国宗像神社大宮司職補任と荘園領主をめぐる諸問題（下）―社家と本所、とりわけ三浦氏との関連について―」（『政治経済史学』一四一）一九七八年
木下竜馬「新出鎌倉幕府法令集についての一考察―『青山文庫本貞永式目追加』―」（『古文書研究』八八）二〇一九年
黒板勝美『国史の研究 各説上』岩波書店 一九三二年
御家人制研究会編『吾妻鏡人名索引』吉川弘文館 一九七一年
呉座勇一『頼朝と義時』（講談社現代新書）講談社 二〇二一年
五味文彦「相模国と三浦氏」（『三浦一族研究』二）一九九八年
坂井孝一『源実朝』（講談社選書メチエ）講談社 二〇一四年
坂井孝一「和田義盛と和田一族―歴史・文学・芸能におけるその位置づけ―」（松尾葦江編『文化現象としての源平盛衰記』）笠間書院 二〇一五年
坂井孝一『源氏将軍断絶』（ＰＨＰ新書）ＰＨＰ研究所 二〇二一年

坂井孝一『考証鎌倉殿をめぐる人びと』（NHK出版新書）　NHK出版　二〇二二年
佐藤和夫『海と水軍の日本史　上巻』　原書房　一九九五年
佐藤進一『増訂鎌倉幕府守護制度の研究』　東京大学出版会　一九七一年
佐藤進一「寿永二年十月の宣旨について」（『日本中世史論集』）　岩波書店　一九九〇年
清水亮『中世武士畠山重忠』（歴史文化ライブラリー）　吉川弘文館　二〇一八年
下中邦彦編『神奈川県の地名』（日本歴史地名大系）　平凡社　一九八四年
杉橋隆夫「承久の兵乱と上賀茂社」（石川登志雄・宇野日出生・地主智彦編
『上賀茂のもり・やしろ・まつり』）　思文閣出版　二〇〇六年
鈴木かほる『相模三浦一族とその周辺史』　新人物往来社　二〇〇七年
鈴木かほる『幻の鎌倉執権三浦氏』　清文堂出版　二〇二二年
高橋恭一『三浦党と鎌倉武士道』　長谷川書房　一九四二年
高橋秀樹『日本中世の家と親族』　吉川弘文館　一九九六年
高橋秀樹『中世の家と性』（日本史リブレット）　山川出版社　二〇〇四年
高橋秀樹「吾妻鏡原史料論序説」（佐藤和彦編『中世の内乱と社会』）
東京堂出版　二〇〇七年
高橋秀樹『三浦一族の中世』（歴史文化ライブラリー）　吉川弘文館　二〇一五年
高橋秀樹『三浦一族の研究』　吉川弘文館　二〇一六年

高橋秀樹「『吾妻鏡』の文書利用について―頼経将軍記を中心に―」（『国学院雑誌』一二〇―一一）二〇一九年
高橋秀樹『北条氏と三浦氏』（対決の東国史）吉川弘文館　二〇二一年
高橋秀樹「挙兵前の北条氏と牧の方の一族をめぐって」（『国史学』二三八）二〇二三年
田辺旬「鎌倉幕府の戦死者顕彰―佐奈田義忠顕彰の政治的意味―」（『歴史評論』七一四）二〇〇九年
田辺旬「承久の乱」（高橋典幸編『中世史講義【戦乱篇】』ちくま新書）筑摩書房　二〇二〇年
谷昇「北条政子危急をめぐる朝幕の対応とその背景―新出「藤原定家自筆明月記断簡」（嘉禄元年七月一日〜三日条）―」（『立命館文学』六七四）二〇二一年
土谷恵『中世寺院の社会と芸能』吉川弘文館　二〇〇一年
角田久賢「三浦義村人物論」（『歴史地理』五〇―四）一九二七年
外村展子『鎌倉の歌人』（鎌倉叢書）かまくら春秋社　一九八六年
戸村浩人「三浦氏と九条道家」（『季刊ぐんしょ』一〇―二）一九九七年
豊田武『武士団と村落』（日本歴史叢書）吉川弘文館　一九六三年
永井晋『鎌倉幕府の転換点―『吾妻鏡』を読みなおす―』（ＮＨＫブックス）日本放送出版協会　二〇〇〇年

永井　晋『鎌倉源氏三代記』（歴史文化ライブラリー）　吉川弘文館　二〇一〇年
永井路子『炎環』　光風社　一九六四年
永井路子『執念の家譜』　講談社　一九七八年
永井路子『つわものの賦』　文藝春秋　一九七八年
永井路子『相模のもののふたち―中世史を歩く―』（有隣新書）　有隣堂　一九七八年
永井路子「三浦一族」（『源頼朝の世界』）　中央公論社　一九七九年
長村祥知『龍光院本　承久記絵巻』　思文閣出版　二〇二三年
西岡虎之助「豪族三浦氏の発展」（『三浦一族研究』二五～二七）　二〇二一～二三年（一九三五年成稿）
納富常天「三浦義村の迎講―鎌倉における阿弥陀信仰を通して―」（峰岸純夫編『三浦氏の研究』）　名著出版　二〇〇八年
野口　実「鎌倉武士の心性―畠山重忠と三浦一族―」（五味文彦・馬淵和雄編『中世都市鎌倉の実像と境界』）　高志書院　二〇〇四年
野口　実『坂東武士団と鎌倉』（中世武士選書）　戎光祥出版　二〇一三年
野口　実「承久の乱における三浦義村」（野口実編『承久の乱の構造と展開』）　戎光祥出版　二〇一九年
野口　実『増補改訂　中世東国武士団の研究』　戎光祥出版　二〇二一年

服部英雄「宗像大宮司と日宋貿易—筑前国宗像唐坊・小呂島・高田牧—」（九州史学研究会編『境界からみた内と外』）岩田書院　二〇〇八年
日向寺朋子「『吾妻鏡』に見る三浦氏と渡御」（『鎌倉遺文研究』四四）二〇一九年
藤本頼人「九州における三浦一族の展開」（『三浦一族研究』一四）二〇一〇年
北条氏研究会編『鎌倉北条氏人名辞典』勉誠出版　二〇一九年
北条氏研究会編『北条氏発給文書の研究』勉誠出版　二〇一九年
細川重男「下総の子犬の話」（『古文書研究』五二）二〇〇〇年
真鍋淳哉「三浦氏と京都政界」（藤原良章編『中世人の軌跡を歩く』）高志書院　二〇一四年
真鍋淳哉「三浦義村—八難六奇の謀略、不可思議の者—」（平雅行編『中世の人物　京・鎌倉の時代編第三巻　公武権力の変容と仏教界』）清文堂出版　二〇一四年
三浦周行『鎌倉時代史』（大日本時代史）早稲田大学出版部　一九〇七年
三浦大介義明公八百年祭実行委員会『三浦大介義明とその一族』同　会　一九八〇年
美濃部重克『中世伝承文学の諸相』和泉書院　一九八八年
森野宗明「下総犬と三浦犬—『古今著聞集』の三浦義村、千葉胤綱口論の説話をめぐって—」（『日本語と日本文学』八）一九八八年
安田直彦「三浦一族と京都の朝廷、貴族との関係に関する考察」

（『三浦一族研究』一四）　二〇一〇年
安田元久『北条義時』（人物叢書）　吉川弘文館　一九六一年
藪本勝治『『吾妻鏡』の合戦叙述と〈歴史〉構築』　和泉書院　二〇二二年
山本幸司『頼朝の天下草創』（日本の歴史）　講談社　二〇〇一年
山本みなみ「和田合戦再考」（『古代文化』六八―一）　二〇一六年
横須賀市編『新横須賀市史　通史編自然・原始・古代・中世』　横須賀市　二〇一二年
横須賀市編『新横須賀市史　別編文化遺産』　横須賀市　二〇〇九年
吉川聡・遠藤基郎・小原嘉記「「東大寺大勧進文書集」の研究」（『南都仏教』九一）　二〇〇八年
龍粛『鎌倉時代史』（大日本史講座）　雄山閣　一九二八年
渡邉正男「丹波篠山市教育委員会所蔵「貞永式目追加」」
（『史学雑誌』一二八―九）　二〇一九年

著者略歴

一九六四年　神奈川県生まれ
一九九六年　学習院大学大学院人文科学研究科博士後期課程修了、博士（史学）
現在　國學院大學文学部教授

主要著書
『日本中世の家と親族』（吉川弘文館、一九九六年）
『三浦一族の研究』（吉川弘文館、二〇一六年）
『北条氏と三浦氏』（対決の東国史[2]、吉川弘文館、二〇二一年）
『古記録入門（増補改訂版）』（吉川弘文館、二〇二三年）

人物叢書　新装版

三浦義村

二〇二三年（令和五）十月二十日　第一版第一刷発行

著者　高橋秀樹（たかはしひでき）
編集者　日本歴史学会
代表者　藤田覚
発行者　吉川道郎
発行所　株式会社吉川弘文館
東京都文京区本郷七丁目二番八号
郵便番号一一三―〇〇三三
電話〇三―三八一三―九一五一〈代表〉
振替口座〇〇一〇〇―五―二四四
http://www.yoshikawa-k.co.jp/
印刷＝株式会社 平文社
製本＝ナショナル製本協同組合

ISBN978-4-642-05314-3

『人物叢書』（新装版）刊行のことば

人物叢書は、個人が埋没された歴史書が盛行した時代に、「歴史を動かすものは人間である。個人の伝記が明らかにされないで、歴史の叙述は完全であり得ない」という信念のもとに、専門学者に執筆を依頼し、日本歴史学会が編集し、吉川弘文館が刊行した一大伝記集である。

幸いに読書界の支持を得て、百冊刊行の折には菊池寛賞を授けられる栄誉に浴した。

しかし発行以来すでに四半世紀を経過し、長期品切れ本が増加し、読書界の要望にそい得ない状態にもなったので、この際既刊本の体裁を一新して再編成し、定期的に配本できるような方策をとることにした。既刊本は一八四冊であるが、まだ未刊である重要人物の伝記についても鋭意刊行を進める方針であり、その体裁も新形式をとることとした。

こうして刊行当初の精神に思いを致し、人物叢書を蘇らせようとするのが、今回の企図である。大方のご支援を得ることができれば幸せである。

昭和六十年五月

日本歴史学会
代表者　坂本太郎